吉田俊和・橋本 剛・小川一美 編
Toshikazu Yoshida, Takeshi Hashimoto, & Kazumi Ogawa

対人関係の社会心理学

The Social Psychology of Interpersonal Relations

ナカニシヤ出版

知，社会的態度，対人関係の発展と崩壊，対人的相互作用，援助行動，職場の人間関係，日本人の対人関係などの章から成り立っている。各章は，大橋指導生と，その後任である原岡一馬指導生が中心となって，21名で執筆している。

本書の執筆者たちは，共編者の2人を含め筆者の指導生を中心としたDゼミとよばれる研究指導会のメンバーである。彼らは，その後の社会心理学の発展を受けて，同名の前書2冊の内容にとどまらず，かなり幅広い対人行動を扱っている。クレーマーの登場やネット社会の到来などは，全く新しい研究領域と考えられる。その意味では，同名の書であっても，本書は，全く別の書と言ってもよい内容となっている。

2. 対人関係研究との関わり

筆者が，対人関係研究と関わったのは，恩師の共同研究チームに入ったことによる。最初は，対人認知に関するもので，「相貌と性格の仮定された関連性」（大橋ら，1977）というパーソナリティ認知の研究であった。相貌特徴と性格特性を対呈示して，関連のあると思われる特徴と特性を線で結び，その理由を記述させる調査であった。分析に携わると，これが暗黙裡の性格理論かと思えるほど，興味ある結果が見られ，人はこうやって他人を見て，人間関係を形成していくのかという素朴な面白さを経験した。次は，「中学生の対人関係の追跡的研究―センチメント関係と学級集団構造」（大橋ら，1982）という大がかりな調査であった。附属中学1年生に入学した2クラス80名の生徒たちに，毎週1回，3ヶ月にわたり，クラスの同性の他者に対するパーソナリティ認知と好意度を測定した。同時に，担任教師や生徒と面接を行い，付加的な情報も収集した。友人関係形成の個別事例から学級集団構造の変遷まで，多様なデータの分析ができ，ダイナミックな対人関係研究を体験できた。その後，筆者も大学の教壇に立つようになると，今度は，大学教員と学生の人間関係のあり方に疑問をもち，「大学における教師－学生の人間関係」（大橋ら，1982）について研究した。ここまでが，恩師との共同研究であった。その後，その延長線上で，「きょうだい間のセンチメント関係にかかわる要因の検討」（吉田ら，1989）を行い，対人関係に関する興味は継続された。仕上げは，1997年4月に名古屋大学教育学部へ入学した71名の学生について，4年間の縦断調査を行った。「大

学生の適応過程に関する縦断的研究」(吉田ら，1999)というタイトルで3編の論文を大学紀要に上梓しているが，余りにも多くの変数を取りすぎ，学問への取り組み態度，ライフイベントと社会的スキル，職業観等についての分析だけに終わり，肝心の対人関係の変遷を探る要因の検討まで辿り着けなかった苦い思い出がある。研究チームのリーダーである筆者が他の研究に時間を取られているうちに，メンバーが次々巣立っていき，事実上，チームは解散状態になってしまった。データの提供に協力いただいた71名の参加者の方々には，大変申し訳ないことをしたと反省している。この研究では，一時点だけのデータではなく，縦断的なデータを収集しないと，対人関係の変遷はうまく説明できないことを検証したかったのであるが，未完に終わったことを，今でも悔いている。ここまでの研究は，狭義の対人関係研究であるが，筆者が大学院から三重大学在職時まで研究していた社会的促進の研究，名古屋大学に着任してから行った学校組織の研究，社会的迷惑行為に関する研究，中学生の「社会志向性」や「社会的コンピテンス」を教育する実践研究，社会環境が子どもの社会化に及ぼす影響の研究，ネットいじめに関する研究なども，広義の対人関係研究と考えている。

II．本書の構成

1．本書の特徴

　本書の特徴は，共編者2人の企画によるところが大である。第1の特徴は，各章の冒頭には，原則「世相を反映した現象」が具体的に挙げられており，それに対して，社会心理学がどのようにアプローチしているかが提示されている。第2の特徴は，そうしたアプローチも多様であり，現象の解釈も1つではなく，着目する観点によっては，解釈が異なることもありうることが明示されている。残念ながら，社会科学である社会心理学は，数学や物理学のような自然科学と異なり，唯一の解答を見つけ出すことの方が難しい。むしろ，そうした現象に対して，どのようなアプローチを試みているかを読者に理解してもらうことに主眼を置いている。したがって，本書は，何となくわかった気がする簡潔な答えの呈示よりも，疑問を多面的かつ深く追求するための思考方法の呈

示を目指している。第3の特徴は，コラムを設けたことである。筆者と関係のある研究者たちが，対人関係や対人行動を，なぜ研究しているかの動機づけ的部分や，学生教育にどう活かしているかについて開示している。こうした内容も，読者の皆さんには有用であると考え，執筆依頼をした。蛇足ながら，各章のタイトルが疑問形式になっているのは，読者の皆さんの関心や学びへの動機づけを強めようとのねらいからである。

2. 本書の概要

　第1章「良好なコミュニケーションとは何か？」では，会話という2者間の言語的・非言語的コミュニケーションがどのように行われると，相手に対してどういう印象を与えるのかについて検討されている。同時に，「コミュニケーション力とは何か」についても，様々な考え方の存在することが述べられている。

　第2章「学級の中で友人関係や他者はどのように捉えられうるか？」では，学級内の友人関係に関して「グループをめぐる問題事象」が取り上げられている。いわゆる嫌がらせやいじめの原因と対応策についての考察がなされている。また，教師による教育活動が友人関係の形成・維持を媒介している知見が提唱されている。

　第3章「なぜ人づきあいを避けるのか？」では，人づきあいを抑制するシャイネス特性が，対人関係の親密化過程に及ぼす影響や，社会的排斥というリスクを発生させることについて，言及されている。そして，社会的スキルの生起過程に，シャイネスの自己呈示理論を組み込んだモデルが考案され，シャイネスの改善についても提案されている。

　第4章「なぜ愛情は浮き沈みするのか？」では，親密な関係の維持と崩壊を説明する交換モデルと適合性モデルが詳細に論じられている。さらに，もっとも親密な関係である夫婦関係の葛藤時のコミュニケーションや日常的なコミュニケーションの特徴について述べられている。

　第5章「なぜクレーマーが生まれるのか？」では，クレーマーやモンスターペアレントという新しい現象について，怒りから苦情に至る認知プロセスを説明する道具的反社会的意思決定モデルが紹介されている。さらに，クレームを

助長する状況要因や対処方略，感情労働問題や文化的要因まで，多角的な考察がなされている。

第6章「なぜそこで助けるのか，助けないのか？」では，援助行動の定義に始まり，援助行動の類型，援助者側と援助状況の両側面から援助行動の規定因について述べられている。そして，援助行動が生起する意思決定モデルについて，わかりやすく説明されている。

第7章「なぜ「助けて」と言えないのか？」では，他者に対して援助を要請する際のプロセスや，そのプロセスを抑制している要因について考察されている。また，援助要請の社会・文化的な違いについて，社会生態学的なアプローチから興味深い分析がなされている。

第8章「なぜ空気を読もうとするのか，そして空気は読めるのか？」では，日本的な対人コミュニケーションの特徴を，西洋的なコミュニケーションとの対比から詳細に論じられている。特に，対人葛藤状況における方略使用の国際比較から，日本人のコミュニケーション特徴が述べられている。最後に，日本が国際化していくためには，コミュニケーションを中心とした語学教育の必要性が指摘されている。

第9章「メディアコミュニケーションの普及は，私たちに何をもたらしたか？」では，CMCとFTFのコミュニケーション形態の違いを匿名性の視点で論じていた従来の研究から，新しく主流になりつつあるソーシャルメディアを通じたコミュニケーションに至る必然性が，最新の研究知見にもとづき解説されている。また，ネット上のコミュニケーションがもつ「影」の部分についても論じられている。

第10章「なぜ対人関係を研究するのか？」では，対人関係を研究することの実生活上の意味や学術的な意味について考察され，対人関係の理論やモデルの生成プロセスにも言及されている。さらに，帰属や情報処理過程で作動する社会的認知が対人関係研究に与えた影響や，クリティカルシンキングにもとづいた社会的思考から対人関係を考える必要性が述べられている。

本書は，その特徴に記したように，必ずしも教科書的な知識の集約を目指した書ではなく，対人関係という現象を通して，社会心理学的な発想や着眼点のヒントをもつための書である。願わくば，本書を読んだ読者から，「卒業論文の

ヒントが得られた」,「日常生活で,他者との関係を複眼的に見られるようになった」,「本格的に,社会心理学を研究してみたくなった」というような感想が得られれば,編者の1人として本望である。

　最後に,筆者が名古屋大学へ着任して以来,いつも阿吽の呼吸で快く出版を引き受けていただいているナカニシヤ出版の宍倉由高編集長と,編集部の山本あかね様に,改めて御礼申し上げます。

2012年　6月　編者を代表して

引用文献

Heider, F. (1958). *The psychology of interpersonal relations*. New York: John Wiley & Sons.（大橋正夫 (1978). 対人関係の心理学　誠信書房）
大橋正夫 (1984). 対人関係の社会心理学　福村出版
大橋正夫・鹿内啓子・吉田俊和・林　文俊・津村俊充・平林　進・坂西友秀・廣岡秀一・中村雅彦 (1982). 中学生の対人関係の追跡的研究―センチメント関係と学級集団構造　名古屋大学教育学部紀要, **29**, 1-100.
大橋正夫・吉田俊和・坂西友秀 (1982). 大学における教師‐学生の人間関係（Ⅰ）　名古屋大学教育学部紀要, **29**, 279-297.
大橋正夫・吉田俊和・鹿内啓子・平林　進・林　文俊・津村俊充・小川　浩 (1977). 相貌と性格の仮定された関連性（2）　名古屋大学教育学部紀要, **24**, 23-33.
長田雅喜（編）(1996). 対人関係の社会心理学　福村出版
吉田俊和・橋本　剛・安藤直樹・植村善太郎 (1999). 大学生の適応過程に関する縦断的研究（1）　名古屋大学教育学部紀要, **46**, 75-98.
吉田俊和・平林　進・廣岡秀一・斎藤和志 (1989). きょうだい間のセンチメント関係にかかわる要因の検討　三重大学教育実践研究指導センター紀要, **9**, 17-23.

目　次

はじめに　*i*

1　良好なコミュニケーションとは何か？
―対人コミュニケーションの社会心理学 ――――― 1
　Ⅰ．好印象をもたらすコミュニケーションとは　1
　Ⅱ．コミュニケーション力とは　14
　column1　コミュニケーション能力とは何か？を学生が考える機会　23

2　学級の中で友人関係や他者はどのように捉えられうるか？
―――― 27
　Ⅰ．社会心理学の研究対象としての学級　27
　Ⅱ．学級の友人関係に対する社会心理学的視点　28
　Ⅲ．学級での他者理解に対する複眼的視点　35
　column2　授業トピックとしての対人心理―看護教育において　45

3　なぜ人づきあいを避けるのか？
―シャイネスと社会的スキルの社会心理学 ――――― 49
　Ⅰ．人づきあいの抑制の要因　49
　Ⅱ．人づきあいの抑制からの解放―シャイネスの軽減と社会的スキル　56
　column3　昼食風景に見る社会心理学―ひとりぼっちで食べるのはつらいこと？　68

4　なぜ愛情は浮き沈みするのか？ ――――― 71
　Ⅰ．愛情の浮き沈み　71
　Ⅱ．親密な関係の維持と崩壊　72
　Ⅲ．夫婦関係―もっとも親密な関係　78
　column4　親密な関係を科学することの意味　91

5　なぜクレーマーが生まれるのか？ ——— 95
　Ⅰ．はじめに　95
　Ⅱ．なぜそこで怒るのか　96
　Ⅲ．なぜクレームに発展するのか　97
　Ⅳ．クレームを助長する状況要因　101
　Ⅴ．クレーマーにどう向き合えばよいか　102
　Ⅵ．感情労働の問題　105
　Ⅶ．苦情とクレームの境界線　107
　Ⅷ．対人関係の中での怒りの建設的な制御　110
　Ⅸ．文化の問題　111
　column5　不満を言わないのはスキルフルか，スキルレスか　117

6　なぜそこで助けるのか，助けないのか？
　——援助行動の社会心理学 ——— 121
　Ⅰ．援助行動の実情　121
　Ⅱ．援助行動の規定因　127
　Ⅲ．援助行動が生起する過程　131
　Ⅳ．援助行動研究に関する今後の課題　136
　column6　身近な感謝の言葉からのヒント　142

7　なぜ「助けて」と言えないのか？
　——援助要請の社会心理学 ——— 145
　Ⅰ．援助要請の定義とプロセス　145
　Ⅱ．援助要請の規定因　150
　Ⅲ．援助要請と社会・文化　155
　column7　心理臨床場面の対人心理　167

8　なぜ空気を読もうとするのか，そして空気は読めるのか？
　——日本的対人コミュニケーション ——— 171
　Ⅰ．「日本的対人コミュニケーション」とは？　171
　Ⅱ．日本的対人コミュニケーションの研究方法　184
　Ⅲ．空気を読めない・空気を読まないコミュニケーションのために　186
　column8　日本人的な対人コミュニケーション研究の限界と可能性　190

9 メディアコミュニケーションの普及は，私たちに何をもたらしたか？
　——「CMC研究」からソーシャルメディア研究へ ——————— 193
　　Ⅰ．メディアコミュニケーションにおける匿名性　193
　　Ⅱ．ソーシャルメディアを通じたコミュニケーション　200
　　Ⅲ．メディアコミュニケーションのダークサイド　206
　　column9　コンピュータシミュレーションからみた「対人関係の極意」
　　　216

10 なぜ対人関係を研究するのか？ ——————————————— 219
　　Ⅰ．対人関係研究のテーマはどこにあるのか　219
　　Ⅱ．対人関係を理解する素朴な仕組み　224
　　Ⅲ．対人関係をクリティカルに考える——社会的思考のススメ　227
　　column10　サイコロジストが"占う"人間関係　235

索　引　239

1 良好なコミュニケーションとは何か？
対人コミュニケーションの社会心理学

小川一美

Ⅰ．好印象をもたらすコミュニケーションとは

　「就職面接で好印象を与えるにはどんな話し方をしたら良いですか？」「相手を納得させてしまう話し方を教えてください」。ときどき，筆者には学生，企業の方，マスコミ関係者などからこの手の質問が寄せられる。たしかに本屋へ行けば，「話し方」に関する一般書やビジネス書が山積みされており，その数は年々増えているようにも感じる。おそらく，対人コミュニケーションに関して心理学的に研究をしている者ならば，この手の質問にズバリ回答してくれると人々は思うのであろう。もちろん，話し方が相手に与える印象を左右することは多くの研究で証明されているし，話し方によって他者に与える説得力が異なることも明らかにされている。例えば，東日本大震災における福島第一原子力発電所の事故に関連し，各種記者会見を通して国民には多くの情報が与えられた。情報内容だけでなく，説明者の話し方によって理解のしやすさが異なったり，不安が高められたり安心したりすることもあっただろう。どのように話すのか，どのように伝えるのかは私たちの生活の様々な場面で重要な働きをもっている。それゆえ，人々の関心は高く，冒頭のような質問が投げられることは十分納得ができる。しかし残念なことにこうした質問に対して筆者が明快な回答をしたことはない。正確に言うと，明快な回答などあるとは思っていない。こう言い切ってしまうと落胆する読者がいるかもしれないが，実はそこにこそ心理学的研究の面白さや意義があるのだと考えている。本節では対人コミュニケーション研究の知見を整理しながら，なぜ「好印象をもたらす話し方」や「効果的な話し方」という問いに対する回答が容易ではないのかを読者の皆さんと

一緒に考えていきたい。

1. 対人コミュニケーションとは

　多くの人が，「話す」「聴く」という行為はコミュニケーションとよばれるものであると認識しているであろう。それは正しいのだが，「話す」「聴く」はコミュニケーションの一形態に過ぎず，コミュニケーションという用語が指し示す事象は実に多様で，その概念を一義的に定義することは困難である。例えば，コミュニケーションは必ずしも人間どうしによるものでなくても生じうるとされており，動物どうし，人間と動物，人間と機械など多様である。そして，人間どうしのコミュニケーションに限定しても，多種のコミュニケーションが存在する。岡部（1996）は，システム・レベルの次元と，システム内－システム間の次元という2次元からコミュニケーションの分類を行っている。レベルには，個人，集団，組織，国家，文化があり，さらに個人内コミュニケーション，個人間コミュニケーション，集団内コミュニケーション，集団間コミュニケーションといったように，レベルごとにシステム内とシステム間のコミュニケーションがある。こうした分類の中，人間どうしのコミュニケーションであり，しかも個人間で行われるコミュニケーションが，対人コミュニケーション（interpersonal communication）とよばれるものだ。対人コミュニケーションの基本的構成要素としては，①送り手，②メッセージ，③チャネル（メッセージを運搬する経路），④受け手，⑤効果が挙げられる。効果とは，例えば，メッセージの受け手が何を理解したのか，どのような影響を受けたのか，さらには，送り手が自ら発信したメッセージに関する自己フィードバックを経て何を感じたのかなどであり，この効果に着目することは心理学的に対人コミュニケーションを研究する意義でもあると思われる。心理学的研究では，送り手や受け手，メッセージ特徴，チャネルなどが独立変数として操作され，効果が従属変数として検討されることが多い。例えば，送り手やメッセージの特徴（独立変数）によって受け手の態度が変容するか（従属変数）については，説得的コミュニケーション研究から多くの知見が蓄積されている。教育心理学の分野では，従属変数として受け手の理解度やメッセージに対する評価を取り上げ，教師と生徒間の対人コミュニケーションなどを検討している研究などもある。

本節冒頭の質問に関連した研究をしようとすると，話し方というメッセージが独立変数，受け手が抱く印象や認知や受け手の態度という効果が従属変数となる。

1) メッセージ特徴が受け手に与える影響

　メッセージとは送り手によって符号化された記号の集合体のことであり，発言内容（言語的コミュニケーション：verbal communication）と，表情，ジェスチャー，音声的特徴といったもの（非言語的コミュニケーション：nonverbal communication）が含まれる。つまり，メッセージを生成する際には"何（What）"を言うかと，"どのように（How）"言うかの両方に意識を向ける必要がある。

　①言語的コミュニケーション

　メッセージを構成する言語の諸特徴のことを言語スタイルとよぶが，岡本（1985, 2006）は，言語スタイルを語句レベル，文レベル，方言やアクセント，音声の特徴，発話の時系列的側面などに分類し，それらがもたらす効果を整理している。言語スタイルの1つにロキーチ（Rokeach, 1960）が提唱した決めつけ型陳述（opinionated statement）と非決めつけ型陳述（non opinionated statement）というものがある。非決めつけ型陳述とは，単に特定の信念に対する送り手の態度だけを伝達するものであり（例：I believe...），一方の決めつけ型陳述とは，特定の信念に対する送り手の態度に加えて，その意見に賛成または反対する人に対する態度も伝達するものである（例：Only a simple-minded fool would think that...）。ミラーとローブ（Miller & Lobe, 1967）は，書面呈示によるものではあるが，信憑性の高い送り手による説得的メッセージを決めつけ型陳述と非決めつけ型陳述によって操作し，説得効果に及ぼす影響を比較検討した。実験の結果，決めつけ型陳述は受け手に対する社会的是認や否認の手がかりとなるため，非決めつけ型陳述に比べて説得効果が高められることが明らかになった。これに対して小川と吉田（1998）は，このようなスタイルは必ずしも説得場面特有のものではないとし，日常的な会話場面における決めつけ型発話の効果を実験的に検討した。会話シナリオ中の決めつけ型発話は「映

画をあまり見ないなんて人は，人生の大きな楽しみを1つ知らないよね」などであり，対する非決めつけ型発話は「映画はたくさん見た方がいいよね」などであった。実験の結果，消費的会話場面か問題解決の会話場面かに関わらず，決めつけ型発話を行う話者は非決めつけ型発話を行う話者よりも，活動性は高く，個人的親しみやすさや社会的望ましさは低く評価されることが明らかとなった。

ところで，前述のミラーとローブ（1967）は，決めつけ型陳述が説得効果を高めた理由の1つとして，決めつけ型陳述が言語の強度と同様の効果をもたらしたためであると説明している。バウワーズ（Bowers, 1963）によると，言語の強度とは"話し手の対象に対する態度が中点（肯定的でも否定的でもない）から逸脱している程度を示す言語の性質"のことである。先行研究では，同義であるが程度の異なる単語を使用することで強度の操作がなされてきた。本邦でも言語の強度と類似したものとして，村井（2005）が強調語の使用に着目した実験的研究を行っている。目的は説得効果ではなく欺瞞性認知（うそっぽいと思うかどうか）を検討することであり，強調語を用いた発言はそうでない発言よりも欺瞞性が高く認知されるという仮説を立て質問紙実験を行ったが，強調語の影響は認められなかった。さらに，強調語だけでなく疑念という変数を加え欺瞞性認知に及ぼす影響も検討したが，強調語の有意な効果は示されなかった（村井, 2006）。このように強度に関する結果は一様ではない。岡本（1985）も，言語の強度に関する研究を概観した上で，変数の操作法や実験場面に大きな隔たりがあることが結果の不一致を生み出している可能性があると指摘した。また，強度が大きいことは受け手の注意を引きつけたり，送り手の自信に対する評価やメッセージの信頼感を高めたりするという正の側面と，受け手が送り手の意図を察知したり，自分の立場を脅かされるという認知から反発をしたりするという負の側面の両方が考えられるとしている。言語の強度は他の多くの変数との交互作用を生み出す複雑な変数であるとされているため（Bowers, 1963），そのメッセージが用いられる文脈や状況（送り手や受け手の要因も含む）によって効果は大きく変動する。

リンドら（Lind et al., 1978; Lind & O'Barr, 1979）は，検察官や弁護人の質問に対する証人の応答には，自発的に長く持続する叙述証言（narrative testimony）と，相手からの質問に依存して短くこま切れに応答する断片証言（fragmented testimony）の2種類が存在すると指摘した。そして，小川と吉田（1999）は日常的な会話場面におけるこれらのスタイルの効果を検討するため，面接場面を設定し，質問に対して自発的に長く述べる叙述的発話と，質問に対して依存的にかつ短く述べる断片的発話が話者のパーソナリティ認知に及ぼす効果を検討した。実験参加者が面接者，実験協力者が被面接者を担当し，実験協力者が叙述的発話と断片的発話のいずれかで応答するという手続きで，実験デザインは，発話スタイル（叙述的発話／断片的発話）×実験協力者の性別×実験参加者の性別の3要因であった。分析の結果，発話スタイルと実験協力者（発話スタイルを用いる話者）の性別の交互作用効果から，叙述的発話を用いる女性話者はその他の条件の話者よりも社会的望ましさが高く評価されること，そして発話スタイルと実験参加者の性別の交互作用効果から，男性は，断片的発話を用いる話者に対して社会的望ましさを低く評価することが示された。つまり，そのスタイルを男性が用いるのか女性が用いるのか，また，男性に対して用いるのか女性に対して用いるのかによっても効果は異なるということであった。この結果は性別の組み合わせに限定されてはいたが，研究を行う際には，2者の関係性についても考慮することの重要性が示唆されたと言えよう。

　以上のようにどのような内容のメッセージを発するのか，どのような特徴をもった言語を使用するのかなどによって，他者に与える印象や説得効果は異なることが実験的研究などから証明されている。

②非言語的コミュニケーション
　内容（言語）は同じでも，それをどのように伝えるかといった表現方法が異なれば，受け手に与える影響は異なる。他者のコミュニケーションの解釈や理解は，93％を非言語メッセージから行っていることを示した実験（Mehrabian & Wiener, 1967）や，社会的な意味の60％から65％が非言語的なものによって伝達されているという結果（Birdwhistell, 1955），69％が非言語によって伝達されていることを示した実験を紹介した研究（Burgoon, 1994）などがある。このように研究によって割合は異なるものの，メッセージがもたらす効果に非

言語的コミュニケーションが多くの影響を与えているとされてきた[1]。

非言語的コミュニケーションの1つである視線行動は，相互作用において様々な働きをしていることが明らかになっており，視線の機能には，①情報収集，②感情表出，③会話の流れの調節，④社会的コントロールといったものがある（Richmond & McCroskey, 2004）。そして，人は好意や親密さを示す際，相手に視線を多く向けることが繰り返し証明されている。また，会話をする際に相手に対する視線量が多いほど活動的であると相手に判断されること，その一方で相手に好ましいと判断されるのは相手をずっと見続けるよりも見たり見なかったりといったほどほどの視線量であるということがアーガイルら（Argyle et al., 1974）の実験によって明らかにされている。

非言語行動の中でも，幸せや喜びの感情によって生じる顔の基本的要素が笑顔（スマイル）である（Ekman & Oster, 1979）。笑顔を多く表す者は魅力的だと判断され（Cunningham et al., 1990），面接場面でも好意的に評価されることがわかっている（山口・小口，1998）。ただし山口（2002）が指摘するように，単なる表出頻度の多さではなく，状況に合った頻度やスマイルの表し方が他者からの評価には重要である。しかし，残念なことに具体的にどのようなスマイルが状況に適しているのかまでは，まだ明らかにされていない。

非言語的コミュニケーションには音声的チャネルであるパラ言語も含まれる。パラ言語とは，声の高さ，声の大きさ，声質，話す速度，アクセント，間，言いよどみ，沈黙などのことである。パラ言語の1つである発話速度やスピーチ速度に着目した研究の多くは，説得の効果との関係を検討するものであった。例えば，ミラーら（Miller et al., 1976）は，1分間で191語話す刺激，140語の刺激，111語の刺激という3つを用いて実験参加者に説得的メッセージを呈示するという実験を行った。その結果，発話速度の速いメッセージの方が同

---

[1] ただし，リッチモンドとマクロスキー（Richmond & McCroskey, 2004）が指摘するように，こうした研究の多くは「非言語的コミュニケーションは無意味である」といった俗説が正確ではないことを証明するために特別に計画されたものであったため，研究の結果を一般化することには慎重になる必要がある。一般書や企業の研修などで，メラビアンの法則として「対人コミュニケーションにおいては言語による影響力はたった7%，非言語的コミュニケーションによる影響力は93%である」と紹介されていることがあるが，これは不正確な情報である。メラビアンとワイナー（1967）の論文にも，実験結果は一般的な対人コミュニケーション場面に当てはまるわけではないことが述べられている。過度な強調には注意が必要だ。

意を得やすいこと，また，発話速度の速い話者は知性が高く評価されることが示された。しかしながら，発話速度が速くなると声が大きくなったりピッチが高くなったりするという指摘（Black, 1961）にもとづき，アップルら（Apple et al., 1979）はこの結果を純粋な発話速度の効果であるとは言えないとして，声のピッチと発話速度の2要因に着目し，それらの交互作用効果なども確認できるような実験計画のもと説得の効果を再検討した。ただし，彼らは，音声的諸特徴は直接説得効果に結びつくのではなく，その音声的諸特徴を所有する話者に対する評価を媒介し説得効果に結びつくと考え，メッセージの送り手に対する評価に着目をした。その結果，高いピッチの声を所有する送り手は不誠実で，説得力や力強さがなく，神経質であると判断された。そして，発話速度が遅い送り手は信憑性や流暢性に欠け，説得力がなく，消極的な人物であると見なされた。これらの研究に対し，藤原（1986）は次の3つの目的で実験を行った。3つの目的とは，発話速度という音声刺激にハンド・ジェスチャーという視覚刺激を加えることでより日常的な説得場面に近づけること，発音・文法構造等の異なる日本語においても発話速度はミラーら（1976）をはじめとした先行研究と同様の効果（発話速度が速い方が態度変容量が大きく，説得効果がある）が示されるのかを確認すること，送り手の信憑性が態度変容の媒介過程であるか否かを解明することであった。その結果，先行研究とは正反対で，発話速度が遅い方が信憑性が高く，態度変容量が大きく，説得効果があることが示された。先行研究と異なる結果が示されたことに関しては，日本人とアメリカ人の違い，英語と日本語の文法構造の差異などが考えられるとしているが，明確な結論は出ていない。さらに，発話速度→送り手についての印象（信憑性と活動性）→態度変容というプロセスに関しても分析したところ，発話速度から態度変容への直接効果は見られたが，送り手についての印象も態度変容に影響力をもっていた。特に，送り手についての信憑性のインパクトが大きく，活動性に関しては態度変容への影響力はほとんど見られなかった。すなわち，遅い発話速度が送り手に対する信憑性を高め，その高められた信憑性が唱導方向への態度変容の増大に結びつくという過程が働いたということである（図1-1）。さらに，ハンド・ジェスチャーという視覚的要因は，発話速度の要因と交互作用効果をもつという結果も示された。発話速度が遅い場合にハンド・ジェスチ

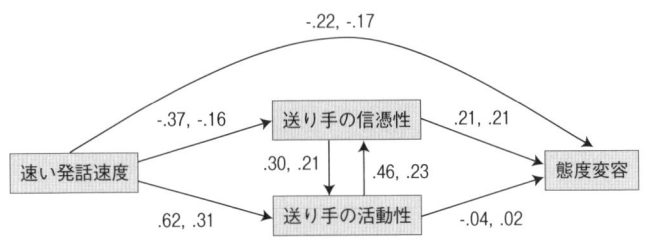

注：左の標準偏回帰係数が実験1，右の標準偏回帰係数が実験2から得られた値
図1-1　発話速度と送り手の印象による態度変容への影響過程（藤原，1986を抜粋し和訳）

ャーを用いると，送り手に対する信憑性が特に高まるという結果であった。

　日本人の音響的特徴の基礎的な情報を示したものとして，発話速度（内田，2002），声の高さと発話速度（内田・中畝，2004），発話速度と休止時間（内田，2005a），音声中の抑揚の大きさ（内田，2005b）などが話者の性格印象に与える影響を検討した研究がある。例えば内田（2002）では，音声の韻律的特徴（prosodic feature）の一側面である発話速度が，話者の性格印象に及ぼす影響を測定し，その関係性の定式的な記述を試みている。実験で用いられた音声刺激の発話速度は，オリジナル（100%）と，それを基準に話速変換技術 PICOLA により声の高さを変えることなく64%と80%に速めたもの，125%と156.25%に遅くしたものの5つを設定した。性格印象の評定には，性格特性に関する5因子モデルを測定するための Big Five Scale が使用され（柏木・和田，1996），外向性（extroversion），情緒不安定性（neuroticism），経験への開放性（openness to experience），勤勉性（conscientiousness），協調性（agreeableness）が測定された。実験の結果，印象評定は単調な増加や減少といった変化ではなく，いずれかの箇所にピークをもつ形で推移することが示された（図1-2）。「外向性」や「勤勉性」はオリジナルもしくはやや速い発話のときにもっとも高く評定され，「情緒不安定性」は発話速度が速くなるとわずかに評定が高くなり，「経験への開放性」はオリジナルで評定がもっとも高く，速い発話や遅い発話ではなだらかに評定が低下し，「協調性」は速い発話で評定が急激に低下し，オリジナルかややゆっくりした発話での評定が高かった。この研究では，日本語話者の音声にとどまらず，英語話者の音声についても検討を行っているが，日本語音

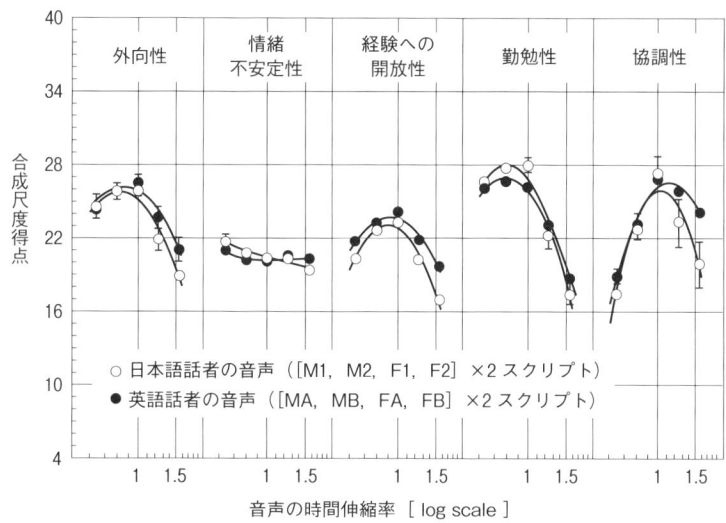

図1-2 発話速度を操作した音声の時間伸縮率に対する話者の性格印象 (内田, 2002)

声に対する性格印象の評定も英語音声に対する評定も，同種の関数で近似していた。ただし，発話速度の変化に対する印象評定の上昇や下降の程度は日本語音声の方が著しいことから，日本語を母語とする実験参加者は，英語音声よりも日本語音声を評定した場合の方が，発話速度の変化に伴う性格印象の変貌に対してより鋭敏な感受性を示すと解釈されている。この結果から，刺激としての言語の違いにとどまらず，評定者の言語の違いも考慮する必要があること，さらには異なる言語を用いる者どうしの会話状況といった異文化コミュニケーションという視点からの考察も可能であることなど，検討課題も示唆された。

2. 本節冒頭の問いに対する明快な回答が出せない訳

1) どんな効果をねらっているのか―従属変数は何か

好印象と一言で言っても，親しみやすい人だと思われたいのか，活発な人だと思われたいのか，知的な人だと思われたいのかなど，人が抱く印象は1つの評価次元のみで捉えられるものではない。例えば林 (1978) は，パーソナリティ認知次元として「個人的親しみやすさ」「社会的望ましさ」「活動性（力本性

とよばれることもある)」の基本3次元が想定できるとしている。「個人的親しみやすさ」は他者に対する快－不快，好感や親和に関する対人的評価次元，「社会的望ましさ」は道徳的善－悪，知的側面に関する課題関連的評価次元，「活動性」は強靱性などと関連した次元である。また，どのような話し方が説得力があるのかといった問いになると，送り手に対する印象だけでなくメッセージに対する説得力の認知や，受け手の態度変容量といったものが効果として測られることになる。

　前述の小川と吉田（1998）の実験結果では，決めつけ型発話を行う話者は活動性は高く評価されるものの，個人的親しみやすさや社会的望ましさは低く評価されていた。つまり，求める効果が「活発な人だと思われたい」のであれば決めつけ型発話は有効であるが，「親しみやすい人だと思われたい」のであれば決めつけ型発話は逆効果である。発話速度が性格印象に及ぼす効果を検討した内田（2002）の実験でも，早口は外向性や勤勉性という次元では評価が高くなる一方で，協調性があるかどうかという点では急激に評価が下がっていた。つまり，早口の方が良いのかゆっくり話した方が良いのかといった単純なものではなく，どのような効果をねらっているのかによって適した発話速度は異なる。しかも，単調な増加や減少という結果ではなく2次曲線を描いていることからわかるように（図1-2），「ほどほど」が重要だという結論も明快な回答に困る一因である。また，修飾語や動詞などによってメッセージの強度を操作した実験でも，強度が強いメッセージの送り手の方が弱いメッセージの送り手よりも活発さや力強さという次元では高く評価されるものの，受け手が説得されたかどうかという態度変容量にはメッセージ強度による差は現れなかった（McEwen & Greenberg, 1970）。この実験結果のみから判断すれば，メッセージの強度は送り手に対する印象には影響を及ぼすものの，受け手の態度を変える程の影響力はもっていないとも考えられる。以上のように，何に対する効果なのかによって，送り手や受け手，メッセージの特徴がもたらす影響は異なるのである。

2）複雑に絡み合う要因——独立変数は何か
　人は，実際には多種の言語および非言語行動を組み合わせて対人コミュニケ

ーションを行っていることから，単独の言語・非言語行動と効果との関連を検討していくだけでは不十分である。前述の藤原（1986）の研究のように，発話速度が遅い場合にハンド・ジェスチャーを用いると送り手に対する信憑性が特に高まるといった複数要因の交互作用効果が生じることがある。視線量と発話速度が説得性や信頼性認知などに及ぼす効果を検討した研究では（Yokoyama & Daibo, 2008），発話速度が遅く，視線量が少ないときに信頼性は特に低くなるなどといった交互作用効果が示されている。つまり，発話速度に着目しても，その他の要因がどのようになっているのかによって効果は異なる。

　パターソン（Patterson, 1983）が指摘したように，現実場面での要素間の相互依存関係を検討するためには，複数の要素の組み合わせによる多変量アプローチが優れているが，1つひとつの要素に関する知見の体制化も必要である。マルチ・チャネル・アプローチと単一チャネル・アプローチによる研究が相互に補完し合い融合されていくことで，リアリティのある対人コミュニケーションの把握が可能となる。また，実験的研究はできる限り剰余変数を排除，統制できるという点が長所であるが，ときにこの追求が不自然かつ非現実的な状況設定につながることがある。特に，対人コミュニケーション研究では，剰余変数の扱いをはじめとした厳密な条件統制とリアリティの追求のバランス維持が求められるが，この点の工夫が研究の困難さでもあり楽しさでもあると筆者は感じている。

3）状況や文化による効果の違い

　小川（2006）は，同一の会話を文字という言語情報だけで呈示するテキスト条件，文字を実際の発話のタイミングに合わせてモニター上に呈示するテキスト＋交替潜時条件，音声として呈示する音声条件，会話時の会話者映像も呈示するビデオ条件という4条件を設け，こうした手がかり情報の違いが会話者や会話に対する印象に与える影響の違いを分析した。その結果，相手がそこにいるという臨場感を感じる度合いである社会的存在感（Short et al., 1976）などの違いから，条件によって会話者の魅力や印象は異なり，ビデオ条件が音声条件やテキスト条件よりも親しみやすさや望ましさが高く評価されていた。この結果が示唆するように，同じメッセージを伝えるのであっても，対面なのか電

話なのかメールなのかによって説得効果や印象などは異なり，研究結果がどのような対人コミュニケーション場面でも当てはまるというわけではないことを常に意識しておくべきである。

　非言語的コミュニケーションの1つである表情に関して大坊（2007）は，文化によって典型とされる顔面表情は異なり，顔自体や顔によるコミュニケーションが心理的，社会的に有する効果は文化を超えて同じとは言えず，文化的な背景を考慮した上で，顔によるコミュニケーションの機能や役割を明確にしていく必要があると指摘している。文化的な背景を考慮する必要があるのは顔面表情に限らず，他の言語的・非言語的コミュニケーションに関しても同様である。岡本（1985）は，言語的スタイルが関連する説得研究のほとんどが欧米で行われており，大部分が英語を母語とする参加者が対象であるため，それらの研究は日本では追試不能であったり，追試しても無意味であったり，追試可能な場合でも全く異なる結果になったりするだろうと注意喚起している。そして，"日本語による研究は，日本語の特徴，日本社会でのコミュニケーションの特徴，さらには日本社会の特徴を十分に見極めた上で，従来の欧米での諸研究と共通に論じられる面，論じられない面を，明確に把握して発展させていかねばなるまい"とも述べている。したがって，本節で紹介してきた研究知見も日本人には該当しない場合があり，本来は日本語を用いた追試により確認をする必要がある。

4）ダイナミックな事象への挑戦

　対人コミュニケーションにおいて送り手と受け手という役割は固定しているものではなく，各人が送り手になったり受け手になったりする。したがって，一方の会話者による影響だけではなく，2者が相互に影響を与え合うことで会話は進行していく。例えば，時間経過に伴い会話行動のパターンが相手の示すパターンに近似していく同調（synchrony）傾向という現象や（Matarazzo & Wiens, 1972），会話場面での発話量に対しては個人の不安水準による効果よりも，会話者間にある不安度の落差の有無が大きな説明力をもつという不安のディスクレパンシー・活性化モデル（大坊，1982；Daibo, 1982）というものがある。これらはまさに，一方の会話者の要因ではなく，2者の組み合わせによっ

Ⅰ. 好印象をもたらすコミュニケーションとは　13

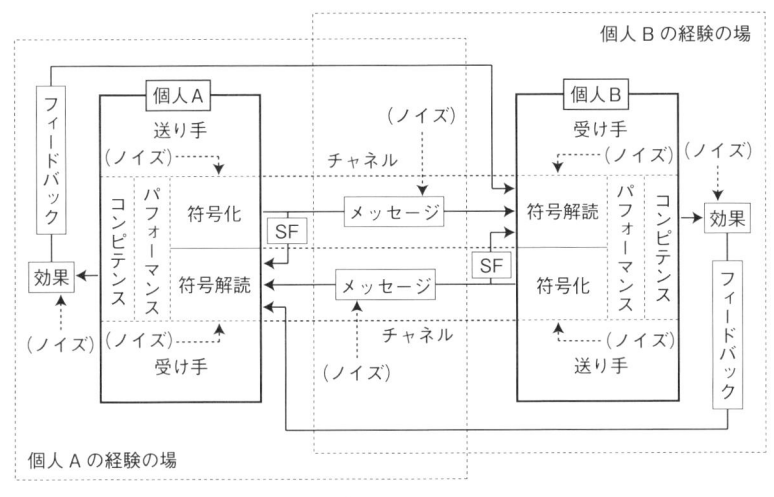

注：SF は自己フィードバック。倫理は図示を省略した。

図1-3　対人コミュニケーション・プロセス・モデル（深田，1998）

て会話行動が影響を受けるというダイナミックな現象である。送り手と受け手のメッセージ強度の類似性に着目した研究では，2者のメッセージの強度が類似しているほど送り手の外向性などが高く評価され，送り手の意見に同意する程度も高くなることが明らかにされている（Aune & Kikuchi, 1993）。本節で紹介してきた研究の多くは，一方の話者によるメッセージ特徴に着目しているものがほとんどだったが，対人コミュニケーションというダイナミックな相互作用過程を正確に捉えるためには，一方ではなく「2者」という視点が必要である。図1-3は深田（1998）がデヴィートゥ（DeVito, 1986）のモデルを参考に作成した対人コミュニケーション・プロセス・モデルである。この図からも，対人コミュニケーションがいかに複雑でダイナミックな事象であるかがわかるだろう。しかし，扱う要因が増えれば増えるほど研究デザインも結果の解釈も複雑になり，研究の難易度が増していく。対人コミュニケーションに関する研究の課題は山積しており，こうした課題を1つずつクリアしていくことがより現実的な知見の発見にもつながっていくのだろう。

　条件や状況，そしてねらう効果が詳細に確定していれば，様々な研究知見に

もとづき「どのような話し方が良いですか？」という問いに対する回答は可能な場合がある。しかし，あらゆる状況で，そしてどの次元の印象や効果をも高められるような万能な話し方があるわけではない。だからこそ，自身がどうしたいのか，どうなりたいのかという目標を考え，それに対してどうすべきかを判断し，それを行動に表すというプロセスを実行することが必要になる。

対人コミュニケーションというプロセスは単純なものではないため，一問一答のようにはならないこと，そして，その複雑なプロセスを捉えられうる程の研究が十分に行われていないことなどが，本節冒頭の質問に対する明快な回答が出せない理由なのではないかと筆者は考えている。

II．コミュニケーション力とは

1日の非常に多くの時間を，人は「話す」「聴く」という行為に割いているため，もしその行為にストレスを感じるとしたら，それは非常に辛いことであろう。また，対人関係においても会話がもたらす影響は大きい。ストレスなく会話をすることができる相手とは仲良くなっていくことが多いだろうし，心地よく会話ができない相手とはなかなか関係が良い方向へ進展しないのではないだろうか。そして，仕事のような課題達成場面でも，伝えたいことを適切なメッセージとして他者に伝え，送られたメッセージを的確に理解するというコミュニケーションが求められる。つまり私たちは，あらゆる場でいわゆる「良好なコミュニケーション」をすることを迫られているようだ。

コミュニケーションがうまくいかない場合，本来ならば多様な要因が原因として作用しているはずである。送り手，受け手に関する人的要因，物理的ノイズなどを含む環境的要因，課題の困難度など複数のものが関与していると考えられる。そのような多様な要因があるにもかかわらず，コミュニケーションの良し悪しや適切性の原因を人的要因に帰属するようになったことが，「コミュニケーション力」という概念が注目されるようになった理由の1つではないだろうか。しかも，人的要因にはコミュニケーション力以外にも多種のパーソナリティ要因などが存在するのだが，安定した要因であるパーソナリティにコミュニケーションの善し悪しの原因を帰属しているとなかなか問題は解決されな

い。そこで，人的要因の中でも変化可能な「力」というものが注目されるようになったのではないだろうか。本節では，この「コミュニケーション力」という問題について考えてみたい。

1. コミュニケーション力の特徴
1) コミュニケーション力を取り巻く現状
　近年，「コミュニケーション能力」や「コミュニケーション力」という言葉が様々な場面で利用されるようになった。例えば経済産業省は，90年代以降のビジネス・教育環境の変化の中，職場等で求められる能力の1つはコミュニケーション能力や協調性，働きかけ力等の人と関係をつくる能力であるとした。その上で，"組織や地域社会の中で多様な人々とともに仕事を行っていく上で必要な基礎的な能力"を社会人基礎力とよび，この力の養成に取り組んでいる（経済産業省, 2006）。そして，厚生労働省も2004年に"事務・営業の職種について実際に企業が若年者に求めている「就職基礎力」(＝コミュニケーション能力，職業人意識，基礎学力，ビジネスマナー及び資格取得）の内容や，それらを身に付けるための「目標」(＝就職基礎能力修得の目安)"をYES-プログラムとして提示した（厚生労働省, 2005）。この就職基礎力の一側面であるコミュニケーション能力には，意思疎通，協調性，自己表現能力という側面が含まれている。また，日本経済団体連合会などが行う調査では，求める人材として多くの企業が「コミュニケーション力のある人」を上位に挙げることが指摘されている（日本経済団体連合会, 2011など）。さらに，大学生を取り巻く環境に着目しても，キャリア教育や就職活動という過程の中で，コミュニケーション力の向上を目指すよう指導されているという現状がある。

2) コミュニケーション力と類似概念
　コミュニケーション力とはどのようなものを指すのかという構成概念や定義は，学術的にもまだ明確にされていない。既存の類似概念として挙げられるのが，社会的スキル（social skills）やソーシャルスキルとよばれる概念である（いずれの呼び方を採用するかは概念的な違いというよりは研究者の好みであると思われる）。具体的な研究が行われるようになったのは1980年代に入って

からだと言われているが（菊池・堀毛，1994），社会的スキルに関しても統一的な定義づけはなされていないことが指摘されてきた（堀毛，1990）。いまだに議論がなされているが，社会的スキルの定義は2つに大別されており，社会的スキルを認知的・情報処理的に捉えるか，行動的な側面を重視するかである。つまり，社会的スキルを行動の背後にある認知的な要因を含めてコンピテンスとして捉えようとする考え方と，社会的スキルとは具体的な行動のことであり認知的なものを含まないという考え方である。ただし，後者も認知的な要因は無関係であるとしているわけではなく，私たちが目にすることができるもの（表出されるもの）は行動でしかないため，その表出されるものを強調した概念定義をしているのだと考えられる。相川（2009）は，行動か能力かという対比について，"「行動」と「能力」は別個のものではなく，能力は行動に具体的に表現され，そのようにして現れた行動は，ひるがえって能力の形成に寄与する。「行動」も「能力」も含んだ一連の「過程」と捉えたほうが妥当性の高い定義になる。個々の行動も，その背後の能力も，どちらもソーシャルスキルの一部であって，両方を含めた一連の過程がソーシャルスキルである"（一部，語尾等を修正した）と指摘している。

　ハーギーら（Hargie, 2006; Hargie & Dickson, 2004; Hargie et al., 1994）は，社会的スキルの特色を概説した各書の中で，同一のスキルのことを社会的スキル，対人的スキル，コミュニケーション・スキルとよび方を変えている。また，スピッツバーグとキューパック（Spitzberg & Cupach, 1988）も社会的スキル，対人的スキル，コミュニケーション・スキルはほとんど同じものだと述べている。たしかに要素やプロセスはいずれも同じようなものかもしれないが，社会的スキルという概念が想定しているのは対人的相互場面全般であり，必ずしもコミュニケーションを行う場面であるとは限らない。そこで，コミュニケーション力とはコミュニケーション場面に限定したものであり，社会的スキルの一側面であると考える。

　そうしたなか，相川（2008）は，コミュニケーション力をあえて定義するのであれば"人が他者との間で相互の認知と感情を交換するために用いる言語的・非言語的行動の遂行レベル"であるとしている。コミュニケーションの目的は，認知と感情の「交換」であるため，必ず自分と他者が存在する。したが

って，コミュニケーション力には，他者に適切に伝えるという力，他者から発信されたものを適切に受け取り理解するという力，自分と他者との関係やその場の状況を意識し，その場の目的に沿って自分や他者，さらには状況をコントロールする力が含まれていると考えられる。これらの力は，堀毛（1994）が対人コミュニケーション全般に関わる能力を示す基本スキルとして挙げている記号化，解読，統制と一致している。

2. コミュニケーション力は本当に必要か—これからの課題

　コミュニケーション力に関しては，測定や査定という大きな課題があり，経験的な感覚ではなく適切にコミュニケーション力を測定する道具が必要である。測定を通してコミュニケーション力の実態を示し，問題点を明らかにし，必要であれば介入を行うことが求められる。さらに，測定ができなければ教育や育成を行ったとしても効果を示すことができない。研究者にとっては，測定道具の開発が急務であろう。また，対象によって求められるコミュニケーション力は異なるのであろうか。すなわち，子どものコミュニケーション力と青年のコミュニケーション力と成人のコミュニケーション力は異なるのかという問題である。発達に伴い，認知や感情，行動のレパートリーの量が増えるのか，それともレパートリーの質が変化するのかといったことも明らかにされていない。これらの問題はまさに構成概念の問題と関連するが，この点を解決しなければ適切な測定道具を作成することもできない。

　コミュニケーション力は変化可能なものであると考えられる。だからこそ，不足という問題が取り上げられるようになり，向上や育成の必要性が求められ，教育や育成プログラムなどが検討されているのであろう。コミュニケーション力が不足しているという問題があった場合，その原因は，学習量の不足なのか，誤った学習をしているためなのかなどといった点も明確にはされておらず，教育や育成プログラムを開発していくのであれば原因の明確化は必須課題である。ただし，本当に教育や育成をする必要があるのかということや，教育や育成による弊害は生じないのかという点は十分に議論をすべきことである。東アジアでは，話すという行為にあまり価値が置かれておらず，沈黙というものが高く評価される傾向にあると言われている（Kim & Markus, 2002）。ま

た，思考過程で考えを口に出すよう求められると，東アジア系の人はヨーロッパ系の人よりもストレスを感じるという実験結果もあり，東アジア系の人にとって話すということは労力の要る行為であるとされている（Kim, 2008）。こうした背景から推測すると，日本人の中にはコミュニケーション力の育成を強いられることでストレスを強く感じてしまう人が多く存在するのかもしれない。もちろん，コミュニケーション力が低いことが原因で，当人の目標が達成できないとか，周囲に害をもたらすことがあるようであれば，育成は必要であろう。しかし，当人が向上を望んでいないとか，向上させることに過度のストレスを感じる場合には，果たして育成は必要なのだろうか。これは，どの程度のコミュニケーション力ならば育成が必要で，どの程度ならばあとは個性の問題であるというように，コミュニケーション力のレベル，もしくは人々が求めるある種の社会規範とも関連した課題であろう。教育機関や会社という組織などでは，単に教育や育成を声高に叫ぶのではなく，低い者へのフォローや配慮なども含めた取り組みが必要なのではないだろうか。

　ソーシャルスキルに関してではあるが，橋本（2008）はスキル万能主義や対人関係能力至上主義的な考え方に警笛を鳴らし，スキルの限界をわきまえる必要性を訴えている。コミュニケーションにまつわる問題があったとしても，個人のソーシャルスキルの影響力に比して環境，状況要因が有している力は非常に大きく，また，どれだけスキルフルな人間でも相手のスキルが欠如していればおのずと限界は生じると指摘している。コミュニケーションの良し悪しや適切性の原因は多様であるはずなのに，それらの中でも人的要因に帰属するようになったことが，「コミュニケーション力」という概念が注目されるようになった理由の1つではないかと既述したが，こうした原因帰属という観点から考えると，そもそも本当に人々のコミュニケーション力に問題があるのかといったことさえも，改めて問い直す必要があるのかもしれない。

引用文献

相川　充（2008）．社会心理学者の立場から考えるコミュニケーション力について　小川一美・斎藤和志・相川　充・小方　真・小野祐輝　コミュニケーション力について考える―　日本グループ・ダイナミックス学会第54回大会ワークショップ報告書

pp.12-15.（未公刊）

相川　充（2009）．新版 人づきあいの技術―ソーシャルスキルの心理学　サイエンス社

Apple, W., Streeter, L. A., & Krauss, R. M. (1979). Effects of pitch and speech rate on personal attributions. *Journal of Personality and Social Psychology*, **37**, 715-727.

Argyle, M., Lefebvre, L., & Cook, M. (1974). The meaning of five patterns of gaze. *European Journal of Social Psychology*, **4**, 125-136.

Aune, R. K., & Kikuchi, T. (1993). Effects of language intensity similarity on perceptions of credibility, relational attributions, and persuasion. *Journal of Language and Social Psychology*, **12**, 224-238.

Birdwhistell, R. L. (1955). Background to kinesics. *ETC: A Review of General Semantics*, **13**, 10-18.

Black, J. W. (1961). Relationships among fundamental frequency, vocal sound pressure, and rate of speaking. *Language and Speech*, **4**, 196-199.

Bowers, J. W. (1963). Language intensity, social introversion, and attitude change. *Speech Monographs*, **30**, 345-353.

Burgoon, J. K. (1994). Nonverbal signals. In M. L. Knapp, & G. R. Miller (Eds.), *Handbook of interpersonal communication*. Thousand Oaks, CA: Sage. pp.229-285.

Cunningham, M. R., Barbee, A. P., & Pike, C. L. (1990). What do women want?: Facialmetric assessment of multiple motives in the perception of male facial physical attractiveness. *Journal of Personality and Social Psychology*, **59**, 61-72.

Daibo, I. (1982). The role of anxiety trait and communication medium in dyadic conversation. In H. Hiebsch (Ed.), *Social psychology: XXIInd international congress of psychology selected revised papers*. Amsterdam: North-Holland. pp.188-194.

大坊郁夫（1982）．二者間相互作用における発言と視線パターンの時系列的構造　実験社会心理学研究, **22**, 11-26.

大坊郁夫（2007）．社会的脈絡における顔コミュニケーションへの文化的視点　対人社会心理学研究, **7**, 1-10.

DeVito, J. A. (1986). *The interpersonal communication book*. 4th ed. New York: Harper & Row.

Ekman, P., & Oster, H. (1979). Facial expressions of emotion. *Annual Review of Psychology*, **30**, 527-554.

藤原武弘（1986）．態度変容と印象形成に及ぼすスピーチ速度とハンドジェスチャーの効果　心理学研究, **57**, 200-206.

深田博己（1998）．インターパーソナルコミュニケーション―対人コミュニケーションの心理学　北大路書房

Hargie, O. (2006). Skills in theory: Communication as skilled performance. In O. Hargie (Ed.), *The handbook of communication skills*. 3rd ed. London: Routledge. pp.7-36.

Hargie, O., & Dickson, D. (2004). *Skilled interpersonal communication: Research, theory and practice*. 4th ed. London: Routledge.

Hargie, O., Saunders, C., & Dickson, D. (1994). *Social skills in interpersonal communication*. 3rd ed. London: Routledge.

橋本　剛 (2008). 大学生のためのソーシャルスキル　サイエンス社

林　文俊 (1978). 対人認知構造の基本次元についての一考察　名古屋大学教育学部紀要（教育心理学科), **25**, 233-247.

堀毛一也 (1990). 社会的スキルの習得　斎藤耕二・菊池章夫（編著）　社会化の心理学ハンドブック―人間形成と社会と文化　川島書店　pp.79-100.

堀毛一也 (1994). 恋愛関係の発展・崩壊と社会的スキル　実験社会心理学研究, **34**, 116-128.

柏木繁男・和田さゆり (1996). 5因子モデル (FFM) による性格テストの依存的妥当性の検討　心理学研究, **67**, 300-307.

経済産業省 (2006). 「社会人基礎力に関する研究会」中間取りまとめ　経済産業省　2006年2月8日 <http://www.meti.go.jp/policy/kisoryoku/torimatome.htm> (2012年4月1日)

菊池章夫・堀毛一也 (1994). 社会的スキルとは　菊池章夫・堀毛一也（編）　社会的スキルの心理学　川島書店　pp.1-22.

Kim, H. S. (2008). Culture and the cognitive and neuroendocrine response to speech. *Journal of Personality and Social Psychology*, **94**, 32-47.

Kim, H. S., & Markus, H. R. (2002). Freedom of speech and freedom of silence: An analysis of talking as a cultural practice. In R. Shweder, M. Minow, & H. R. Markus (Eds.), *Engaging cultural differences: The multicultural challenge in liberal democracies*. New York: Russell-Sage Foundation. pp. 432-452.

厚生労働省 (2005). 「YES-プログラム」の概要 (＝若年者就職基礎能力支援事業 Youth Employability Support Program)　厚生労働省　2005年3月4日 <http://www.mhlw.go.jp/houdou/2005/03/h0304-3e.html> (2012年4月1日)

Lind, E. A., Erickson, B. E., Conley, J., & O'Barr, W. M. (1978). Social attributions and conversation style in trial testimony. *Journal of Personality and Social Psychology*, **36**, 1558-1567.

Lind, E. A., & O'Barr, W. M. (1979). The social significance of speech in the courtroom. In H. Giles, & R. N. St Clair (Eds.), *Language and social psychology*. Oxford: Basil Blackwell. pp.66-87.

Matarazzo, J. D., & Wiens, A. N. (1972). *The interview: Research on its anatomy and structure*. Chicago: Aldine-Atherton.

McEwen, W. J., & Greenberg, B. S. (1970). The effects of message intensity on receiver evaluations of source, message and topic. *Journal of Communication*, **20**, 340-350.

Mehrabian, A., & Wiener, M.（1967）. Decoding of inconsistent communications. *Journal of Personality and Social Psychology*, **6**, 109-114.
Miller, G. R., & Lobe, J.（1967）. Opinionated language, open- and closed- mindedness and response to persuasive communications. *Journal of Communication*, **17**, 333-341.
Miller, N., Maruyama, G., Beaber, R. J., & Valone, K.（1976）. Speed of speech and persuasion. *Journal of Personality and Social Psychology*, **34**, 615-624.
村井潤一郎（2005）．強調語が発言内容の欺瞞性認知に及ぼす影響　パーソナリティ研究, **14**, 92-100.
村井潤一郎（2006）．強調語と疑念が発言内容の欺瞞性認知に及ぼす影響　社会言語科学, **9**, 59-66.
日本経済団体連合会（2011）．産業界の求める人材像と大学教育への期待に関するアンケート結果　一般社団法人日本経済団体連合会　2011年1月18日 <http://www.keidanren.or.jp/policy/2011/005.html>（2012年4月9日）
小川一美（2006）．手がかり情報の相違が二者間会話に対する印象に及ぼす影響　社会言語科学, **9**, 27-36.
小川一美・吉田俊和（1998）．発話スタイルがパーソナリティ認知に及ぼす効果―決めつけ型発話と会話場面の観点から　名古屋大学教育学部紀要（心理学）, **45**, 9-15.
小川一美・吉田俊和（1999）．発話スタイルがパーソナリティ認知に及ぼす効果（2）―叙述的発話と断片的発話の比較　名古屋大学教育学部紀要（心理学）, **46**, 131-139.
岡部朗一（1996）．コミュニケーションの基礎概念　古田　暁（監修）　異文化コミュニケーション―新・国際人の条件　有斐閣　pp.15-38.
岡本真一郎（1985）．言語的スタイルが説得に及ぼす効果　実験社会心理学研究, **25**, 65-76.
岡本真一郎（2006）．ことばの社会心理学（第3版）　ナカニシヤ出版
Patterson, M. L.（1983）. *Nonverbal behavior: A functional perspective*. New York: Springer-Verlag.（工藤　力（監訳）（1995）．非言語コミュニケーションの基礎理論　誠信書房）
Richmond, V. P., & McCroskey, J. C.（2004）. *Nonverbal behavior in interpersonal relations*. 5th ed. Boston: Allyn & Bacon.（山下耕二（編訳）（2006）．非言語行動の心理学―対人関係とコミュニケーション理解のために　北大路書房）
Rokeach, M.（1960）. *The open and closed mind*. New York: Basic Books.
Short, J., Williams, E., & Christie, B.（1976）. *The social psychology of telecommunications*. London: John Wiley & Sons.
Spitzberg, B. H., & Cupach, W. R.（1988）. *Handbook of interpersonal competence research*. New York: Springer-Verlag.
内田照久（2002）．音声の発話速度が話者の性格印象に与える影響　心理学研究, **73**, 131-139.
内田照久（2005a）．音声の発話速度と休止時間が話者の性格印象と自然なわかりやすさに

与える影響　教育心理学研究, **53**, 1-13.
内田照久 (2005b). 音声中の抑揚の大きさと変化パターンが話者の性格印象に与える影響　心理学研究, **76**, 382-390.
内田照久・中畝菜穂子 (2004). 声の高さと発話速度が話者の性格印象に与える影響　心理学研究, **75**, 397-406.
山口一美 (2002). 自己宣伝におけるスマイル，アイコンタクトとパーソナリティ要因が就労面接評価に及ぼす影響　実験社会心理学研究, **42**, 55-65.
山口一美・小口孝司 (1998). サービス産業におけるスマイル研究の展望　産業・組織心理学研究, **11**, 3-13.
Yokoyama, H., & Daibo, I. (2008). The role of speech rate and gaze in persuasion. *The 29th International Congress of Psychology*, 525.

よりよく理解するための参考書
◉ 大坊郁夫 (1998). しぐさのコミュニケーション―人は親しみをどう伝えあうか　サイエンス社

　　対人コミュニケーションに関する日本の社会心理学的研究は残念ながら多くないため，参考書的なものもあまり見当たらない。そんななか，本書は対人コミュニケーション研究者にとっての指南書とも言える非常に貴重な書である。

◉ 大坊郁夫 (編) (2012). 幸福を目指す対人社会心理学―対人コミュニケーションと対人関係の科学　ナカニシヤ出版

　　日々の生活でいかに円滑に相互理解し，自他の well-being を高めるためには，「何」を心がけなければならないかについて，対人関係の心理学，社会心理学の観点から述べられている。特に，対人コミュニケーションを如何に有効に展開していけるかに着目している点が興味深い。

◉ 深田博己 (1998). インターパーソナルコミュニケーション―対人コミュニケーションの心理学　北大路書房

　　「心理学の視点からの対人コミュニケーション論の適当なテキストが見当たらなかった」と，著者が本書を執筆したきっかけを記しているとおり，本書は数少ない対人コミュニケーションのテキストである。しかも，社会心理学の研究成果を中心にまとめられている点も特徴である。

Column 1　コミュニケーション能力とは何か？を学生が考える機会

坂本　剛

　これまで「自分の本当の価値を発見（Schein, 1990）」することが主流だったキャリア支援において，近年では，「キャリアのほとんどは偶然によって左右される（Krumboltz & Levin, 2004; 諸富, 2009）」とする考え方に注目が集まり，偶然の出来事をチャンスに変えることの重要性が認識され始めている。しかし，その偶然のキャリアを活性化させるのは学生時代の習慣であり，ひいては学習への意欲であるとの指摘（矢野, 2011）も存在する。偶然のチャンスを引き寄せるのは好奇心や柔軟性，持続性などであり，個人は学力や知識以外の領域において，ますます高い適応力を要求されていると言えよう。

　第1章にも述べられているように，高いレベルのコミュニケーション能力が個人に要求されるようになった。本田（2005）は，不確実性の高い社会で重視されるのは「ポスト近代型能力」であり，意欲や情動も含む，人間の全体に及ぶ様々な側面が評価の対象となっていることを指摘し，こうした社会をハイパー・メリトクラシー社会と名付けている。そこで重視されるのは高度な対人関係能力である。大学生の置かれる環境においても，やはり本田の言うハイパー・メリトクラシー化は当たり前の現象となっているのではないか。ホックシールド（Hochschild, 1983）は，現代社会での労働の特徴は感情の商品化にあると指摘している。感情（「心」）を売り物にするために，社会的にも主体的にも感情管理を行っているのだという。そして，大学生はその社会に適応する能力を期待される。

　経済産業省が2006年から提唱している「社会人基礎力」は，主体性やコミュニケーション力にもとづくもので，「職場や地域社会で多様な人々と仕事をしていくために必要な基礎的な力」と定義されている。2009年度には育成・評価システムの開発・実証事業を12の大学に委託し，以降，多くの大学で学生指導やカリキュラムの指針に取り入れられている。経済産業省は，「基礎学力」「専門知識」に加え，それらをうまく活用していくための「社会人基礎力」を意識的に育成していくことがより重要としている。大学生は就職活動に入る以前から様々な形で，コミュニケーション能力が社会参加の1つのキーになっていることを知る。

こうしたなかで，学生が，コミュニケーションや対人関係の心理学研究（授業内での実習も含む）に取り組むことは，社会が自身に求めている能力について，理解を深めることに役立っているのではないか。筆者が勤務している大学では，教養教育と専門教育の架け橋として2年生向けのゼミナールが設定されている。学生は各教員のゼミナールに自動配属され，レポートの書き方指導，幅広い研究法の実習といった学習から，キャリアイメージを描く，情報関連の資格取得対策をする等々，様々な活動を行っている。ある年に筆者のゼミに配属されたウェイトリフティング部所属の学生は，社会人基礎力を題材にして，同部の部員と指導者を対象とした質問紙調査とインタビュー調査を実習した。彼らのレポートは，自分の社会人基礎力を評価する観点と，他者を評価する観点との間に相違が存在することを示唆するものとなった。指導者による部員の評価も，部員どうしの評価も，「主体性」を重視する傾向にあるが，部員の自己評価で最重視するポイントは「グループで働く力」となっていた。またある年の卒業研究では，学生による社会人基礎力の自己評価調査結果から，その因子構成と，一般的に魅力があるとされる人柄（明るさ・積極性・やさしさ，協調性）（松井，1993）との共通点について，のびのびと語られた。その学生によれば社会人基礎力と恋人に求める条件はよく似ているのだという。

　彼らの体験は，自らのコミュニケーション能力の程度を知る機会ということ以上の意味をもっていると思われる。おそらくより重要な点は，心理学的方法を通して，コミュニケーション能力とは何であるかを検討する機会を得るということである。第1章に挙げられるように，原因帰属や社会的認知の知見を確認することも含め，ときには批判的に，社会が彼らに求めていると言われる能力について考える機会ともなっている。コミュニケーション能力とはいったい何か？　他の特性とどのように関係しているのか？　何が必要で何が必要でないのか？　他者はどのように評価をしているのか？　現代社会の特徴は？

　橋本（2008）による「大学生のためのソーシャルスキル」には，自分と異なる他者の存在，自他の違いの存在を認めることの重要性が，すべてのスキルの背景あるいはその通奏底音として流れている。その上で，「相手を尊重しよう」「自分を尊重しよう」といった基本的なものから具体的なレベルまでが描かれている。ここで橋本は，社会の問題点を改善することにつながるスキルとして，「スキルのあるべき姿について考えるスキル」を挙げている。コミュニケーションおよび対人関係の心理学研究は，日常的な対人関係の理解とはまた別の視点を与えてくれる。大学生が卒業研究や実習

を通してこれに取り組むときこそ，スキルのあるべき姿について考え，コミュニケーションに関するメタ認知の視点を育む最良の機会なのではないだろうか。

引用文献

橋本　剛（2008）．大学生のためのソーシャルスキル　サイエンス社

Hochschild, A. R. (1983). *The managed heart: Commercialization of human feeling*. Berkeley, CA: University of California Press.（石川　准・室伏亜希（訳）(2000)．管理される心—感情が商品にむるとき　世界思想社）

本田由紀（2005）．多元化する「能力」と日本社会—ハイパー・メリトクラシー化のなかで　NTT出版

Krumboltz, J. D., & Levin, A. S. (2004). *Luck is no accident: Making the most of happenstance in your life and career*. CA: Impact Publishers.（花田光世・大木紀子・宮地夕紀子（訳）(2005)．その幸運は偶然ではないんです！　ダイヤモンド社）

松井　豊（1993）．恋ごころの科学　サイエンス社

諸富祥彦（2009）．偶然をチャンスに変える生き方—最新キャリア心理学に学ぶ「幸運」を引き寄せる知恵　ダイヤモンド社

Schein, E. H. (1990). *Career anchors: Discovering your real values*. Revised edition. San Francisco, CA: Jossey-Bass/Pfeiffer.（金井壽宏（訳）(2003)．キャリア・アンカー—自分のほんとうの価値を発見しよう　白桃書房）

矢野眞和（2011）．「習慣病」になったニッポンの大学—18歳主義・卒業主義・親負担主義からの解放　日本図書センター

2 学級の中で友人関係や他者はどのように捉えられうるか？

山中一英

　本章は，2つのトピックに関する議論によって構成される[1]。第1に，学級の友人関係の現代的様相の1つとされる「グループをめぐる問題事象」について。この具体が例示され，その原因が考察される。読者は，これを通して，学級の友人関係を捉える上で有用な社会心理学の知を学ぶことができるだろう。第2に，学級での教師行動と友人関係の形成・維持を支える「他者理解」について。このトピックへの社会心理学の貢献可能性を示すとともに，近年，広まりつつある社会心理学の前提を揺さぶる新たな視点について論及する。さらに，このトピックへの教師の関与と学級というフィールドで社会心理学的な研究を行う際に考慮すべき点に関しても言及したい。「他者理解」をめぐる多元的な議論を通して，読者にいっそうの実りある学びをもたらすことができるだろう。

Ⅰ. 社会心理学の研究対象としての学級

　学級で行われる様々な教育的営為は，教師と児童・生徒，児童・生徒どうしの相互作用過程として捉えられる。したがって，学級の基盤は，教師と児童・生徒，児童・生徒どうしという2つの人間関係にあることになる。そのため，人間関係や集団に関する知を集積する社会心理学がここに貢献できる可能性は

---

[1] 広範な学問領域の関心が交差するトピックの特色を考慮し，本章では，社会心理学以外の知見も，適宜，盛り込みながら論じることにしたい。

高く，学級は社会心理学の主要な研究対象の1つであり続けている。

その先駆的かつ代表的なものに，大橋とその共同研究者たちによる体系的な研究（大橋ら，1982）がある。彼らは，中学1年生2学級84名を対象に，入学式の翌日から1学期の終業式までの15週間にわたって，成員間のセンチメント関係，パーソナリティ認知，成員間の相互作用の量，集団の構造，特徴的な諸事例など，多岐にわたる調査を実施している。彼らの見出した結果は広範囲に及ぶ。例えば，集団構造に関してなら，相互作用がまだほとんど行われていなかったと推定される時点においてすでに構造らしきものが存在し，それを規定する大きな要因は座席配置であったこと。加えて，時間の経過に伴い，一方選択による弱いネットワーク構造から次第に学級の多くの成員が相互に選択しあうような複雑なネットワーク構造へと発達していくが，この変化は決して直線的なものではなかったことなどである。大橋ら（1982）の研究で取り上げられた諸側面（パーソナリティ認知，集団構造など）が，社会心理学者の興味の対象であり，その諸側面を中心に知見が積み重ねられている。もっとも，社会心理学者の関心は脱文脈化された普遍的な人間関係や集団に関する知の構築にあるため，そこでは，学級のもつ特徴的諸変数が捨象される傾向にある。学級をフィールドに研究を行う上で，このことは，看過しえない問題点の1つになる（この問題点については，本章の最後で言及される）。

Ⅱ．学級の友人関係に対する社会心理学的視点

ここでは，学級で生起する，いわゆる「グループをめぐる問題事象」を取り上げる。学級を担任する教師（の多く）は，これに重大な関心を寄せ，日々，対応に苦慮している。また，近年，心理学や社会学を中心に活発に議論されている事象でもある。まずは，そのような事象の一例を示し，その後，それが生起する原因について社会心理学の視点から考察してみよう。

1. 学級の友人関係の具体的様相―グループにおける嫌がらせ[2]

普段，学級の中で児童・生徒は，友だちとどのように関わっているのだろうか。学級の友人関係は，児童・生徒が通常「グループ」とよぶ小集団をつくる

ことで，形成・維持されることが多い（e.g., 伊藤，2004）。そのため，学級の友人関係は，その「グループ」のありようと分かちがたく結びつくことになる。社会心理学では，成員間のセンチメント関係などによって形成される集団を，（学級などの「公式集団（フォーマル・グループ）」に対比させて，）「非公式集団（インフォーマル・グループ）」とよぶことがある。ここでは，それを「グループ」と略記し，山中（2009）にならい，「同じ学級の児童・生徒で構成された，休み時間などの時間帯になると，いつも一緒に過ごす児童・生徒の集まり」と定義しておこう。

　学級内のグループで，日々，児童・生徒が行っている相互作用を詳細に報告した研究は，（データ収集が難しいことに加え，研究倫理に関わる問題の発生も予見されることから，）あまり存在していない。そんななか，野田（2005）は，「いじめ」とも表現しうる嫌がらせが繰り返されるグループの実態を比較的詳しく報告している。

　野田（2005）は，11名の大学生ならびに大学院生に面接を行い，グループにおいて自らが過去に嫌がらせをしたあるいは嫌がらせをされた経験について回顧的に語ってもらい[3]，その語りを丁寧に分析している。その結果，面接対象者のほとんどすべてが何らかの嫌がらせを経験しており，それが事例として語られた。グループの中で，複数の児童・生徒が，同じグループに所属する特定の児童・生徒を無視（シカト）したり，特定の児童・生徒を除いてひそひそ話をしたり，といったような行為が嫌がらせの典型であった。また，多くの事例に，①嫌がらせの対象となるターゲットが交代していくこと（すなわち，嫌がらせを受けていた者がある時期から嫌がらせをする側にまわったり，その逆もあったりするということ）や，②嫌がらせを先導するものが存在していること，などの特徴が認められた。そして，特定の他者が，嫌がらせをされてグループ

---

[2] 「嫌がらせ」という表記は，行為者のネガティブな意図を含意する。後述する野田（2005）において，こうした表記に相当する事例がいくつも報告されていることから，このように表記することに特段の問題はないと判断された。

[3] 野田（2005）では，過去を回想することが求められたことに加え，嫌がらせがあることを前提に質問がなされたことから，面接対象者の語りが実際以上に誇張されたものになった可能性は否定できない。しかし，たとえそうであっても，このような事象の存在自体は確かなもののように思われる。

から離脱するケースと嫌がらせをされてもグループから離脱しないケースの両方があることが報告された。さらに，たとえ嫌がらせを受けていても，それを周囲には悟られないように努める心情が語られており，この事象を教師や別のグループに属する級友が把握することの難しさが示唆された。

また，このような事例が先駆けて報告された三島（1997）では，グループ内で，にらむ，ひそひそ話をするといった，攻撃をするものとされるものの関係が親密であるほど攻撃される者のダメージが大きい「関係を利用した攻撃行動」が，親しい友人間で見られることが指摘されている。また，ミシュナら（Mishna et al., 2008）は，親しい友だちからいじめられていると感じている子どもなどを対象に面接を行い，友だちだと思っていた他者からのいじめは，そのほとんどが排除（exclusion）や悪口（gossip）といった「関係性に関わる攻撃（relational aggression）」であることや，自らに向けられた行為がいじめなのかどうか混乱してしまうといった子どもの心理を報告している。

これらの研究がターゲットとした事例の細部にいくらかの違いがあったとしても，グループにおける嫌がらせのような事象は遍在的で，現代の児童・生徒の友人関係を特徴づける様相の1つであると判断して差し支えないであろう。

ところで，そのようなグループにおける嫌がらせは，男子に比べて，女子のグループで生起することが多いと言われている（e.g., 三島，1997）。そこには，楠見（1986）や吉田と荒田（1997）が明らかにしているように，女子に特徴的な集団構造もしくは対人関係の態様が関連している可能性が推考される。例えば，吉田と荒田（1997）は，小学4年生と5年生の児童を対象に，対人関係の様相（他者への関わり方）の性差について検討し，男子に比べて女子に次のような特徴的傾向が認められることを示している。まず，相互交流の少ない排他的な小集団を形成しやすいこと。次に，学習または運動を一緒にしたい他者として仲の良い友だちを選択する傾向が強く，課題達成場面で課題の達成よりも対人関係を重視した仲間選択をする傾向にあること。さらに，仲の良い友だちの意見に同調する傾向が強いことである。

2. グループにおける嫌がらせをめぐる社会心理学的考察

グループにおける嫌がらせはなぜ生じるのか。おそらく，これがもっとも素

朴に喚起される問いであり，筆者の中に即座に思い浮かんだ問いでもあった。この問いに対して，例えば，嫌がらせをする方とされる方の間に何らかのトラブルがあったりして，前者の気に入らない特性や特徴が後者にあったからだ，とか，前者が後者へネガティブな感情をもっていたからだ，といったことが原因として推察されるかもしれない。たしかに，それらは原因の1つかもしれないし，それらがきっかけとなって生起した嫌がらせもあるだろう。また，自らの行為の原因をそのように説明する児童・生徒もいるかもしれない。しかし，このような考察では，野田（2005）が報告した事例を十分に説明することができない。すなわち，野田（2005）の事例の（すべてではないが）多くが有していた，嫌がらせを受けるターゲットが交代するという特徴を必ずしもうまく説明できないのである。もし特定の他者が原因で嫌がらせが行われるのだとすれば，嫌がらせはその特定の他者に対してのみ繰り返されるのではないだろうか。また，ターゲットの交代は，特定の他者をグループから離脱させることを企図して行われているわけではないことも想像させる。かりに特定の他者をグループから離脱させることをねらって行われるのであれば，やはりその特定の他者に対してのみ嫌がらせは繰り返されると思われるからである。

　では，ほかにどのような原因が考えられるだろうか。この事象がグループにおいて生じていることを思い返そう。先述したように，集団（グループ）は社会心理学の中心に位置する研究テーマである。それなら，社会心理学が蓄積した知を使って，グループとは何か，を考えてみることで，原因の可能性を掴むことができるかもしれない。

　山中（2009）[4]は，既存の社会心理学的な研究の理論や知見に依拠して，この事象が生起する原因についての考察を試みている。

　一般に，「集団」が成立するためには，①人々の間に相互依存関係があり相互作用が可能であること，②人々の間に共通目標あるいは規範が共有されていること，という条件が必要とされる（狩野・田﨑，1990）。また，永田（1987）

---

[4] 筆者は，すでに別稿（山中，2009）において，この問題事象に潜在する社会心理学的な論点について議論を展開している。ここでは，別稿での議論の一部を再掲しながら論述を進めたい。山中（2009）には，本章では取り上げられない論点（関係形成の自発性など）が提起されており，そちらもあわせて参照されたい。

は，集団を「組織化された集合態」であるとして単なる集合態から区別し，「組織化された集合態」の条件として，「役割と地位の分化」ならびに「集団規範の成立」を挙げている。そして，その上で，「目標の共有」と「共有した目標が他者との相互依存的な（協同的な）努力によって効果的に達成されうるという認知の成立」という2つの要因がそのような組織化を規定すると言及している。このような社会心理学の既存の知をふまえるなら，グループが「集団」であるためには，相互依存的な関係が求められ，そこに，（それを促す）目標もしくは課題が共有されていなければならないことになる。しかし，学級に存在するグループの1つひとつには，集団としてのまとまりをもたらすほどの目標も成員間の相互依存関係を必要とするほどの課題も，明確には存在していないと思われる。しかも，吉田と荒田（1997）が示すように，グループが相互に排他的な性質を備えているとなれば，そのような目標もしくは課題はグループの中で用意されなければならないことになる。そこで，児童・生徒は，グループ内の誰かをターゲットに嫌がらせを繰り返すという（ある意味で）課題（のようなもの）を（多くの場合はリーダー格の児童・生徒が）設定することによって，相互依存関係をつくりだすとともに，それを目標として共有することで，グループの維持をはかっているのではないだろうか。社会学者の土井（2008）は，「教室はたとえて言えば地雷原」という中学生が創作した川柳を引き，「外部に刺激を見出せないグループには，自分たちの関係それ自体をいじり回すことにしか，関係を活性化させるための手段が残されていません（土井，2009）」と論じているが，土井（2008, 2009）の論考はここでの筆者の考察に近似しているように思われる。さらに，集団が自己の存在意義を保証するという機能を有している（e.g., 植村, 2001）ことを考えあわせるなら，そこに，嫌がらせという課題の遂行を通して，1人ひとりが自らの存在を確認しているという心理過程を想定することもできるだろう。

　山中（2009）では，特定の他者は嫌がらせを受けてもなぜグループから離脱しないのか，という問いについても論議されている。そこでも，社会心理学の既存の知が，その考察を支えるとともに，新たな予測をもたらしている。

　社会的交換理論（e.g., Thibaut & Kelley, 1959）などの強化論に立脚すると，グループに留まり続けるのは，そこにコストを上回るだけの報酬が存在し

ているからだということになる。また，社会的アイデンティティ理論（Hogg & Abrams, 1988）によれば，自己のアイデンティティは所属する集団によって社会的に規定される。これらに従うなら，学級集団内でいわゆる社会的地位が相対的に高いグループに所属しているような場合には，たとえグループ内で嫌がらせを受けようとも，そのグループに残留していた方が望ましい自己定義や比較的高い水準の自尊感情を安定して維持できると予想されよう。さらに，この考察が的を射ているなら，社会的地位が相対的に低いグループ内での嫌がらせの場合には，グループに所属することによってもたらされる報酬が嫌がらせを受けることに伴うコストを上回らず，グループから離脱する可能性が高まるという予測も成立するのではないだろうか。ただし，この場合も，学級集団内で1人でいることのコストの方が嫌がらせを受けることによってもたらされるコストを上回るなら，（相対的にコストの低い）グループへの残留が見込まれることになるだろう。

　ここまで，集団（の定義）に関する社会心理学の知見を基礎にして，グループにおける嫌がらせの原因に関する考察を展開してきた。しかし，それらはどれも推論の域を脱するものではなく，ほかにも原因は考えられるだろう。今後，さらなる議論の積み重ねや実証的な検討が求められることは言うまでもない。

　ところで，学級では，毎日，いろいろな出来事が起こる。その出来事をありのままに把握することは，研究者にとっても教育実践者にとっても必要とされることだが，それほど容易なことではない。そのとき，有効な役割を果たしてくれるのがアカデミックな理論や概念である。理論や概念は，いわば灯火のように具体を照らす。それによって，一定の側面が捨象されることになるものの，それを使って，他者と議論したり経験を共有したりすることが可能になる。

　例えば，プレンティスら（Prentice et al., 1994）[5]は，愛着が向けられる対象の違いによって，集団を2つのタイプに分類している。「共通ボンド集団（common-bond group）」と「共通アイデンティティ集団（common-identity group）」である（図2-1[6]）。前者は主に成員間の個人的なつながりにもとづいて構成され，後者は主として集団のもつカテゴリーを拠り所に構成される。本城と村本（2003）は，ある大学の2つの学生集団を対象に長期にわたるフィールドワークを実施し，（プレンティスら（1994）で直接的に扱われなかった,）

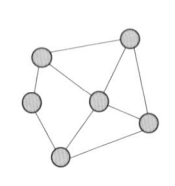

共通ボンド集団　　　　　　　　共通アイデンティティ集団
（common-bond group）　　　　　（common-identity group）

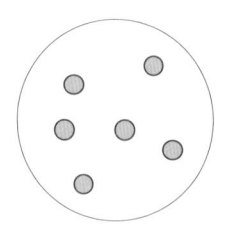

図2-1　プレンティスら（1994）によって分類された2つの集団のタイプ
（本城・村本（2003）を一部改変）

それぞれの集団における集団表象の形成・変容の過程を検討している。その結果，いずれの集団でも，「共通ボンド」型から「共通アイデンティティ」型へ，あるいはその逆へ，と集団表象が変化している様相が把握され，この変化の背景には，集団機能の位置づけや目標の共有レベルといった要素の関与があったことが指摘されている。

プレンティスら（1994）の分類枠組みから，友人関係のありようなどの学級の諸相を解釈していくことができるだろう[7]。ここに例示された問題事象に対しても，この事象が生起する理由に関する思索やこの事象が児童・生徒にもたらしている意味についての思案などに，手がかりを与えてくれるかもしれない。

---

5) グループにおける嫌がらせのような事象の生起は，「対人魅力」に関する研究領域で，長年，好意が相互作用を生起させるに必要にして十分な条件であると考えられてきた（Berscheid & Reis, 1998）ことへの懐疑であるという議論を，山中（2009）は展開している。そして，その上で，バーシャイドとリーガン（Berscheid & Regan, 2005）が"affiliation"と"attraction"を区別したように，「誰と相互作用するか（すなわち，誰と対人関係を築くか）」と「誰に好意をもつか（すなわち，誰に魅力を感じるか）」は別のものであると主張している。あるいは，大学生の友人関係の親密化過程を検討した山中（1998）は，もっとも好意をもっている人物といつも一緒に行動している人物は必ずしも一致しないという意味で，「友人関係の二重化」という概念を提起している。プレンティスら（1994）の分類枠組みは，これらの論説と同様に，対人関係の形成・維持と好意の関連性について吟味していく際の視座の1つになりえよう。
6) 図2-1は，本城と村本（2003）のインフォーマントが描いた集団イメージ図を模式化したものであり，プレンティスら（1994）によって，このような視覚表示がなされているわけではない。
7) プレンティスら（1994）の分類枠組みと（それにもとづく）本城と村本（2003）による集団表象の形成・変容過程に関する分析結果は，学級を担任する教師が，どのような学級の状態を望ましいものとして指定し，それをいかに実現していくか，といった学級経営の実践にも，有益な示唆を与えるだろう。

Ⅲ. 学級での他者理解に対する複眼的視点

　学級を担任する教師にとって，児童・生徒にとって，学級での日常的行為の基盤は何か。それは，「他者理解」である。担任教師にとって，児童・生徒の理解は，自身の児童・生徒1人ひとりに対する具体的行動と深く関わり，学業成績などの評価とも密接に結びついている。また，児童・生徒にとっても，級友をどのように理解しているかが，級友1人ひとりへの関わり方に反映し，友人関係の形成・維持を基礎で支えている。ここでは，学級での他者理解に資するであろう3つの視点について言及しよう。

1. 他者理解への社会心理学的接近[8]——行動の状況依存性

　筆者は，公立小学校のある学級に定期的かつ継続的に関わりながら，担任教師による学級づくりの過程を詳細に学ぶとともに，お互いがもつ資源の違いを利用した協働的な教育実践活動を行っている。その活動のために教室にいると，筆者がつい視線を向けてしまう児童がいる。いわゆる「気になる子」である。そして，その児童の（ある種の）問題（だと思われる）行動を目にしたりすると，筆者は「だらしないなあ」などと思ってしまう。この筆者の心理過程を分析的に捉えるなら，当該児童の行為を観察した筆者は，その行為の原因を（実際がどうであれ）行為者である児童の「だらしなさ」という内的（にもっているかもしれない）要因へ帰属したということになる。きっと，誰にもあてはまる，ありふれた認知過程であろう。

　社会心理学を他の心理学分野から区別する特徴は何か。それは，人間行動の原因帰属において状況要因を軽視しない姿勢にある。このことは，社会心理学のいわば記念碑的な先行研究の中に鮮やかに示される。

　例えば，「アイヒマン実験」とよばれることもあるミルグラム（Milgram, 1974）の研究を見てみよう。アイヒマンとは，ナチス・ドイツの親衛隊員で，

---

[8] 社会心理学に「対人認知」という研究領域がある。「他者理解」は，この「対人認知」にほかならない。私たちが行う対人的相互作用の多くが，他者のパーソナリティ認知や行為の帰属など，他者に関する包括的な理解にもとづいていると考えられる。そのため，「対人認知」は，社会心理学の重要な研究領域の1つであり続けている。

ユダヤ人虐殺に深く関与した人物である。ユダヤ系アメリカ人であるミルグラムは、ホロコーストに関与した人間の心理を追究したいと考えていた。彼の「記憶と学習の研究」には、2人がペアになって参加し、くじ引きによって、一方が先生役、もう一方が生徒役を任される。先生役となった者は問題を提示し、これに生徒役となった者が答えていくのだが、その過程で生徒役が誤答すると、先生役は罰を与えなければならない。その罰とは、なんと電気ショックなのだ（現在の心理学の研究倫理に則れば、おそらく許されない研究計画だろう）。15ボルトから450ボルトまでの30段階が刻まれたスイッチを、生徒役が誤答するたびに、先生役は押していくよう、（白衣を身にまとった）実験者から命じられるのである。実験のねらいは、いったいどのくらいの参加者が450ボルトのスイッチを押すのか、という点にあった。結果は、実に驚くべきものであった。約65％の参加者が最高電圧のスイッチを押したのである。もちろん、電気ショックが実際に与えられたわけではない。何も知らない参加者が常に先生役になるよう、くじに細工が施され、生徒役はいわゆるサクラであった。この研究結果は、私たちに、人間とはいったい何なのか、という極めて根源的な問いを突きつけることになった[9]。

　ミルグラム（1974）の実験に参加した者はみな、残虐な特性の持ち主だったのであろうか。決してそうではない。この実験は、どこにでもいる人間によって実行されたことなのだ。まさに、ハンナ・アーレントがアイヒマンの裁判を傍聴し執筆した著書『イェルサレムのアイヒマン　悪の陳腐さについての報告（Arendt, 1965）』の副題に端的に表現されるように、悪を犯した人間と悪を引き起こしたメカニズムはいたって平凡なものだということである（小坂井,2008）。自らがこのような実験事態に置かれたなら、ためらいながらも、命令に従い、電圧を上げるスイッチを次々と押していく自分の姿を想像しなければならない。

　人間の行動が状況要因の影響を強く受けることを、ミルグラム（1974）の研

---

[9] ミルグラム（1974）の研究は、私たちが「責任」という概念を再考するきっかけになるかもしれない。「責任」という概念をめぐっては、小坂井（2008）が精緻な論究を展開しており、私たちの学びを助けてくれるに違いない。

究は見事に示している[10]。しかし，通常，私たちがそのような状況要因に目を向けることは，あまりない。むしろ，私たちは，観察された行動の原因を，行為者の性格，能力，感情などの内的な要因に帰属する傾向が強い（ちょうど，筆者が「気になる子」を見たとき，「だらしない」などと思った心理過程がこれに相当する）。このような心理傾向は，ロス（Ross, 1977）によって，「根本的な帰属の誤り（fundamental attribution error）」とよばれている。つまるところ，行動の原因を，個人特性にのみ求めるのではなく，周囲の社会的状況にも求める姿勢こそ，社会心理学の（ほかの心理学分野に比して）特徴的な視点なのである[11]。

　学級でも同様に，教師や児童・生徒は，ある児童・生徒の問題行動などを見たとき，その原因を，行為者である当該児童・生徒の内的要因へ帰属してしまうことが少なくない。もちろん，内的な要因は原因の1つかもしれないが，それだけではないはずである。そんなとき，教師や児童・生徒がこのような社会心理学の視点を知っていたならば，教師や児童・生徒の当該児童・生徒への対応は異なったものになるのではないだろうか。

■ 2. 他者理解[12]への関係論的接近―自己の社会的構成

　近代は人間を主体的な存在として定義し，この定義にもとづく原理が今なお，私たちの社会にあって，その根本を支えている。社会科学諸領域において，このような近代的前提を再考する潮流が出来して久しいが，それは社会心

---

10) ほかに，ジンバルドー（Zimbardo, 1975）による「模擬刑務所」を使った実験も，人間の行動が状況要因の影響を強く受けることを明らかにして見せた研究として記憶されている。囚人と看守の役割は無作為に割り当てられた（ということを誰もが知っていた）にもかかわらず，監獄状況に置かれた看守（役の参加者）は，社会的勢力の違いを確認するかのように，囚人（役の参加者）への反社会的行動を重ねたのである（Zimbardo, 1980）。
11) 本章前半で取り上げた問題事象の原因に関する山中（2009）の考察は，グループを維持するのに必要な目標や課題を共有するために事象は生起するというものであり，（少なくとも）行為の原因を行為者の内的特性に求めるものではなかった。誰もが同じ状況に置かれたなら同様の行動をとるという可能性さえ見通せる考察であり，ここにも社会心理学の特徴的視点が反映されていたと言えよう。
12) 「理解」という表現は，理解されるべき特性が人間の内側にあらかじめ存在することを（暗に）前提したものであるかもしれない。もしそうであるなら，この表現は，ここで展開される関係論的論考と矛盾するものであることに留意されたい。

理学にあっても同様である。すなわち，従来の社会心理学は，独立的な実在として（すなわち，所与で自明の実体として）個を定義し，そのように定義された人間の認知や行動が社会的環境の影響を受けてどのように変化するか，という視点から研究を蓄積してきた（村本，2003）。アッシュ（Asch, 1951）の同調実験[13]に示された行動がなぜ論争の的になるのかというと，そこに独立した自己が想定されているからにほかならない（永田，2003）。近年に現れた思想的潮流は，従来の社会心理学が前提する視点に問い直しを迫るものなのである（e.g., Burr, 2002; Gergen, 1985; 小坂井，2008；村本，2003）。

　学校教育のフィールドでも，このような動きは徐々に浸透しつつある。伝統的心理学は，学習を経験に伴う個の内的な変化として捉えてきた。社会構成主義とそれに親和するメタ理論は，近代という時代に拘束されたこのような学習観に見直しを迫ることとなり，それによって，学習は共同体（community）における社会的相互作用の中で生じる過程として再定義されることになった（e.g., 美馬・山内，2005；佐藤，1999）。昨今，拡がりを見せる協調学習（collaborative learning）は，この新しい学習観に礎を置いていると考えられる。

　それでは，このような認識論的転換は，学級での他者理解という問題にどのような視点の変化をもたらすのだろうか。上野（1999）および上野と西坂（2000）は，フッドら（Hood et al., 1980）を引きながら，自己が所与の実体でなく相互行為的に構成されることを説明している。

　フッドら（1980）［上野（1999）より引用］は，小学校の教室で，子どもが2チームに分かれて，司会役の大人が出す問題にクイズショー形式で答え，チームが得点を競うという場面を分析している。ここで焦点があてられるのは，アダムとよばれる子どもを中心とした成員間の相互作用である。例えば，「太陽はどの方角に沈みますか」と問われたアダムは「海？」と答える。ほかの子どもが「東」や「南」と言ったりして間違えても，それがことさら言及されることはないのに対し，アダムの間違いはほかの子どもによって取り上げられてし

---

[13] 小集団において標準線分と同じ長さの線分を長さの異なる3本の線分の中から選択するよう求められた参加者が，（それが単独で試行された場合には，ほとんど誤回答の生じない課題なのだが，）いわゆるサクラの一致した誤回答に同調する様子を，実験によって示して見せた古典的研究。

まう。また，次は誰が答えるかが尋ねられたとき，アダムと同じチームの子どもは「アダムはもうやったよ。できなかったのを覚えているでしょ」などと言う。しかし，再びアダムが指名され，「何ポンドが1トンになりますか」と質問される。アダムがこの問題を考えている間，同じチームの子どもは自分をあてろと大声を出す。アダムが間違えると，同じチームの子どもはさらに大声で自分をあてろと言うのである。これに対して，アダムは椅子に身体を沈め両手で顔を覆い声も小さくなってしまうのである。

この場面は何を含意しているのだろうか。上野（1999）および上野と西坂（2000）が指摘するように，ここに描かれているのは，成員間の相互行為を通して，ある個人が可視化される過程である。そして，そこにおいて個人は，あたかも実体であるかのように見えるのである。しかし，アダムが「できない」ことは，アダムが間違えたこと自体によってではなく，（2チームが競った事態の中で）答える順番をまわさないようにする（同じチームの）ほかの子どもの行為によって可視化されたものだと考えられるのである。したがって，この論考にもとづけば，学級において把握される児童・生徒の「特性」は，個人にあらかじめ内在しているようなものではなく，成員間の（日々の）相互行為を通して社会的に構成され（続け）ているものということになる。

「予言の自己成就（self-fulfilling prophecy）」現象の1つとして位置づけることも可能な，ローゼンサールとヤコブソン（Rosenthal & Jacobson, 1968）を嚆矢とする「教師期待効果」に関する研究の中に，児童・生徒に対する教師のネガティブな期待が教師のどのような行動に現れるか，その変数をまとめたものがある（Brophy & Good, 1974）。例えば，「回答するまで長く待たない」とか「質問に答えられない場合，対応し続けない」といった教師行動に，教師のネガティブな期待が反映されることが示されている。学級のどのような相互作用の中で「できない」ことが見えるようになるのかと問われたとしたら，そのとき，この知見は，思考に手がかりを与えるものとして，再評価されることになるだろう。

さらに，（学校教育をフィールドにしたものではないが，）刑部（1998）は，保育園において，当初，保育者の間で「ちょっと気になる子ども」として問題にされた4歳児の集団への参加の過程を長期にわたって観察し，それをレイヴ

とウェンガー（Lave & Wenger, 1991）の「正統的周辺参加論[14]」の枠組みから分析している。そこでは，ほぼ１年間にわたる成長過程の中で，その４歳児が，やがて保育者にとって，もはや気にならない子どもに変容していくまでの過程が詳細に記述され，その変容が，個人の能力の獲得やスキルの獲得によるものではなく，周囲との関係づくりによるものであることが示されている。刑部（1998）の核心は，個々の子どもの（問題行動などの）行為を個人の知的能力や社会性などの（比較的安定的とされる）特性への原因帰属によって説明しようとする因果論から，個々の子どもの行為を周囲の他者（大人やほかの子ども）との相互作用を通して可視化されたもの（別言するなら，社会的に構成されたもの）として捉えようとする見方（e.g., 伊藤, 2011）へ，という視点の転換にある。

本章の前半部分の考察がそうであったように，従来の社会心理学は，自己を自明的に前提し，（状況要因が重視されるとはいえ，）因果論的説明を基軸にする。ここでの論考は，この立脚点への懐疑である。村本（2003）も指摘するように，ここに現れた認識論的な葛藤を土台にして，二者択一でない，両者をいわば止揚するような，よりダイナミックな社会心理学のメタ理論を創造することが求められているといえよう。

3. 他者理解の過程への教師の関与—学級の課題構造

小学校の教室の典型的な１日を見てみよう。「朝の会」から始まって，いくつかの授業が続き，給食や掃除があり，再び授業が行われた後，「帰りの会」で終わる。ほかに，話し合い活動や係活動といった学級活動もある。このような学習や諸活動はすべて，「課題」と言い換えることができる。一般に，課題は，児童・生徒の育ちや学びを促す上で，学校教育に欠かせない要素である。その一方で，課題は，それが学級で遂行されると，必然的に，（児童・生徒１人ひとりが有している，能力，知識，意欲などの資源についての）個人差を顕現化させることになる（永田, 2003；山中, 2009）。例えば，跳び箱。跳び箱という課

---

14) 徒弟的な学びを実践共同体（community of practice）への参加の過程として捉える理論的枠組み。

題は，児童・生徒の運動能力の向上をそのねらいの1つとして設定されているものであり，実際に児童・生徒の運動能力の向上に貢献している。しかし，跳び箱という課題は，跳べる者と跳べない者を顕わにする。もし跳び箱という課題が導入されなければ明らかにならなかった（かもしれない）自分と他者の違いが，浮き彫りにされてしまうのだ。跳び箱は単なる一例に過ぎない。学級では，1日にあらゆる課題が遂行され，それが，少なくとも1年間，継続されていく。つまるところ，児童・生徒に自他の違いを常に突きつける環境，それが学級なのである。

さて，このような「個人差の顕現化」は，とりもなおさず「他者理解」につながる[15]。したがって，学級における他者理解は，（そのかなりの部分を）学級で遂行される課題に依存していることになる。そして，課題の多くが教師個々によって設定されうるものであることを考えあわせるならば，教師がどのような内容の課題をどのような方法で遂行していくかが，学級の中での他者理解（とそれにもとづく人間関係のありよう）を規定していると考えられるのである[16]。実践する教師によって，課題内容とその遂行方法に様々な違いが存在することは，上記を研究上の論点とする意義を担保することになる。

最後に，学級の友人関係を明らかにしようとする社会心理学的な研究は少なくない。冒頭で引用した大橋ら（1982）の研究もその1つである。しかし，大橋ら（1982）をはじめ，多くの研究では，ここに論じられた視点が十分に考慮されているようには思われない。すなわち，日々の学級では，それぞれの教師によってそれぞれに異なる授業や学級経営が行われ，そのような教育的営為が児童・生徒の友人関係や他者理解に深く関与していると考えられるのである。したがって，大橋ら（1982）で明らかにされた対人認知をはじめとする数々の知見は，当該学級での教師の教育的営為と一体不可分ということになる。学級というフィールドで対人認知や対人関係に関する社会心理学的な研究を行おうとするなら，そこにおいて日々積み重ねられる教師の教育的営為の実態を同時に把握し，それとともに吟味されなければならないのである。

---

15)「個人差の顕現化」は「自己理解」にもつながると考えられる。
16) 児童・生徒どうしの人間関係づくりを促したい学級担任教師に，この視点は有効な示唆を与えてくれるだろう。

引用文献

Arendt, H. (1965). *Eichmann in Jerusalem: A report on the banality of evil*. New York: The Viking Press. (大久保和郎 (訳) (1994). イェルサレムのアイヒマン―悪の陳腐さについての報告　みすず書房)

Asch, S. E. (1951). Effects of group pressure upon the modification and distortion of judgements. In H. Guetzkow (Ed.), *Groups, leadership, and men*. Pittsburgh, PA: Carnegie Press. pp.177-190.

Berscheid, E., & Regan, P. (2005). *The psychology of interpersonal relationships*. Upper Saddle River, NJ: Pearson Education.

Berscheid, E., & Reis, H. T. (1998). Attraction and close relationships. In D. T. Gilbert, S. T. Fiske, & G. Lindzey (Eds.), *The handbook of social psychology*. 4th ed. Vol.2. Boston, MA: McGraw-Hill. pp.193-281.

Brophy, J. E., & Good, T. L. (1974). *Teacher-student relationships: Causes and consequences*. New York: Holt, Rinehart & Winston. (浜名外喜男・蘭　千壽 (訳) (1985). 教師と生徒の人間関係―新しい教育指導の原点　北大路書房)

Burr, V. (2002). *The person in social psychology*. Hove, East Sussex: Psychology Press. (堀田美保 (訳) (2005). 社会心理学が描く人間の姿　ブレーン出版)

土井隆義 (2008). 友だち地獄―「空気を読む」世代のサバイバル　筑摩書房

土井隆義 (2009). キャラ化する／される子どもたち―排除型社会における新たな人間像　岩波書店

Gergen, K. J. (1985). The social constructionist movement in modern psychology. *American Psychologist*, **40**, 266-275.

刑部育子 (1998).「ちょっと気になる子ども」の集団への参加過程に関する関係論的分析　発達心理学研究, **9**, 1-11.

Hogg, M. A., & Abrams, D. (1988). *Social identifications: A social psychology of intergroup relations and group processes*. London: Routledge. (吉森　護・野村泰代 (訳) (1995). 社会的アイデンティティ理論　北大路書房)

本城雅子・村本由紀子 (2003). 2タイプの集団表象とその変容プロセス　日本社会心理学会第44回大会発表論文集, 194-195.

Hood, L., McDermott, R. P., & Cole, M. (1980). Let's try to make it a good day: Some not so simple ways. *Discourse Processes*, **3**, 155-168.

伊藤亜矢子 (2004). 学級集団　日本児童研究所 (編)　児童心理学の進歩―2004年版　金子書房　pp.179-204.

伊藤　崇 (2011). 集団保育における年少児の着席行動の時系列分析―「お誕生会」の準備過程を対象として　発達心理学研究, **22**, 63-74.

狩野素朗・田﨑敏昭 (1990). 学級集団理解の社会心理学　ナカニシヤ出版

小坂井敏晶 (2008). 責任という虚構　東京大学出版会

楠見幸子（1986）．学級集団の大局的構造の変動と教師の指導行動，学級雰囲気，学校モラールに関する研究　教育心理学研究, **34**, 104-110.

Lave, J., & Wenger, E. (1991). *Situated learning: Legitimate peripheral participation*. Cambridge: Cambridge University Press.（佐伯　胖（訳）（1993）．状況に埋め込まれた学習―正統的周辺参加　産業図書）

Milgram, S. (1974). *Obedience to authority: An experimental view*. New York: Harper & Row.（岸田　秀（訳）（1995）．服従の心理［改訂版新装］　河出書房新社）

美馬のゆり・山内祐平（2005）．「未来の学び」をデザインする―空間・活動・共同体　東京大学出版会

三島浩路（1997）．対人関係能力の低下といじめ　誌上シンポジウム「対人関係能力の低下と現代社会」（提案論文1）　名古屋大学教育学部紀要（心理学), **44**, 3-9.

Mishna, F., Wiener, J., & Pepler, D. (2008). Some of my best friends: Experiences of bullying within friendships. *School Psychology International*, **29**, 549-573.

村本由紀子（2003）．社会心理学における「文化」研究の方向性：文化の理解と共生に向けて　文化共生学研究（岡山大学大学院文化科学研究科), **1**, 73-80.

永田良昭（1987）．集団・組織のダイナミックス　永田良昭・船津　衛（編著）　社会心理学の展開　北樹出版　pp. 77-86.

永田良昭（2003）．人の社会性とは何か―社会心理学からの接近　ミネルヴァ書房

野田治子（2005）．児童・生徒が学級内で形成するインフォーマル集団における対人関係上の問題事象に関する研究　兵庫教育大学大学院学校教育研究科平成17年度修士論文（未公刊）

大橋正夫・鹿内啓子・吉田俊和・林　文俊・津村俊充・平林　進・坂西友秀・廣岡秀一・中村雅彦（1982）．中学生の対人関係に関する追跡的研究―センチメント関係と学級集団構造　名古屋大学教育学部紀要（教育心理学科), **29**, 1-100.

Prentice, D. A., Miller, D. T., & Lightdale, J. R. (1994). Asymmetries in attachments to groups and to their members: Distinguishing between common-identity and common-bond groups. *Personality and Social Psychology Bulletin*, **20**, 484-493.

Rosenthal, R., & Jacobson, L. F. (1968). *Pygmalion in the classroom: Teacher expectations and pupil intellectual development*. New York: Holt, Rinehart & Winston.

Ross, L. (1977). The intuitive psychologist and his shortcomings: Distortions in the attribution process. In L. Berkowitz (Ed.), *Advances in experimental social psychology*. Vol. 10. New York: Academic Press. pp.173-220.

佐藤公治（1999）．クラスルームの中の学習　日本児童研究所（編）　児童心理学の進歩―1999年版　金子書房　pp. 133-158.

Thibaut, J. W., & Kelley, H. H. (1959). *The social psychology of groups*. New York: Wiley.

植村善太郎（2001）．学級の規範形成と集団構造　速水敏彦・吉田俊和・伊藤康児（編）　生きる力をつける教育心理学　ナカニシヤ出版　pp. 207-218.

上野直樹 (1999). 仕事の中での学習―状況論的アプローチ　東京大学出版会
上野直樹・西坂　仰 (2000). インタラクション―人工知能と心　大修館書店
山中一英 (1998). 大学生の友人関係の親密化過程に関する事例分析的研究　社会心理学研究, **13**, 93-102.
山中一英 (2009).「学級集団と友人関係」をめぐる諸問題への社会心理学的接近　兵庫教育大学研究紀要, **34**, 23-34.
吉田寿夫・荒田則子 (1997). とかく女の子は群れたがる？―児童期における対人関係の性差に関する研究　日本教育心理学会第39回総会発表論文集, 298.
Zimbardo, P. G. (1975). On transforming experimental research into advocacy for social change. In M. Deutsch, & H. Hornstein (Eds.), *Applying social psychology: Implications for research, practice and training*. Hillsdale, NJ: Erlbaum Associates. pp.33-66.
Zimbardo, P. G. (1980). *Essentials of psychology and life*. 10th ed. Glenview, IL: Scott, Foresman.（古畑和孝・平井　久（監訳）(1981). 現代心理学Ⅲ　サイエンス社）

よりよく理解するための参考書

◉小坂井敏晶 (2011). 人が人を裁くということ　岩波書店
　　本章の中で引用した小坂井 (2008) と同様に，「責任」という概念や「人が人を裁く」という行為をめぐって，「人間が主体的存在であり，自己の行為に対して責任を負う」という近代市民社会を根本で支える考えや「意思が行為の原因をなすという因果論的枠組み」が，社会心理学の研究などに依拠しながら，緻密に吟味される。論考の過程を通して，社会心理学の可能性と課題が改めて問い直されることにもなる。

◉下山晴彦・子安増生（編著）(2002). 心理学の新しいかたち―方法への意識　誠信書房
　　本章の中で提起された認識論的な葛藤に関わって，「量的研究か質的研究か」をはじめとする心理学の研究法をめぐる議論は，思考を促す有用な視点を提供してくれる。その意味において，社会心理学を含む各心理学領域の執筆者が「心理学の新しいかたち」を模索する本書は格好である。

◉吉田寿夫 (2002). 人についての思い込みⅠ―悪役の人は悪人？　北大路書房
◉吉田寿夫 (2002). 人についての思い込みⅡ―A型の人は神経質？　北大路書房
　　主に中学・高校生に向けて，「多くの人たちが気づいていなかったり誤解したりしているであろう『人の心のしくみ』」が解説された「心理学ジュニアライブラリ」の中の2冊。そこでは，本章で言及されたミルグラムの研究をはじめ社会心理学の主要な研究のいくつかがわかりやすく紹介される。読者は，それを題材に社会心理学を学ぶとともに，それを視点に「よりよく生活していくうえで大切」な自己や他者のことをじっくり考えることができる。

Column 2 授業トピックとしての対人心理
—看護教育において

吉武久美

　毎年，多くの学生たちに出会っている。なかには，「心理学を知っていれば，他人の考えていることが何でもわかるのか」と聞いてくる学生がいる。当然，答えは NO である。頭の中をのぞくように他人の考えていることがわかれば面白いのであるが，そのようなことはできない。しかし，心理学の知識を使うことによって，自らの行いを省みたり，周囲の人たちの行動の意味を考えたりするようになれることもある。

　そこで，心理学の授業を行うときには，対人関係で利用できる情報を取り入れるようにしている。特に，看護師となることを目標として頑張っている学生たちとの関わりが多いことから，このコラムでは実際の授業で行っていることを少し紹介してみよう。

　初回の授業では，彼ら看護師を取り巻く対人関係を想像してもらうことから始める。当然，家族や友人との関係がある。仕事上では，患者との関係のほかにも，同僚や上司である看護師や医師，ほかの病院スタッフ，患者の家族との関係などが挙げられる。年齢層も幅広く，日々多くの人と接さなければならない。このことを学生たちが気づいたり，再認識したりすることで対人関係の複雑さや難しさに興味をもってほしいのである。

　授業で扱うトピックも重要となる。心理学には対人関係を豊かにできるツールとして利用できる様々な知見がある。その中でも，彼らの生活や仕事上の対人関係を円滑にすることに利用できるものを取り入れるように心がけている。例として，3つほど挙げてみたい。

　（1）期末テストなど大切な試験の前後に「昨日はテレビを見ていて，全然勉強できなかった」といった言葉を口にしたり，耳にしたりしたことは誰にでもあるであろう。このような行為を心理学ではセルフ・ハンディキャッピング（self-handicapping）とよぶ。これは，評価される場面で十分な評価を得られるかどうか確信がもてない場合に，課題遂行を妨害するハンディキャップがあることを主張したり，自らハンディキャップをつくりだしたりする行為を言う（安藤, 1990）。ここでは，期末テストという評価場面で良い成績を取れるかどうか確信がもてない場合に，テスト勉強を妨害すると思われる「テレビを見たこと」を主張する行為がセルフ・ハン

ディキャッピングに当たる。このセルフ・ハンディキャッピングの知識をもっていれば，自分がこのようなハンディキャップの存在を主張したときには，試験に対する自分の自信のなさを再確認でき，友人が主張したときには大切な試験の結果に自信がなく不安なのかもしれないと理解することができる。また，看護場面で，リハビリへの取り組みが悪い患者さんがいたときには，思うように動かない身体に自信を失っているのかもしれないと察することができる。

（2）駐車スペースのない店舗前に自転車や自動車を停めることは，ついやってしまいがちの行為である。ほんの少しの時間だけだし，自分だけではない，ほかの多くの人々もしていると考えて店舗前に停めた経験のある人もいるだろう。このように自分の選択した意見や行動を多くの他者も選択すると推測する傾向をフォールス・コンセンサス（false consensus）という（Ross et al., 1977）。人は，実際に，どのくらいの人々が迷惑駐輪・駐車をしているのかを知らなくても，なんとなく「多くの人々」も自分と同じことをしていると考えてしまいがちなのである。また，フォールス・コンセンサスはこのような迷惑な行動だけでなく，相手のことを思いやった行動についても起きる可能性がある。「小さな親切，大きなお世話」と言われるように，自分なら励ましてほしいと思うときでも，周囲の人がみんな励ましてほしいと思っているとは限らないのである。しかし，このフォールス・コンセンサスの知識をもっていれば，自分の考えが独りよがりのものであり周囲の人々に迷惑を掛けたり，嫌な思いをさせたりしている可能性に気づくことができる。

（3）先輩から，自分よりも多く注意されている同僚を見て，「あの子ほど先輩に注意されなくて良かった」と思っていたとする。このとき，自分が恵まれないときに自分よりも恵まれない人と比較することで安心したりする下方比較（downward comparison: Wills, 1981）の考えを利用すれば，自分よりも多く注意されている（恵まれていない）同僚と比較することで安心している自分に気づくことができる。そんな自分を叱咤激励してもいいだろうし，安心感を欲している自分を受容してもいいだろう。また，友人が下方比較していることに気がついたときには，不安を抱えているのかもしれない友人の支えとなることもできるかもしれない。

とはいえ，知識をもっていても，実践することは難しく，それらを使いこなすことは容易なことではない。ただ言えることは，知らないよりは知っている方が有益なこともあるかもしれないということである。学生たちには，授業で扱った知識を利用してもらい，彼らが社会や周囲の人々とう

まく関われるための一助となることを心ひそかに願っている。

引用文献

安藤清志 (1990).「自己の姿の表出」の段階 中村陽吉（編）「自己過程」の社会心理学 東京大学出版会 pp.143-198.

Ross, L., Greene, D., & House, P. (1977). The false consensus effect: An egocentric bias in social perception and attribution processes. *Journal of Experimental Social Psychology*, **13**, 279-301.

Wills, T. A. (1981). Downward comparison principles in social psychology. *Psychological Bulletin*, **90**, 245-271.

3 なぜ人づきあいを避けるのか？
シャイネスと社会的スキルの社会心理学

栗林克匡

I．人づきあいの抑制の要因

　私たちは他者と関わり合いながら生活している。誰とも関わらず1人きりで生活することは不可能ではないが，多大な困難を伴うと言えよう。であるならば，私たちにとって，他者との関わりをトラブルなく円滑に送ることは快適に暮らす上で重要なはずである。にもかかわらず，他者との関係に無関心，他者との関係を築けない，関係を進展（深化）できない人々がたしかに存在している。「なぜ人づきあいを避けたり，人づきあいがうまくできなかったりするのか」という疑問にどのようにアプローチすればよいだろうか。

1．対人関係の希薄化は本当か

　まず，私たちが一般的に「人づきあいを避けたり，うまくできていない」という認識をもっているかについて，本邦における実態を探ることから始めてみよう。新聞記事や統計調査などから基本的な実態を垣間見ることができるだろう。

　読売新聞社が2006年5月に実施した世論調査（読売新聞朝刊 2006年6月12日付）によると，社会全体を見て人づきあいや人間関係が希薄になりつつあると思う人は，約80％にのぼった。同社は2000年にも同様の調査を行っていたが，そのときよりも7ポイントほど増加しており，希薄化の認識が進んでいると言えよう。希薄化していると思う理由（複数回答）については，「人と接するのをわずらわしいと思う人が増えた」が49％，「テレビゲームやパソコンなどでひとりの時間を過ごす人が増えた」が45％で，特に20歳代でその理由を挙

げる割合が多かった。その一方で,「人生を豊かにするために,多くの人と信頼し合える人間関係をもつことが必要だと思うか」では,95％もの人（20歳代では99％にものぼった）から「必要」という回答も得られている。こうした結果から,特に若者世代において,人との関わりは必要と思いながらも,それはわずらわしく,1人でゲームやパソコンに向き合う姿勢がうかがわれる。

　また実証的研究からも対人関係の希薄化について検討されている（過去の研究については松下・吉田（2007）のレビューを参照）。岡田（2007）は,大学生の友人関係の特徴を検討し,友人に内面を開示したり人格的共鳴や同一視をもたらすといった従来の青年観に合致するような関係（内面的友人関係）とは異なり,友人から低い評価を受けないように警戒し,互いに傷つけ合わないようにするといった表面的に円滑な関係を志向する傾向を現代的友人関係と表現している。岡田（1995）はこうした関係を,表面的で快活な関係を求める傾向,内面的関係を避ける傾向,相手に気を遣う傾向に分類している。

2. 人づきあいを避ける様々な要因

　人間関係の希薄化が進んでいる実態を示すデータは確認できたが,その背景にはどのような要因が考えられるのだろうか。要因としては,個人の要因,相手の要因,状況の要因,社会・文化的要因などが挙げられる。個人の要因は,当人の性別・年齢などの基本的属性やパーソナリティ,態度,感情といった個人内の心理的特徴などである。相手の要因は,相手の性別・年齢などの基本的属性,自分と相手の関係性（未知か既知か,親密さの程度や地位の違いなど）といったものである。人づきあいを避けるという観点と関連する研究として,例えば苦手な相手に注目したものがある（日向野ら,1998）。状況の要因は,自分と他者を取り巻く状況であり,例えば両者が出会う時（タイミング）や場所,1対1の状況か集団状況かといったことなどが考慮される。テスト前や仕事を片づけないといけないときは,人と関わるのを避け,1人で集中したいと思うかもしれない。またある集団に属していることで,ほかの集団のメンバーとの交流が制限される場合もある（内集団びいきと外集団差別：Hogg & Abrams, 1988）。そして社会・文化的要因としては,その人が生きる社会的背景,時代（世代）や生活環境,文化的自己観（Markus & Kitayama, 1991）などといった

大きな視点での影響が挙げられる。

このように考えられる要因はかなり多岐にわたるが，本章では，「なぜ人づきあいを避けたり，人づきあいがうまくできなかったりするのか」という問題をそれらすべてを用いて説明することを目的としていない。ここでは，この問題へのアプローチの1つとして個人の要因に着目し，その中でもシャイネス（shyness）と社会的スキル（social skills）を取り上げる。

3. シャイネスとは

シャイネスは，一般には「恥ずかしがり」「内気」「はにかみ屋」「照れ屋」「人見知り」「物怖じ」などと翻訳される。ジンバルドー（Zimbardo, 1977）の調査によると，過去にあるいは現在において自分がシャイであると感じている人は8割に及ぶという。

シャイネスは，「他者から評価されたり，評価されると予測したりすることから生じる対人不安と行動の抑制という特徴をもつ感情−行動症候群」と定義されている（Leary, 1986; 相川, 1991）。この定義にはシャイネスの2つの特徴が盛り込まれている。まず対人不安という感情的側面であるが，対人不安とは，「現実の，あるいは想像上の対人場面において個人的に評価されたり，評価されることが予想される事態から生じる不安」である（Schlenker & Leary, 1982）。また行動の抑制として，口数が少なく自己開示に乏しい，声が小さく口ごもる，視線を合わせないなど回避的な行動や過剰な微笑や他者への同意など防衛的な行動といった特徴が指摘されている（Nelson-Jones, 1990）。人づきあいの抑制を起こしやすい個人特性の1つが，まさにこのシャイネスというわけである。

シャイネスの生起プロセスについて自己呈示理論による説明が試みられている。自己呈示とは，「他者によって知覚される印象をコントロールする過程」である（Leary & Kowalski, 1990; Schlenker, 1980）。自己呈示理論では，「他者に特別な印象を与えたいと動機づけられているが，そうできるかどうか疑問をもち，他者から自分の印象に関連した不満足な対応を受ける可能性があると予想したときにシャイネスは生じる」と考える（Leary & Schlenker, 1981）。この理論によると，シャイネスの生起には2つの条件が必要となる。1つは自己呈

示動機 (self-presentational motivation) で，他者に何らかの印象を与えたい動機づけが高いことが必要であり，これは他者からの評価への関心の高さを表しているとも言えよう。もう1つは自己呈示効率 (self-presentational efficacy) の低さである。他者に与える印象を適切につくれるか，また示した印象が相手に適切に伝わるかについて成功できるか疑問をもった場合，自身の自己呈示の効率を低く見積もったことになる。なおリアリー (Leary, 1983) は，この理論を対人不安の生起の説明としても用いており，以下のような公式で表現している。シャイネスは自己呈示の「動機の高さ」と「効率の低さ」の相乗的関数であり，どちらかが0であればシャイネスは生じないと考える。自己呈示動機に関わる要因として「公的自己意識」「承認欲求」「否定的評価の恐れ」などが，自己呈示効率に関わる要因として「自尊心」「社会的スキルの認知」「社会的場面における過去の成功と失敗の経験」などが挙げられている (Leary, 1983)。

$$SA = f[M \times (1\text{-}p)]$$
　　SA：対人不安のレベル
　　M ：自己呈示動機（特定の印象を与えようとする動機づけのレベル）
　　p ：自己呈示効率（個人の望む印象をつくれるかどうかの主観的確率）

4. シャイネスと対人関係の親密化

　シャイネスが対人関係に及ぼす影響は多岐にわたるが（菅原, 1998；後藤, 2001などを参照），ここでは本邦における研究を少し紹介していこう。栗林と相川 (1995) の研究では，シャイネスの高い人と低い人それぞれに初対面の異性の実験協力者と会話を行わせた。実験参加者は，会話中の相手の印象の評定と「自分に対する相手の認知」の推測を行った。実験協力者には参加者の印象を評定させた。また，第三者に会話中の様子を映したビデオを見せ，参加者の印象を評定させた。その結果，シャイネスの高い人は会話相手の社交性や積極性を含む「力本性」の印象についてネガティブに認知していた。このことから，シャイネスの高い人の会話のあり方が会話相手の力本性に欠ける行動を誘発してしまった可能性と，対人認知そのものが歪んでいる可能性が考えられる。また，シャイネスの高い人は自分自身の印象全般にわたりネガティブに評定して

いた。しかし，実験協力者は「社会的望ましさ」はシャイネスの高い参加者と低い参加者を同程度に評定していた。また第三者の評定でも，「個人的親しみやすさ」や「社会的望ましさ」の印象に参加者のシャイネスの高低による差はなかった。これらから，シャイネスの高い人の自己認知でネガティブな方向へのバイアスが生じている可能性が見出された。つまり，シャイネスの高い人のぎこちない対人反応は，他者からは検知できないか，必ずしも否定的には評価されないのに，自分自身は否定的に評価していたことになる。この自己否定的認知が，他者に対しての抑制的な行動へとつながると考えられる。

　石田（1998）は，大学生の同性友人関係の親密化過程に及ぼすシャイネスの影響について検討した。大学入学後知り合った友人との関係（入学後3ヶ月時点）において，男女ともシャイネスの高い人はシャイネスの低い人に比べて，「一緒の活動や経験を共有しようとする行動」や「自己開示や相手の情報を聞き出すといったコミュニケーション」が少なく，相手との親密性の認知も低いことが明らかとなった。親密性の認知が低い理由として，①対人行動の抑制が相手との相互作用を抑制したため，②相手からの親密さの過小評価という認知的バイアスのためという2つの可能性を挙げている。

　また石田（2003）では，大学入学後1～3ヶ月に形成された友人関係を縦断的に測定し，シャイネスの高い人とシャイネスの低い人を比較検討している。その結果，友人ネットワークについては，男性ではシャイネスの高い人ほど友人関係が広がりにくく，大学入学という生活環境の変化の中で友人関係が縮小しがちになることが示された。またシャイネスの高い人ほど親密化が進行しにくいだけでなく，親密性の認知判断もシャイネスの低い人よりは低いものであった。さらに入学後6ヶ月の時点での測定でも，シャイネスの高い人の方が親密性の認知判断は低いままであった。

　ただし入学後8ヶ月の時点での友人関係では，女性の場合はシャイネスの高い人もシャイネスの低い人と同様に親密な友人関係を形成していたことも確認されている（石田，1998）。女性の友人関係は男性よりも早く親密化するために，シャイネスの高い人とシャイネスの低い人の違いが早い段階に消失したのかもしれない。親密と言える関係にまで至れば，そこでのシャイネスがもたらす影響は小さくなるが，友人関係の形成時（仲良くなる過程）には大きなハン

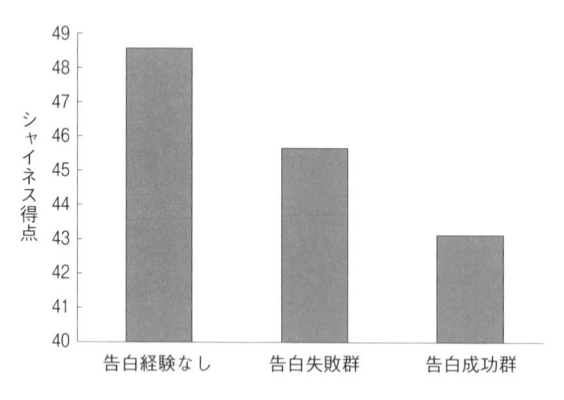

図 3-1　シャイネスと告白（栗林, 2004a）

ディキャップとなりうることがわかる（男性は特に時間がかかる）。

　シャイネスが異性との親密化すなわち恋愛関係の形成に及ぼす影響に触れた研究として，告白の個人差に着目したものがある。栗林（2002）は，シャイネスと社会的スキルを取り上げており，シャイネスの高い人・社会的スキルの低い人は告白の回数が少なく，告白時に否定的感情を伴いやすいことがわかっている。菅原（2000）も，個人差変数を取り上げつつ，恋愛における告白行動の促進・抑制について検討している。この研究では，告白行動において，「関係形成の期待」と「拒絶される懸念」の2つの心理的要因を仮定し，前者は告白を促進し，後者は抑制することを見出した。また関係形成の期待は相手への愛情度や承認獲得欲求と関係があり，拒絶される懸念は拒否回避欲求や対人不安傾向などと関係があることも示されている。また栗林（2004a）では，告白経験のない者，告白したが失敗した者，告白が成功し恋愛関係となった者の3群でシャイネスと社会的スキルの程度が異なるのかを検討している。その結果，告白成功者の方が告白経験のない者よりもシャイネスが低かった（図3-1）。また告白成功者および告白失敗者の方が告白経験のない者よりも社会的スキルが高かった。告白の成否でシャイネスや社会的スキルの違いは特に見られないが，告白経験の有無において違いが現れていることから，まず告白というアクションを起こす上でシャイネスが低く，社会的スキルに長けていることが重要であると言えよう。

■ 5. シャイネスは本当に不適応か

　以上のように，シャイネスは対人関係において不適応と思える諸反応を数多く示している。にもかかわらず，このような反応が生起するのは何か適応的な意味があるのではないだろうか。このことを考える上で，バウマイスターとタイス（Baumeister & Tice, 1990）の不安の社会的排斥（social exclusion）理論が参考になりそうである。人類が進化の過程の中で淘汰されずに生き残ってきたのは，集団で行動することで食糧や安全の確保がなされてきたからである。逆に言うと単独行動しかできない個体は自然淘汰されていくことになる。現代人にも生得的に集団への「所属の欲求（need to belong）」が備わっていると，この理論では考える。社会的排斥がどのような人物に対して起こるのかについて，1）無能な者（incompetence），2）逸脱者（deviance）あるいは不道徳者（immorality），3）魅力のない者（unattractiveness）を彼らは挙げている。これらの者は，集団の存続を危うくする可能性をもつとか，集団にとって価値がない人物と見なされる。個人にとって，集団からの排斥は自身の生死に関わることであり，このことが対人不安の生起に深く関わるという考えである。すなわち対人不安は，集団から排斥される危険性をいち早く知覚する「早期警戒システム（early warning system）」であり，個人を適切な対応へと向かわせる心理的機構として進化してきたと考えることができる。対人不安を覚えると，その行為を停止し，自分のイメージを修復するための対処行動を起こし，関係の修復に努めることになる（Baumeister & Leary, 1995）。現代社会においては，社会的排斥が即，生死に関わるとは言えないかもしれないが，排斥により他者との関わりをもつことで初めて得られる様々なメリットを享受できなくなってしまうというリスクは発生しうる。

　特性的にシャイネスが高い人は，この警戒システムが敏感に作動し，他者からの決定的な排斥を回避するような反応を取りやすい人と言えよう。逃避的反応は，社会的評価の対象となる場面を減らし，他者からの批判や嘲笑といった否定的な評価を抑える一定の効果は期待できるが，その一方で他者との関係において有利な立場を得るべく，自己の能力や個性をアピールし，他者からの賞賛を浴びたり期待されたりする場面をも減らしてしまう（菅原，2007）。そうなれば，結局，シャイネスの高い人は集団の中でメリットを得られないあるいは

得たとしてもごくわずかである可能性が高いであろう。

II．人づきあいの抑制からの解放
——シャイネスの軽減と社会的スキル

1. 社会的スキルとは

　シャイネスの軽減に期待がもてる対処法として社会的スキル・トレーニング（social skills training: 以下 SST と略す）がある。社会的スキルとは，「円滑な対人関係を実現するために用いられる熟練した認知や行動の有機的集合体である」（栗林，2004b）。自動車の運転や楽器の演奏などは，繰り返し練習して身につく技術であるが，人間関係における技術である社会的スキルも，練習を繰り返すことで上達する。SST は，対人的な問題を抱えている人たちを対象に，適切で効果的な社会的スキルを体系的に教えることである。シャイネス軽減のために SST を試みた実践的研究も行われている（相川，1998，2000）。

　社会的スキルの特徴は以下のようにまとめられる（相川，1996, 1999, 2009）。まず第1に，社会的スキルは，対人場面における目標（対人目標）を達成するために用いられる。第2に，社会的スキルは認知と行動の両側面を含んでおり，それらは相互に関連し合っている。相川（2009）の社会的スキルの生起過程モデルでは，この認知的側面と行動的側面を考慮したプロセスが示されている（後述の図3-2の下の部分参照）。第3に，社会的スキルは対人目標との関係で効果性（対人目標が達成されて他者との関係が肯定的になること）と適切性（対人目標の達成方法が当該対人場面にふさわしいこと）を備えている。第4に，社会的スキルは自らの対人反応に対して与えられる強化や他者の対人反応のモデリングによって学習される。そして第5に，社会的スキルの欠如は特定でき，介入や訓練の対象となりえる。

　これらの特徴をふまえて，あまり親しくない人と会話をする場面を考えてみよう。その人とこれから親密な関係を築くためには，単に当たり障りのない話（例えば天気の話）をするだけでは不十分である。相手がどのような人間で，どんなことに関心をもっているのかなどを読み取り，話題の知識などを蓄え，相手に直面し動揺する自分の感情を統制し，相手に通じる形で自分を表現する行

動をとらねばならない。おそらく，親しくない人との会話は最初からスムーズにいくわけではなく，かなりぎこちないものになるだろう。社会的スキルに乏しい者は，人づきあいにおいて日常的にこのぎこちなさを味わっていると言えよう。

2. 社会的スキルの欠如をどう見分けるか

社会的スキルの特徴の1つに，スキルの欠如は特定できるというものがあるが，どのような方法で特定するのであろうか。社会的スキルの測定は大きく他者評定と自己評定に分けられる。他者評定には，専門家による面接や行動観察での評定と，個人の周囲の仲間（友人，クラスメート，同僚など）や関係者（親，教師，人事担当者，医者など）らの評定がある。自己評定は，自分自身のスキルを評定尺度や日誌を用いて振り返るものである。社会的スキルの自己評定尺度には様々なものがあるが，菊池（1988）の作成した尺度（KiSS-18）は簡便に実施できる。この尺度には初歩的なスキル，高度のスキル，感情処理のスキル，攻撃に代わるスキル，ストレスを処理するスキル，計画のスキルに関する項目が含まれており，スキルの全体像を把握するのに向いていると言えよう。具体的なスキルに対応したものとしては，アサーション尺度（渡部，2006；渡部・松井，2006），異性関係スキル（堀毛，1994a），非言語的表出性尺度（大坊，1991；Friedman et al., 1980）などが作成されている。

3. 具体的な社会的スキル

社会的スキルには，具体的にどのようなものがあるのだろうか。スキルは，その人の年齢や性別，職業といった基本的属性や，友人関係，デート，産業場面など状況によって様々である。ゴールドスタインら（Goldstein et al., 1980）は，若者に必要なスキルとして，「話を聞く・自己紹介するといった基本的スキル」「感情処理スキル」「ストレス処理スキル」「計画スキル」などの分類のもと50のスキルを挙げている。ネルソン＝ジョーンズ（Nelson-Jones, 1990）は成人に必要なスキルとして，「報酬を与える聞き手になるスキル」「内気に打ち克つスキル」「怒りを管理するスキル」などを挙げている。堀毛（1994b）は，日本的な対人関係に見られる特徴的なスキルとして「人あたりのよさ」を取り上げ

表 3-1　3 つのタイプの自己表現 (平木, 2009)

非主張的	攻撃的	アサーティブ
引っ込み思案	強がり	正直
卑屈	尊大	率直
消極的	無頓着	積極的
自己否定的	他者否定的	自他尊重
依存的	操作的	自発的
他人本位	自分本位	自他調和
相手任せ	相手に指示	自他協力
承認を期待	優越を誇る	自己選択で決める
服従的	支配的	歩み寄り
黙る	一方的に主張する	柔軟に対応する
弁解がましい	責任転嫁	自分の責任で行動
「私は OK でない，あなたは OK」	「私は OK，あなたは OK でない」	「私も OK，あなたも OK」

ている。これは，他者に対してむき出しの自己表現をせず，誰にも好ましい印象を与えようとするスキルである。またタカイとオオタ (Takai & Ota, 1994) も，日本的対人行動を実行する能力を検討し，「察し」「自己抑制」「上下関係への対応」「対人感受性」「不明瞭性への忍耐性」を見出している。そして佐藤 (1996) は，子どもに必要なスキルとして「主張性スキル」「社会的問題解決スキル」「友情形成スキル」を掲げている。

このように多くのスキルが研究者によって分類されているが，ここでは，相川 (2009) が代表的なスキルとして挙げているものを紹介する。まず第 1 に，「傾聴スキル」である。これは相手の思いを的確に受け取るために必要な基本となるスキルである。ポイントは，①聴くことの重要性を理解する，②受容的に構える，③話すきっかけを与える，④相づちなどで話を反射させたり，体を使って聴く，⑤しぐさを読みとる，といったことである。第 2 は「自己主張スキル」で，これは自分の思いを相手に的確に伝えるためのスキルである。アルベルティとエモンズ (Alberti & Emmons, 1990) は他者に対する反応を「非主張的反応」「攻撃的反応」「主張的（アサーティブ）反応」に分類した。平木 (2009) は，その特徴を表 3-1 のようにまとめている。主張的であるためには，正直，積極的そして自他尊重（「私も OK，あなたも OK」）がポイントである。

非主張的自己表現はシャイネスの高い人の特徴と一致すると言えよう。そして第3は「対人葛藤処理スキル」で，自分と相手の思いがぶつかったときに必要なスキルである。ポイントは，①葛藤の処理方略（説得・依頼・同調・提案など）を知る，②感情のままに行動しない，③非難をかわす戦術を身につける，④相手（の立場）を知る，といったことが挙げられる。

4. 社会的スキル生起過程モデルとシャイネスの自己呈示理論

　相川（2009）の社会的スキル生起過程モデルでは，社会的スキーマ（自己や他者，社会的事象についての体制化された知識構造）を中心に置き，「A. 相手の反応の解読」「B. 対人目標と対人反応の決定」「C. 感情の統制」「D. 対人反応の実行」と進んでいく循環・相互影響過程を想定している。先述したシャイネスの自己呈示理論とこの社会的スキルの各過程との関わりについて簡潔に整理して，ここで図3-2のようなシャイネス（Shyness）・自己呈示（Self-presentation）・社会的スキル（Social skills）の「3S・エンタングルメント・モデル」を新たに提案する（エンタングルメントとは「絡み合い」という意味である）。その上でシャイネスの軽減に向けてどうすればよいかを模索してみる。

　以下では相川（2009）の社会的スキル生起過程の各過程の説明をベースにしながら本モデルを概観していく。

　A. 相手の反応の解読　　相手がこちらに対して実行した対人反応を解読する過程である。まず相手が示す様々な言語反応や非言語反応を知覚する。次に，その知覚にもとづいて，相手の意図，感情，パーソナリティなどが解釈される。そして，その解釈からその状況での相手に対する情動である対人情動（interpersonal emotion）が生じる。

　B. 対人目標と対人反応の決定　　Aの過程を受けて意思決定が行われるが，ここでは対人目標と対人反応の2つが決定される。「対人目標の決定」の過程では，相手の反応を解読した結果を受けて，眼前の対人状況にいかに反応すべきかの目標が決定される（なお，この対人目標の決定から一連のプロセスが始まる状況もある）。相手を想定し，その相手との間でどのような関係を築きたいか，あるいはどのような印象を与えたいかなどが浮かんでくる過程と言えよう。そこでの対人目標の魅力度は決定に影響を与えるが，目標の魅力の高さに

比例して自己呈示動機も高まると考えられる（図中の①）。例えば「ある人と友だちになりたい」とき，友だちになるという目標が魅力的であるほど，その他者に与える印象を良くしたいという動機づけも高まるであろう。

一方，「対人反応の決定」の過程では，その対人目標を達成するために，どのような対人反応を用いるべきかを考える。その際，対人反応がどのような結果を生み出すかという「結果予期」と，ある結果を生み出すために必要な反応を自分はどの程度うまく行うことができるかという「効力予期」の2つの予期が発動する。これらの予期による修正を受けて最終的な対人反応が決定される。予期はバンデューラ（Bandura, 1977a, 1977b）の自己効力感（self-efficacy）に当たるものであるが，自己呈示効率の認知にも大きく関わっている。「ある人と友だちになる」ためにどう振る舞えばよいのか（どのように自己呈示するか）が適切に決められないことは，他者に特定の印象を伝える主観的確率を低くする（図中の②）。

他者にある印象を与えようという動機づけが高いのに，それをうまく伝える確信がもてなかったり，他者から満足な反応を得ることができないと認知することがシャイネスのレベルを高めることになるが（図中の③），これらが社会的スキルの生起過程の中で行われることになる。

C. 感情の統制　Bまでの過程で生じたいくつかの感情をコントロールする過程である。ここでの感情には大きく2種類のものがある。1つは相手の反応の解読過程で生じる対人情動であり，もう1つは対人目標と対人反応の決定過程に伴う感情である。感情の統制がうまくできないと判断された場合には，AやBの過程まで逆戻りすることもある。シャイネスとの関連でこの過程を考えると，Bの過程で生じたシャイネス（ここでは感情に注目するので対人不安感情と言った方がよいかもしれない）が，社会的スキルの進行に悪影響を及ぼすと考えられる（図中の④）。

D. 対人反応の実行　対人目標の達成を目指して決定された対人反応を，言語的，非言語的に実行する過程である。対人反応の実行は，当初は意識的に行われるが，繰り返し実行していくうちに次第に自動化していく。シャイネスとの関連でこの過程を考えると，シャイネスの高い人は，対人反応の実行が抑制される，あるいは不適切な形（ぎこちない動作や小さな声でしゃべる，乏し

①対人目標の決定に伴い自己呈示動機が上昇
②対人反応の決定の失敗に伴い自己呈示効率が低下
③自己呈示動機の高さと自己呈示効率の低さがシャイネスのレベルを決定
④シャイネスにより感情統制が困難化
⑤シャイネスにより対人反応の実行が抑制

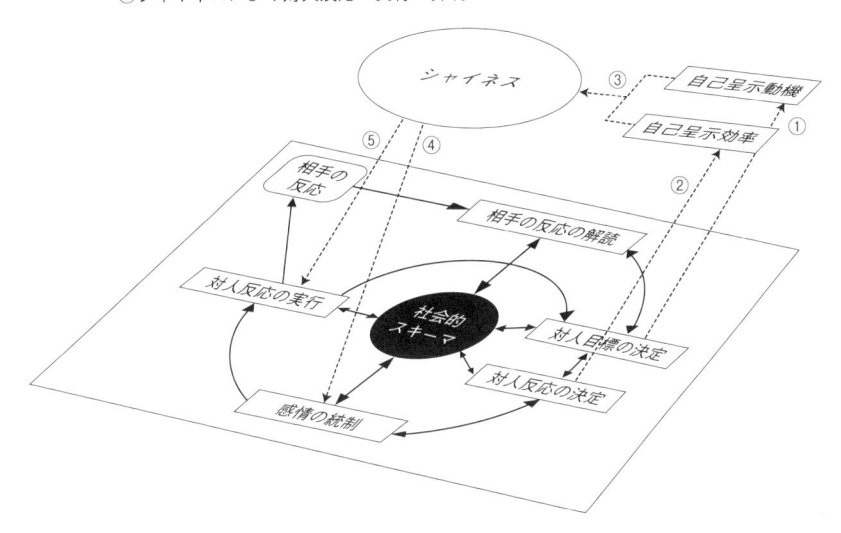

図 3-2　シャイネスの自己呈示理論を組み込んだ社会的スキル生起過程モデル
(3S・エンタングルメント・モデル)

い表情など）で実行される（図中の⑤）。社会的スキル生起過程モデルでは，実行過程が相手の反応を引き起こし，その反応が解読過程に戻り循環していく。また実行の結果が，直接，「対人目標と対人反応の決定」に影響を与えることもある。そのため最悪の場合，「シャイネス」→「不適切な対人反応の実行」→「不適切な対人目標と対人反応の決定」→「シャイネスの維持・強化」というような負の循環に陥ってしまう恐れがある。

このように本モデルでは，シャイネスは社会的スキルの生起過程の途上で発生し，その発生したシャイネスが社会的スキルの後続の過程にネガティブな影響を及ぼしていくと考える。また本モデルは，自己呈示の過程でシャイネスが発生し，その発生したシャイネスが自己呈示の実行（対人反応の実行としての自己呈示行動）にネガティブな影響を及ぼしていく過程も内包している。

5. シャイネスの軽減からよりよい人づきあいに向けて

本モデルをもとに，シャイネスの改善に向けてどうすればよいかを考えてみよう。まずはシャイネスの生起に関わる部分，対人目標と対人反応の決定の過程に注目する。他者との関係を築く上で，ある程度の動機づけが高まるのは当然のことであろう。リアリー（Leary, 2010）は，自尊心のソシオメーター理論（Leary et al., 1995）の考えを取り入れて，シャイネスの自己呈示モデルの拡張を試みている。ソシオメーター理論では，自尊心は自分と他者との関係を監視する心理的システムで，他者からの受容の程度を示す計器（メーター）と考える。自尊心が高まるということは，自分が他者から認められているというシグナルであり，逆に自尊心が低くなるということは，他者から認められていないというシグナルである（Leary, 1999）。他者に良い印象を与えることができれば，他者から受容されて，自身の自尊心を高めることができる。これが自己呈示の動機として機能するのである。ただし過度に動機づけを高める必要はない。例えば，「私は絶対に人から嫌われてはいけない」などと非合理的な信念にもとづき対人関係を築こうとすれば，極めて高い動機づけで自身を縛ることとなってしまう。このような目標設定となっていないかのチェックがまず必要であろう。適切な対人反応の決定ができず，自己効力感を低く見積もってしまうこともシャイネスを高めうる。自己効力感を高める方法には，①遂行行動の達成（振る舞いを実際に行い，成功体験をもつこと），②代理的経験（他人の行動を観察すること），③言語的説得（自己強化や他者からの説得的な暗示），④情動的喚起（生理的な反応の変化を体験してみること）といったものがある（Bandura, 1977a; 坂野, 2002）。SSTの手続きの中には，このうち遂行行動の達成，代理的経験，言語的説得が含まれており，より効果的に自己効力感を高めるためには，これら複数の方法を組み合わせること，自分の行動が適切であるということを複数の人（仲間）から保証されることが必要である（戸ヶ崎, 2002）。これらのことで，シャイネスが生起しないように，あるいは生起してもシャイネスのレベルを低く抑えることができるのではないだろうか。

次に，シャイネスが社会的スキル過程に及ぼす部分，感情の統制と対人反応の実行の過程に注目する。生起したシャイネス（特に対人不安という感情的側面）は，対人目標の達成のために適度にコントロールされる必要がある。相川

(2009)は感情統制を目的としたトレーニングとして,「対処の自己会話」を扱った研究(Meichenbaum, 1985; 長江ら, 1999)を紹介している。自分自身に「落ち着け」「大丈夫,何とかなる」などと話しかけることで,感情の沈静化をはかることができるというものである。また生起したシャイネスは,対人反応の実行に強力な抑制をかけてしまうので,実行の仕方自体をトレーニングで形成していくことが必要であろう。SSTでもっとも取り上げられるのがこの実行過程についてのトレーニングである。先に紹介した「傾聴」「自己主張(アサーション)」「対人葛藤処理」といったスキルや「自己紹介」や「集団討論」など(トレーニングの例は栗林と中野,2007などを参照),様々な対人場面で使われそうな社会的スキルを想定した上で,例えばモデリングや行動リハーサルやロールプレイなどを使いながら適切な行動を獲得していくことが必要であろう。これらのことで,たとえシャイネスが生起しても,それを適切にコントロールし,行動上は問題なく対人場面をのりきることができるようになるだろう。そしてその経験が良い方向で循環し,その後のシャイネスの生起を抑えることへとつながっていくと期待される。シャイネスが軽減すれば,人づきあいの抑制から解放され,よりよい人間関係づくりへとつながっていくだろう。

冒頭に挙げた「なぜ人づきあいを避けたり,人づきあいがうまくできなかったりするのか」という疑問に対して,「シャイネス」「社会的スキル」からのアプローチは,その答えのごく一部分を提供するにすぎない。個人的要因である「シャイネス」や「社会的スキル」を単体の要因で検討するだけでなく,相手の要因や状況要因といったほかの要因と絡めるなど,新たな発想や着眼点をもち検討していくと,また興味深い発見が得られるだろう。

引用文献
相川　充(1991).特性シャイネス尺度の作成および信頼性と妥当性の検討に関する研究　心理学研究,**62**, 149-155.
相川　充(1996).社会的スキルという概念　相川　充・津村俊充(編)　社会的スキルと対人関係　誠信書房　pp.3-21.
相川　充(1998).シャイネス低減に及ぼす社会的スキル訓練の効果に関する実験的検討　東京学芸大学紀要(第1部門 教育科学),**49**, 39-49.
相川　充(1999).社会的スキル　中島義明・安藤清志・子安増生・坂野雄二・繁桝算

男・立花政夫・箱田裕司（編）　心理学辞典　有斐閣

相川　充 (2000). シャイネスの低減に及ぼす社会的スキル訓練の効果に関するケース研究　東京学芸大学紀要 第1部門 教育科学, **51**, 49-59.

相川　充 (2009). 新版 人づきあいの技術——ソーシャルスキルの心理学　サイエンス社

Alberti, R. E., & Emmons, M. L. (1990). *Your perfect right: A guide to assertive living.* 6th ed. San Luis Obispo, CA: Impact Publishers.（菅沼憲治・ハーシャル, M.（訳）(1994). 自己主張トレーニング　東京図書）

Bandura, A. (1977a). Self-efficacy: Toward a unifying theory of behavioral change. *Psychological Review*, **84**, 191-215.

Bandura, A. (1977b). *Social learning theory.* Englewood Cliffs, NJ: Prentice-Hall.（原野広太郎（監訳）(1979). 社会的学習理論——人間理解と教育の基礎　金子書房）

Baumeister, R. F., & Leary, M. R. (1995). The need to belong: Desire for interpersonal attachments as a fundamental human motivation. *Psychological Bulletin*, **117**, 497-529.

Baumeister, R. F., & Tice, D. M. (1990). Anxiety and social exclusion. *Journal of Social and Clinical Psychology*, **9**, 165-195.

大坊郁夫 (1991). 非言語的表出性の測定——ACT尺度の構成　北星学園大学文学部北星論集, **28**, 1-12.

Friedman, H. S., Prince, L. M., Riggio, R. E., & DiMatteo, M. R. (1980). Understanding and assessing nonverbal expressiveness: The affective communication test. *Journal of Personality and Social Psychology*, **39**, 333-351.

Goldstein, A. P., Sprafkin, R. P., Gershaw, N. J., & Klein, P. (1980). *Skill streaming the adolescent: A structured learning approach to teaching prosocial skills.* Champaign, IL: Research Press.

後藤　学 (2001). シャイネスに関する社会心理学的研究とその展望　対人社会心理学研究, **1**, 81-92.

平木典子 (2009). 改訂版アサーショントレーニング　日本・精神技術研究所

Hogg, M. A., & Abrams, D. (1988). *Social identifications: A social psychology of intergroup relations and group processes.* London: Routledge.（吉森　護・野村泰代（訳）(1995). 社会的アイデンティティ理論——新しい社会心理学体系化のための一般理論　北大路書房）

堀毛一也 (1994a). 恋愛関係の発展・崩壊と社会的スキル　実験社会心理学研究, **34**, 116-128.

堀毛一也 (1994b). 人あたりの良さ尺度　菊池章夫・堀毛一也（編著）　社会的スキルの心理学　川島書店　pp.168-176.

日向野智子・堀毛一也・小口孝司 (1998). 青年期の対人関係における苦手意識　昭和女子大学生活心理研究所紀要, **1**, 43-62.

石田靖彦（1998）．友人関係の親密化に及ぼすシャイネスの影響と孤独感　社会心理学研究, **14**, 43-52.

石田靖彦（2003）．友人関係の形成過程におけるシャイネスの影響―大学新入生の縦断的研究　対人社会心理学研究, **3**, 15-22.

菊池章夫（1988）．思いやりを科学する―向社会的行動の心理とスキル　川島書店

栗林克匡（2002）．恋愛における告白の状況と個人差（シャイネス・社会的スキル）に関する研究　北星学園大学社会福祉学部北星論集, **39**, 11-19.

栗林克匡（2004a）．恋愛における告白の成否の規定因に関する研究　北星学園大学社会福祉学部北星論集, **41**, 75-84.

栗林克匡（2004b）．社会的スキルとは　川俣甲子夫（編著）　社会心理学―臨床心理学との接点　八千代出版　pp.123-127.

栗林克匡・相川　充（1995）．シャイネスが対人認知に及ぼす効果　実験社会心理学研究, **35**, 49-56.

栗林克匡・中野　星（2007）．大学生における社会的スキル・トレーニングの成果と評価　北星学園大学社会福祉学部北星論集, **44**, 15-26.

Leary, M. R.（1983）．*Understanding social anxiety: Social personality, and clinical perspectives*. Newbury Park, CA: Sage Publications.（生和秀敏（監訳）（1990）．対人不安　北大路書房）

Leary, M. R.（1986）．Affective and behavioral components of shyness: Implications for theory, measurement, and research. In W. H. Jones, J. M. Cheek, & S. R. Briggs (Eds.), *Shyness: Perspectives on research and treatment*. New York: Plenum Press. pp.27-38.

Leary, M. R.（1999）．The social and psychological importance of self-esteem. In R. M. Kowalski, & M. R. Leary (Eds.), *The social psychology of emotional and behavioral problems: Interfaces of social and clinical psychology*. Washington, D.C.: American Psychological Association. pp.197-221.（小島弥生（訳）　自尊心のソシオメーター理論　安藤清志・丹野義彦（監訳）（2001）．臨床社会心理学の進歩―実りあるインターフェースをめざして　北大路書房　pp.158-190.）

Leary, M. R.（2010）．Social anxiety as an early warning system: A refinement and extension of the self-presentational theory of social anxiety. In S. G. Hofman, & P. M. DiBartolo (Eds.), *Social anxiety: Clinical, developmental, and social perspectives*. 2nd ed. London: Academic Press. pp.471-486.

Leary, M. R., & Kowalski, R. M.（1990）．Impression management: A literature review and two-factor model. *Psychological Bulletin*, **107**, 34-47.

Leary, M. R., & Schlenker, B. R.（1981）．The social psychology of shyness: A self-presentation model. In J. T. Tedeschi (Ed.), *Impression management theory and social psychological research*. New York: Academic Press.

Leary, M. R., Tambor, E. S., Terdal, S. K., & Downs, D. L. (1995). Self-esteem as an interpersonal monitor: The sociometer hypothesis. *Journal of Personality and Social Psychology*, **68**, 518-530.

Markus, H. R., & Kitayama, S. (1991). Culture and the self-implications for cognition, emotion, and motivation. *Psychological Review*, **98**, 224-253.

松下姫歌・吉田芙悠紀 (2007). 現代青年の友人関係における"希薄さ"の質的側面 広島大学大学院教育学研究科紀要（第三部）, **56**, 161-169.

Meichenbaum, D. (1985). *Stress inoculation training.* New York: Pergamon Press.（上里一郎（監訳）(1989). ストレス免疫訓練 岩崎学術出版社）

長江信和・根建金男・関口由香 (1999). シャイネスに対する自己教示訓練の効果—対処的自己陳述の焦点化の違いによる変容の相違 カウンセリング研究, **32**, 32-42.

Nelson-Jones, R. (1990). *Human relationship skills: Training and self-help.* 2nd ed. London: Cassell publishers.（相川 充（訳）(1993). 思いやりの人間関係スキル—1人でできるトレーニング 誠信書房）

岡田 努 (1995). 現代大学生の友人関係と自己像・友人像に関する考察 教育心理学研究, **43**, 354-363.

岡田 努 (2007). 大学生における友人関係の類型と，適応及び自己の諸側面の発達の関連について パーソナリティ研究, **15**, 135-148.

坂野雄二 (2002). 人間行動とセルフ・エフィカシー 坂野雄二・前田基成（編著） セルフ・エフィカシーの臨床心理学 北大路書房 pp.2-11.

佐藤正二 (1996). 子どもの社会的スキル・トレーニング 相川 充・津村俊充（編著） 社会的スキルと対人関係 誠信書房 pp.173-200.

Schlenker, B. R. (1980). *Impression management: The self-concept, social identity, and interpersonal relations.* Monterey, CA: Brooks/Cole.

Schlenker, B. R., & Leary, M. R. (1982). Social anxiety and self-presentation: A conceptualization and model. *Psychological Bulletin*, **92**, 641-669.

菅原健介 (1998). 人はなぜ恥ずかしがるのか—羞恥と自己イメージの社会心理学 サイエンス社

菅原健介 (2000). 恋愛における「告白」行動の抑制と促進に関わる要因—異性不安の心理的メカニズムに関する一考察 日本社会心理学会第41回大会発表論文集, 230-231.

菅原健介 (2007). シャイネス 坂本真士・丹野義彦・安藤清志（編） 臨床社会心理学 東京大学出版会 pp.45-62.

Takai, J., & Ota, H. (1994). Assessing Japanese interpersonal communication competence. *The Japanese Journal of Experimental Social Psychology*, **33**, 224-236.

戸ヶ崎泰子 (2002). 社会的スキルの獲得 坂野雄二・前田基成（編著） セルフ・エフィカシーの臨床心理学 北大路書房 pp.166-177.

渡部麻美 (2006). 主張性尺度研究における測定概念の問題—4要件の視点から 教育心理

学研究, **54**, 420-433.
渡部麻美・松井　豊 (2006). 主張性の4要件理論に基づく尺度の作成　筑波大学心理学研究, **32**, 39-47.
Zimbardo, P. G. (1977). *Shyness: What it is, what to do about it.* Reading, MA: Addison-Wesley.（木村　駿・小川和彦（訳）(1982). シャイネス　勁草書房）

よりよく理解するための参考書
◉菅原健介 (1998). 人はなぜ恥ずかしがるのか─羞恥と自己イメージの社会心理学　サイエンス社
　　本章の中心テーマである「恥ずかしさ」の心理について，その生起に関わる理論，羞恥が具体的にどのように表れるか，羞恥が生起した際にどう回避したり対処したりするかについて整理しわかりやすく解説している。
◉安藤清志 (1994). 見せる自分／見せない自分─自己呈示の社会心理学　サイエンス社
　　私たちは状況に応じて他者に与える印象をコントロールしている。このような「自己呈示」について，基礎的な概念や実証的研究を紹介しつつ広範囲にわたって解説しており，本章のシャイネスの自己呈示理論を理解する一助となるだろう。
◉相川　充 (2009). 新版人づきあいの技術─ソーシャルスキルの心理学　サイエンス社
　　人づきあいの技術である「社会的スキル」についての概念からトレーニング方法まで，広範かつ詳細に解説している。本書は，初学者から人間関係トレーニングの実践家まで幅広く役に立つであろう。

Column 3 昼食風景に見る社会心理学
―ひとりぼっちで食べるのはつらいこと？

大嶽さと子

ごくありふれた日常から

どこの大学にでも見られる，学食（学生食堂）での昼食風景。友だちどうしや先生と一緒にテーブルを囲んで談笑し，トレイに載った昼食をとる。また，学食でなくても，教室や中庭など，学内の至る所で友だちと集まって昼食をとる風景は，極めて日常的な，ごくありふれたものである。この本を手にした学生の皆さんも，そういったありふれた昼食風景の一部に日々登場していることだろう。でも，ときには授業の都合などで，一緒に食べる友だちが誰もいない日もあるかもしれない。そんなとき，あなたはどのように昼食時間を過ごしているだろうか。1人でもいつものように学食へ行き，昼食をとるのかもしれない。あるいは，誰かほかの友だちに声をかけ，一緒に学食へ向かうのかもしれない。そして，いつもと少しだけ違う昼食時間を過ごしながら，何を思うだろうか。

1人で食べるのはつらいこと？

町沢（2001）は，1人で学食で食事をすることに不安を感じ，そうかといって，一緒に食事をする友だちを誘うこともできない学生が近年増加していることを，「ランチメイト症候群」と名付けている。

「1人で食べていると，まわりの人から『あの人は友だちがいない人だ』と思われるのではないか」

「一緒に食事をとろうと誘ったところで，断られてしまったらどうしたらいいんだろう」

などと不安や恐怖に襲われ，場合によってはそもそも大学から足が遠のいてしまうこともあるという。また，1人で食べることに不安を感じる学生の中には，1人で食べているところを人に見られたくないばかりに，トイレの個室に入って，誰にも見つからないように食事をとる者もいるという指摘もある（和田，2010）。この現象は，いわゆる「便所飯（べんじょめし）」ともよばれ，ホントともウソともつかない現象として，世の中に広まりつつある。

しかし，学食で1人で食べることに不安を感じる彼らでも，下宿へ帰れ

ばテレビをみながら1人で夕飯をとることはできているのであろう。そうだとすると、やはり、彼らを脅かしているのは、「まわりの人の視線」と言えるのかもしれない。

これに関して、大嶽（2007）は、集団の中に「無理にでも友だちを作り、一緒にいなくてはいけない」と考える規範意識として、「ひとりぼっち回避規範」が形成されているのではないかと予測している。「ひとりぼっち回避規範」の高い人は、規範から逸脱しないように、学校などの環境において、1人で行動することをできる限り避けることで、規範を遵守しようとする。そして、1人で過ごしている人がいた場合には、規範からの逸脱者として捉えるようになる。つまり、学食で1人で食べている人に対して、「（友だちと一緒に食べるのが普通なのに）1人で食べているなんて、あの人は友だちのいない人なんだ」というネガティブな思い込みをするようになるのである。そのため、自分が1人で学食で食べる状況になったときには、「みんなが自分のことを、友だちがいない人だと思って見ているのではないか」という不安や恐怖を感じてしまうのであろう。本当にまわりの人からそういった視線を受けているのかどうか、もしかしたら誰も気にとめてもいないのかもしれないのに、である。

普通の友人関係とは？

青年期の友人関係の特徴として、佐藤（1995）は、特定の同性友人グループに所属し、多くの時間を固まって過ごすと述べているが、「友だちと一緒にいる」＝「普通」という認識があるからこそ、そういった「普通（だと思われている）」の友人関係を築き上げようとするばかりに、よりいっそう1人で過ごすことはつらいことだと感じてしまうのかもしれない。岡田（1995）では、現代の青年が、友だちに対して浅く表面的に楽しむことを目的としたつきあいを求める傾向があることを指摘しているが、そうだとすると、形だけでも「誰かと一緒に過ごしているという状態」がつくれているかどうかが、友人関係を築く上で重点をおくべきことになる。「友だちと一緒に過ごすべきだ」という規範意識をもつことで、規範から逸脱しないように、たとえ自分のありのままをさらけだせるような気の合う友だちではなくても、第三者から見た形として一緒に過ごすという状態を維持しようとする。そのため、友だちに拒否されないように、気を遣いながら浅く表面的に関わるのであろう。つまり、「友だちと一緒に過ごす」という「普通」の友人関係を築くことを誰もが求めるばかりに、「普通」を維持することが、過度に難しくなってしまい、気疲れしてしまうのである。

対人心理を研究するということ

　このようにして，筆者は，日常のありふれた学食風景から，対人心理について研究をするようになった。対人心理を研究することの面白さは，研究の素材が，自分自身が日常的につくりあげている人間関係であるというところにある。日々の人間関係の中で，何気なくぼんやりと感じていることをテーマにし，自分なりに方法を考えて現象を説明していくわけである。

　しかし現象を自分なりに説明したからといって，良好な人間関係を築くことができるようになるかというと，必ずしもそうとは言い切れない。また，数学や化学のように「絶対にこうだ」という答えが見つかるわけでもない。それでも筆者は，対人心理を研究することによって人間関係のメカニズムを説明していくことで，日常的な人間関係の中で誰もが感じるすれ違いや葛藤について，以前よりは寛容な心持ちで関わることができるようになる気がしている。そう考えるのならば，対人心理を研究することは，自分自身にとっても，社会にとっても，それなりに意味があると言えるのではないだろうか。

引用文献
町沢静夫 (2001). 子どもの心の健康にとりくむ (19) ―ランチメイト症候群について　学校保健のひろば, **23**, 84-87.
大嶽さと子 (2007).「ひとりぼっち回避規範」が中学生女子の対人関係に及ぼす影響―面接データに基づく女子グループの事例的考察　カウンセリング研究, **40**, 267-277.
岡田　努 (1995). 現代大学生の友人関係と自己像・友人像に関する考察　教育心理学研究, **43**, 354-363.
佐藤有耕 (1995). 高校生女子が学校生活においてグループに所属する理由の分析　神戸大学発達科学部研究紀要, **3**, 11-20.
和田秀樹 (2010). なぜ若者はトイレで「ひとりランチ」をするのか　祥伝社

4 なぜ愛情は浮き沈みするのか？

多川則子

Ⅰ．愛情の浮き沈み

　今，皆さんにはつきあっている人はいますか？　その人との関係は良好ですか？　また，これまでに別れの経験をしたことがありますか？

　誰かを好きになると，その人と言葉を交わすだけでドキドキする。何とか自分の想いを告白し，相手からの好意も確認できればカップル成立となる。お互いにいろいろな話をし，デートを重ね，ますます関係は深まっていく。月日は流れ，2人の置かれる状況も変わり（進学，就職，転勤など），2人の関係も変わっていく。趣味や価値観の違い，納得のいかない相手の言動，けんか，浮気などに悩まされることもあるかもしれない。別れた方が良いのではと思うときも，やはりこの人と一緒にいたいと思うときもあるだろう。愛情は浮き沈みするのである。

　私たちの人生において，親密で心休まる関係をもつことはとても大切なことである。しかし，親密な相手との間にも問題は発生する。そうなると，心休まるどころか，多大なストレスとなるだろう。親密な関係を良い状態で維持するためにはそれなりの努力が必要だと考えられるのである。ところが，これはかなり難しいことのようである。結婚を決意するとき，誰もが生涯添い遂げたいと思っている。しかし，日本の離婚率（年齢階級別有配偶離婚率）は年々高くなっている（厚生労働省　平成21年度「離婚に関する統計」の概況）。特に，10〜20歳代での離婚率の高さが際立っている。

　本章では，親密な関係，特に恋愛や夫婦関係において，親密さや愛情が変動するメカニズムについて考えていきたい。また，夫婦関係はその他の親密な関

係以上に様々な困難を伴う。そのような夫婦関係において良い状態を維持するためにはどのようなコミュニケーションが必要かについてもいくつかの知見を概観する。

II. 親密な関係の維持と崩壊

　親密な関係の維持や崩壊はどのようなメカニズムで生じるのだろうか。何が原因で維持されたり，崩壊へつながったりするのだろうか。典型的なパターンはあるのだろうか。

　これらを説明する理論やモデルはいくつか提唱されている。それぞれどのような側面に着目するかが異なっているが，大きくは2つの枠組みに分けられるだろう（Cate & Lloyd, 1988; Hendrick, 2004）。1つは，社会的交換理論に代表される交換モデルであり，もう1つは，SVR理論やABCDEモデルに代表される適合性モデルである。

1. 交換モデル

　交換モデルの考え方を，端的に説明すると，相手と交際することで得をするのか損をするのかが関係の進展を左右するというものである。ただし，ここでいう損得は，金銭や物のやりとりのみを指すのではなく，人と人との相互作用全般から生じるものだと考える。

　交換モデルでは，対人間の相互作用を報酬やコストを伴う行動の交換のプロセスだと見なしている。恋人とのデートを想像してみる。まずは「今日は○○へ遊びに行こう」と相手にメールをすると，相手から「いいよ。待ち合わせはどこ？」と返ってくる。待ち合わせ場所では，向こうから歩いてくる相手に手を振ると，相手も手を振り返す。つまり，自分が何か行動すれば，それに反応して相手も行動を返し，さらにそれに反応して自分も行動するというように，2人の間の相互作用は，行動の交換が連なったものなのである。そして，その結果，報酬やコストが生じてくるというのである。

　報酬やコストとは何を指すかというと，例えば，相手とのやりとりの中で自分の欲求が充足される，自分の価値が高められる，相手から賞賛を得る，相手

から好意や愛情を得るなどが報酬であり，相手と交際にかける時間や，相手にささげる労力，消費されるエネルギーなどがコストとなる。そして，報酬がコストを上回り利得が生じることで人は満足し，関係が維持されていくと仮定されている。一緒にいると楽しくて相手からの愛情も感じるという報酬が，コストを十分に上回っているのであれば満足し関係は続く。しかし，自分の時間を犠牲にしているという思いが強く，報酬がコストを下回る（報酬＜コスト）と，不満を感じ，関係の停滞・崩壊へとつながる可能性が高い。

　以上が交換モデルの基本的な考え方であり，この理論的立場に立脚した諸理論の総称が社会的交換理論（Homans, 1961）である。そして，この基本的な考え方に別の概念を加えたアプローチも注目をされている。例えば，上述の例のように「報酬＜コスト」であったとしても，満足感が低下しない場合は考えられるだろうか。

　このような状況は，投資モデル（Rusbult, 1983）と衡平理論（Hatfield et al., 1985）という2つの考え方から説明が可能である。まず1つ目の投資モデルでは，人はやみくもに利得を最大にしようとするのではなく，何か比較の対象となるような基準（比較水準）をもっていると考える。そして，その比較水準と比べて，利得の方が多ければ満足感が高まる。例えば，相手と交際するために時間やお金を犠牲にしていると感じるが，周囲の恋愛をしている友人たちと比べれば，自分の方がまだ良いと思えるなどである。この場合，友人たちが得ている利得が比較水準となる。さらに，これまでこの関係にどれだけのものを投資してきたか（投資量），今の相手と別れて別の相手とつきあったとしたらどうなるか（選択比較水準）によっても関係が存続するかどうかに影響があるとされる。投資量には，相手との交際に費やした時間や労力，相手に行った自己開示，共通の友人や思い出などが含まれ，これらが多いほど関係を続けていこうという気持ちは強くなる。また，選択比較水準が低い，つまり，別の人とつきあったとしても自分にとって良いことはなさそうだとなっても，関係を続けていこうという気持ちは強くなる。

　2つ目の衡平理論では，自分と同様に相手も「報酬＜コスト」の場合，満足感が低下しないと考える。例えば，お互い勉強や仕事が忙しく，2人で会う時間をつくるためには双方にかなりのコストがかかるなどである。片方にのみコ

ストがかかると不満が生じるが，自分の報酬とコストの比と，相手の報酬とコストの比が同じ，つまり衡平であれば満足できるということである。

いずれの考え方も興味深いのであるが，実証的な研究では，後者の衡平理論を支持する結果はあまり見られていない（Cate et al., 2002）。ケイトら（Cate et al., 1988）では，衡平かどうかではなく，単純な利得の高さが満足度や関係への関与度に対しもっとも強い予測因となっていた。また井上（1985）でも，衡平な群よりも，自分の利得がやや多い群において満足度が高いことが示されている。それに対し，投資モデルを支持する研究は多く見られる。恋愛関係を対象に縦断調査を行ったラズバルト（Rusbult, 1983）やドリゴタスとラズバルト（Drigotas & Rusbult, 1992），友人関係を対象とした中村（1990）においても投資モデルの予測力の高さが示されている。つまり，相手と衡平であることよりも，自分の利得が大切で，さらにそれは単純に判断されるのではなく，比較水準や投資量，選択比較水準との関連で決まると言えるだろう。

2. 適合性モデル

適合性モデルは，関係の親密化を，2人の出会いから始まり，次第に関係が親密になる段階を経て，関係の維持もしくは崩壊へつながるという一連のプロセスと考える。そして，ある段階から次の段階へ移行するためには，近接性や類似性，役割適合などが吟味されることになる。適合性モデルにもいくつかのアプローチが存在するが，ここでは，マースタイン（Murstein, 1970）のSVR理論，レヴィンジャー（Levinger, 1980, 1983）によるABCDE（attraction, building, continuation, deterioration, ending）の5段階からなるモデル，ナップ（Knapp, 1984; Knapp & Vangelisti, 2004）の関係発展の階段モデルを説明する。

マースタインのSVR理論では，関係の進展を3段階に分けて説明している。まず，近接性，相手の容貌や振る舞いなどの相手から受ける刺激（stimulus）が重要となるS段階がある。通学経路が同じで会う機会が多い（近接性），見た目やスタイルに魅力を感じるなどによって好意が高まり関係が始まる。交際がスタートすると，2人で一緒に行動することが多くなる。すると，互いのものの考え方や物事に対する態度，価値観（value）が似ていることが重

要となってくる。これが2番目のV段階である。さらに，交際が進めば，互いの価値観が類似しているだけではなく，互いの役割（role）を分担して行動することが重要となるR段階へと至る。1人がリードすればもう一方はそれに従う，1人が悩みを打ち明ければ，もう一方は親身に話を聞く聞き手になるなどである。

　それぞれの段階で重要となる条件をクリアできれば，関係はどんどん進展するが，どこかの段階でつまずく，例えば，相手との価値観の違いが顕著であれば，V段階からR段階への移行ができずそれ以上関係は進展しない。また，それぞれの条件・要因を眺めてみると，関係の初期は外見や近接性など，表面的・物理的な要因が重要となるが，その後，関係が進展するためには態度や価値観の類似性，役割の適合など，個人の内面に関わる要因が重要となっていくことがわかる。つまり，段階を経る毎に深いレベルでの適合が要求され，条件クリアの難しさは増すと言えるだろう。

　次に，レヴィンジャーのABCDEモデルを説明する。このモデルでも，関係の進展の段階を区分し，それぞれの段階に重要な要因を指摘しているが，関係崩壊へのプロセスが含まれている点に特徴がある。まず，A期（attraction）は，関係の初期，相手への魅力が形成される時期である。特に，第一印象からくる魅力が影響力をもつ。次に，B期（building）は，関係の構築の時期であり，態度や信念の類似性，経験の共有からくる魅力が重要な要因となる。C期（continuation）は，ある程度発展した関係を持続させる時期である。コミットメントが増加し，相手の言動の予測力が増加する。ここで図4-1を見てほしい。C期以降は経路が3つに分岐している。対人的な葛藤などにより不安定な関係が続く場合や，不安定とは言わないまでも関係が停滞している場合は，D期（deterioration）へ関係が移行する。相手の魅力が減少し，拘束感によって関係が維持されるようになり，ついにはE期（ending），つまり関係が終結する。しかし，C期以降，満足できる関係へと成長し続けるならば，どちらかの死という形でE期を迎えることになる。

　続いて，ナップの関係発展の階段モデルについて和田（1999a, 1999b）を参考に説明する。このモデルはABCDEモデルよりも，さらに細かな段階を仮定し，進展・崩壊のプロセスが詳しく描かれている点に特徴がある（図4-2）。ま

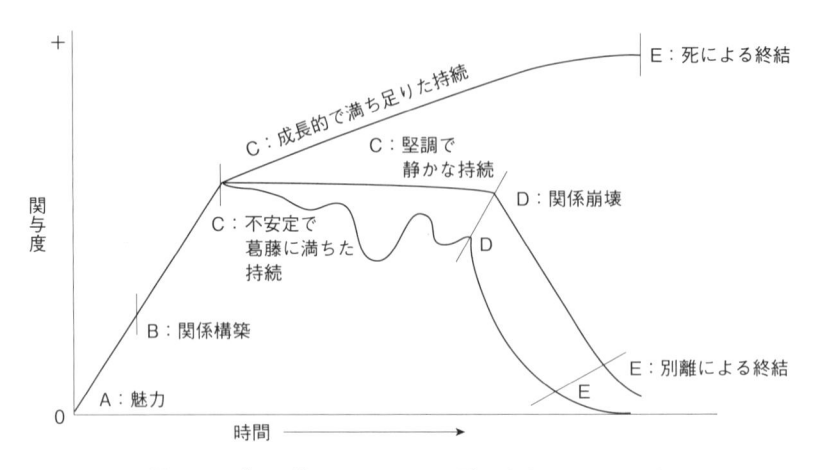

図4-1 レヴィンジャーのABCDEモデル（中村, 1999より引用）

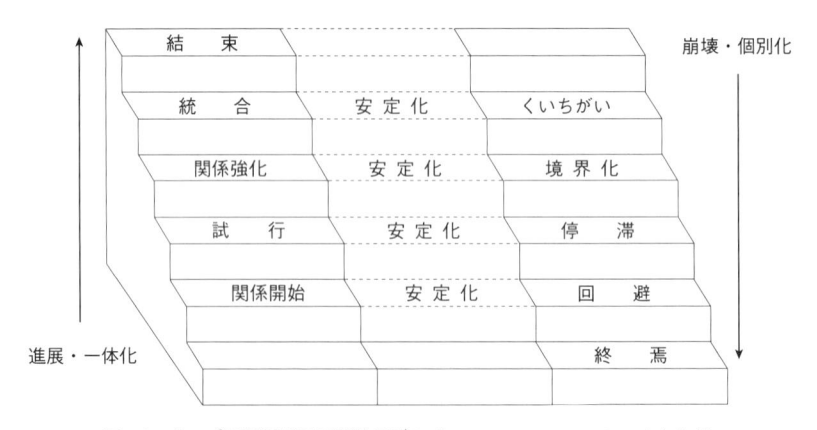

図4-2 ナップの関係発展の階段モデル（Knapp & Vangelisti, 2004より作成）

ず，進展のプロセスでは，お互いに情報を共有し合い，2人が一体化していく過程が5つの段階で説明される。「関係開始」の段階は，最初の出会いである。相手についての様々な印象を形成し，相手との関係を進めるかどうかの判断をすることになる。「試行」の段階は，軽いおしゃべりなどを通して，お互いに，相手との関係を探り合うことになる。その結果，相手との信頼関係ができれば，「関係強化」の段階へと至る。2人の間では内面的なコミュニケーションがさ

れるようになり，単なる知り合いでは話さないような内容がやりとりされる。「統合」の段階は，2人の間だけではなく，周囲の人にも2人の間柄を示す段階であり，より一層相手について理解し合うようになる。そして，「結束」の段階では，婚約，結婚，契約などの形により，社会的，法的にも2人の関係が認められる。

　次に，崩壊のプロセスである。ここでも5つの段階が仮定され，親密であった2人が相手から分離し，個別化していくプロセスが説明されている。「くいちがい」の段階では，それまでは我慢できていたか，むしろ相手の魅力と感じられていたことが，2人のくいちがいとして認識されるようになる。これは関係の後退のきっかけとなる。「境界化」の段階では，2人の間のコミュニケーションが限定的なものとなり，特にくいちがいの部分についてのやりとりは極力避けられる。さらに関係が後退すると，「停滞」の段階となり，深い会話は避けられ，表面的なコミュニケーションに留まる。「回避」の段階に至ると，2人の間には物理的な距離が置かれ，別離の状態となる。そして，ついに「終焉」の段階を迎え，社会的，法律的にも関係を終結させることになる。

　なお，この階段モデルは，順序通りにすべての段階を踏んで進行すると仮定されているわけではない。段階を飛ばして関係が進むこともあるだろうし，段階が後戻りすることもある。また，ある段階で関係が安定し，その段階に長く留まる可能性もある。図4-2の階段の中央部の安定化はこれを示している。ただし，微細な変化は常に起こっていると考えられている（Knapp & Vangelisti, 2004）。

　3つの適合性モデルを概観すると，進展に関する要因としては，近接性，外見的魅力，類似性，役割適合，コミュニケーションによる情報共有が挙げられ，崩壊に関する要因としては，対人的な葛藤，くいちがいが挙げられる。適合性モデルは，これらの要因との関わりで，関係の進展崩壊の道筋を示していると言える。しかし，個々の要因の詳細な概念化や，原因と結果についての具体的な予測があるわけではない。進展に関わる要因については，従来の対人魅力研究においてかなり検討されてきたが，崩壊に関わる要因についてはまだまだ研究はそう多くはない。また，葛藤やくいちがいは，関係が継続し長期化すれば，避けることのできない事態だと考えられる。これらの問題を生起させないこと

が大切なのではなく，これらが生起してきたときに，どう対応し妥協・解決に至るかが重要だろう。次節では，夫婦関係を取り上げ，どのような問題が生起してくるのか，それに対する対処について考えてみる。

Ⅲ．夫婦関係―もっとも親密な関係

　夫婦関係はもっとも親密な関係と言える。生計を1つとし，生活のあらゆる場面で互いに影響を与え合い，否応なく現実が突きつけられる。一緒に暮らしてみなければわからない生活上の問題が浮上したり，理想化していた相手の現実の姿が見えたり，自分の嫌な部分が露呈したりなどである。そして，それらは，ときに大きなストレスとなって夫婦関係の危機を招くかもしれないし，またあるときには，夫婦関係の親密性を高めるきっかけとなるかもしれない。生涯添い遂げれば，何十年という長期にわたる関係となりうる。

1. 夫婦間に生起する問題

　まず，結婚後に直面するのは，生活習慣の違いだろう。夫婦といっても結婚前までは別々の生活をしてきた人間であり，生活習慣は違っていて当たり前である。些細なことであっても，思わぬ習慣の違いに驚くこともあるだろう。前項で，くいちがいが崩壊のきっかけとなる可能性を述べたが，まさにそのくいちがいを目の当たりにすることになる。ここで重要なのは，生活習慣のすり合わせである。お互いが当たり前だと思っているやり方であるため，一筋縄ではいかないが，双方が歩み寄り譲歩し合うことが肝要だろう。もしくは，双方のやり方を再度吟味し，独自の方法をつくりだすことも考えられる。また，くいちがいは生活習慣にとどまらない。類似していると思っていた態度や価値観が実は違っていたと感じたり，魅力的だと思っていた相手の性格に我慢ならなくなったりもする。このようなくいちがいをどう調整していくのかが大切である。

　仕事や子育ての問題も深刻である。日常の生活の中で次々と問題が生起し，選択を迫られる。例えば，「結婚後，妻が仕事を続けるか否か」「家事の分担はどうするか」「子どもをもつか否か，もつならいつ，何人の子をもつか」「子どもが生まれたら，妻の仕事はどうするか」「働く父親はどう育児参加するのか」

「(共働きなら)保育所の送り迎えはどちらがするのか」「子どもが病気になったら,どちらが仕事を休むのか」などである。近年は女性の社会進出に伴い共働き家庭が増えている。しかし,キャリアをもつ妻であっても,家事・育児の負担はやはり妻の方が大きいのが現実のようである。総務省の社会生活基本調査(2006)によれば,子育て期の夫婦の家事分担率は,妻の方が圧倒的に多く,妻が働いていても分担率にそれほど変化はないことが示されている。現代社会はどんどん変容してきている。寿命が延び,家庭内での子どもの数は減少し,家事・育児は省力化され,女性の高学歴化が進み,男女ともに生きがいの変化がもたらされつつある(柏木,2006)。夫婦ともに,仕事も家庭も子育ても,そして自分の人生も充実させたいという価値観に変容しつつあるなか,現実の社会状況や労働環境が追いついていない。このことは個々の夫婦に種々のストレスをもたらすだろう。しかし,そのようななかにありながら,夫婦は自分たち家族の問題として,仕事や子育ての問題を解決していかなければならないのである。

夫婦が直面する問題は,ほかにも,病気,事故,リストラ,転職,浮気,子のいじめ,介護など様々に考えられる。そして,何らかの問題は,どの夫婦にも必ず起きるものなのである。

2. 夫婦関係とコミュニケーション

様々な問題に対し,何とか対処しながら,夫婦関係を適応的に営んでいく。そのためには,どのようなコミュニケーションが必要なのだろうか。

ノラー(Noller, 1980)は,適応できている夫婦は,そうでない夫婦よりも,記号化(メッセージを適切に相手に伝えること)と解読(相手のメッセージを適切に受けとること)が効果的に行われていることを指摘している。さらに,ノラーとベナルドス(Noller & Venardos, 1986)によると,適応できている夫婦は,解読の正確さについて自信がもてる場合ともてない場合とがあることを自覚している。つまり,自分自身の解読する力について柔軟に判断している。しかし,適応できていない夫婦は,どのような場合においても自分の判断の正確さを同程度に判断している。そのため,コミュニケーションの正確さが低くなり,またそのことも認識できていないことが指摘されている。

夫婦関係に限ったことではないが，コミュニケーションをする上で，まず重要なのは記号化と解読の適切さだろう。しかし，記号化や解読には，様々な要因が絡んでくる。その場の状況的要因はもちろん，個人の性格や価値観，相手との関係性，これまでの関係の歴史なども影響する。そのため，伝達されたメッセージが同じものであっても，これらの要因が異なれば，記号化の仕方や解読された内容は異なってくる。すでに，コミュニケーションがうまくいっていない夫婦は，これまでのやりとりから，コミュニケーションのすれ違いが常態化している可能性が高く，適切なやりとりといっても難しいかもしれない。少なくとも，自分の伝え方や受けとり方が歪んでいる可能性を認識し，客観的な視点をもち，自分のコミュニケーションについて内省することを心がけるべきだろう。

　コミュニケーションの適切さが，特に求められる状況として，夫婦間に問題や葛藤が生起したときが挙げられる。しかし，このような適切さが求められる状況においてこそ，夫婦は偏ったコミュニケーションをしやすいようである。

　アルバーツ（Alberts, 1988）は，不平不満に関わる行動を検証した結果，適応できていない夫婦は，性格に対する不満，相手の不満への反発，負の感情を表しやすいことを示した。それに対して，適応できている夫婦は，行動面での不満，賛成の気持ち，正の感情を表しやすかった。また，ハルフォードら（Halford et al., 1990）によると，うまくいっていない夫婦のもっとも顕著な特徴は，ネガティブなやりとり，その中でも特に，非言語によるネガティブなやりとりを止められないことである。それに対して，うまくいっている夫婦は，ネガティブなやりとりがエスカレートしないように，もしくはそもそもそれが始まらないように対応するようである。

　さらに，うまくいっている夫婦でさえ，葛藤時は偏ったコミュニケーションをすることを示す研究がある。シラーズら（Sillars et al., 2000）は，葛藤についてやりとりをするとき，多くの夫婦は，自分の行動を相手よりも良いものと考えやすいことを指摘した。また，シュッツ（Schutz, 1999）は，夫婦に対して面接調査をした結果，ストレスのない夫婦でさえ，葛藤について自分勝手な説明をすることを示している。例えば，自分が傷ついたことばかり強調しがちであるとか，自分の行動の言い訳や正当化をしやすく，相手の行動を不適切だ

と非難しやすいなどである。

　葛藤時のコミュニケーションには，帰属のプロセスが深く関わる。帰属とは，自他の行動や出来事の原因を推測することを指すが，これが親密な関係の葛藤に大きな影響をもつことが指摘されている。2人の間で起きた出来事や，相手の言動の原因を何に帰属するかによって，些細な対立が生起し，さらに，その些細な対立が，より深刻で重大な葛藤につながるかもしれないからである（Hendrick, 2004）。もともと，人は帰属の判断に歪みや偏りがあると言われている。例えば，他者の行為は外的な要因よりも，他者本人の性格など内的な要因に帰属しやすい（基本的帰属の錯誤），自分の成功は内的要因に，失敗は外的要因に帰属しやすい（利己的帰属）などである。帰属に歪みが見られる理由の1つに，自尊心を守りたいという動機が挙げられる。誰しも，自分に都合の良いように解釈してしまいがちなのである。このような帰属の歪みが，上述の研究結果にも反映されていると考えられる。

　記号化と解読の不適切さ，葛藤時のコミュニケーションの偏り，帰属の歪みについて述べたが，いずれも完全に避けることは困難である。やはり，このような偏りや歪みがあることを認識し，少しでもこれらの悪影響が出ないよう気をつけることが大切である。

3. 葛藤対処

　前項で，葛藤時のコミュニケーションについて触れたが，本項では，具体的な葛藤対処行動について考えてみたい。葛藤や問題が生起したとき，どのような対処行動がとられ，それが関係にどのような影響を及ぼすのだろうか。
　ラズバルトとゼムブロート（Rusbult & Zembrodt, 1983）は，葛藤対処行動を，能動的－受動的と，建設的－破壊的の2つの次元から整理している（図4-3）。能動的な対処としては，関係を改善しようと話し合うなどの「話し合い行動」と，関係を終わらせようとする「別れ行動」がある。受動的な対処としては，事態が自然と良くなるのを待つ「忠誠行動」と，関係崩壊は避けられないとして何もしない「無視行動」がある。ラズバルトら（Rusbult et al., 1986）は，恋愛関係を対象に検討した結果，破壊的な対処である「別れ行動」と「無視行動」は満足感を低くするなど，関係に対し悪影響を及ぼすことを示した。

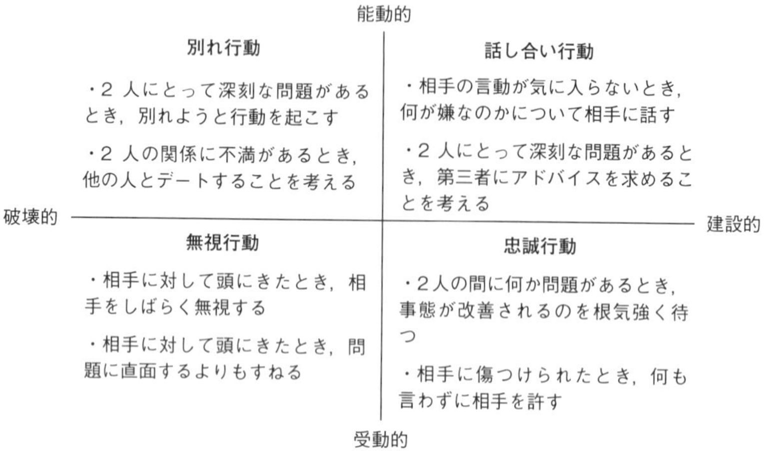

```
                         能動的
        別れ行動                    話し合い行動
    ・2人にとって深刻な問題がある      ・相手の言動が気に入らないとき，
     とき，別れようと行動を起こす      何が嫌なのかについて相手に話す
    ・2人の関係に不満があるとき，     ・2人にとって深刻な問題があると
     他の人とデートすることを考える     き，第三者にアドバイスを求めるこ
                                  とを考える
破壊的 ─────────────────────────────────── 建設的
        無視行動                    忠誠行動
    ・相手に対して頭にきたとき，相      ・2人の間に何か問題があるとき，
     手をしばらく無視する           事態が改善されるのを根気強く待
                                  つ
    ・相手に対して頭にきたとき，問      ・相手に傷つけられたとき，何も
     題に直面するよりもすねる         言わずに相手を許す
                         受動的
```

図4-3　葛藤対処行動と項目例 (Rusbult et al., 1986 より作成)

ほかにも葛藤対処を分類した研究がある。カナリーら（Canary et al., 1988）は，葛藤対処方略を「回避方略（avoidance tactics）」「分離方略（distributive tactics）」「統合方略（integrative tactics）」の3つに分類している。「回避方略」は，問題を避けたり無視したりする方略であり，ラズバルトとゼムブロート（1983）の「忠誠行動」や「無視行動」に対応すると考えられる。また「分離方略」は，相手を非難する，どなるなどのことであり，「別れ行動」に対応するだろう。最後の「統合方略」は，話し合う，相手の立場に共感するなどのことであり，「話し合い行動」に対応するが，単に話し合うだけでなく，相手を理解しようとしたり，心遣いや信頼を表現することも含まれている点が特徴である。ミークスら（Meeks et al., 1998）は，夫婦関係を対象に満足感との関連を検討した結果，「分離方略」がネガティブな影響をもっていることを示した。

また，日本人を対象とした研究である古村と戸田（2008）は，対処方略として，「譲歩」「対話」「回避」「攻撃」の4種類を挙げている。ラズバルトとゼムブロート（1983）の4分類（忠誠，話し合い，無視，別れ）にほぼ対応するものであると言える。古村と戸田（2008）では，「譲歩」と「対話」が恋愛関係においてよく用いられる対処方略であり，「譲歩」はコミットメントを高め，「対話」は関係をポジティブに変化させるという良い効果をもつことが示され

た。

　上述の研究をまとめると，葛藤や問題が生起したときには，破壊的な対処をとらず，対話や共感といった建設的な対処をとることが大切だと言える。これはある意味当たり前の結果のように思える。しかし，前項で述べたように，葛藤時は特に偏った見方をしやすい。仮に，相手が破壊的な対処をしてきた（と感じる）場合にも，建設的な対処ができるか，自尊心が傷つくことを恐れず，もしくはある程度守りながら，自分の非を認められるか，と考えると，なかなか難しいことだとわかる。深刻な葛藤や問題ほど，個人の価値観や信念に深く関わる。そのため，感情的になったり，ひどく傷ついたり，また，自分の言動をコントロールできなくなることもあるだろう。建設的な対処が大切だとはわかってはいるが，うまくいかないこともある。では，葛藤時に建設的な対処をとるためには，何が必要なのだろうか。最後に，この点について考えてみたい。

4．建設的な対処行動をとるためには
1）共同的な態度

　前節で交換モデルについて述べた。報酬やコスト，利得といった概念で親密な関係を説明しようとしたものである。基本的には，人は利得が多いと満足するが，自分の利得だけを考えていたのでは，親密な関係は成り立たないのではないだろうか。クラークとミルズ（Clark & Mills, 1979）は，どのような規則にもとづき，2者間の交換が行われているかによって，交換的関係と共同的関係の2タイプがあるとしている。諸井（1999）は，この説について簡潔にまとめている。それによると，交換的関係では，相手に何か利得を与える場合，見返りを期待して行われたり，過去に得た利得のお返しであったりする。そのため，返報のタイミングの速さや過去の利得に見合った返報が要求される。それに対して，共同的関係では，相手の幸せに対する義務感情を双方がもっていることが特徴である。そのため，見返りを期待せずに，相手の欲求に応じたり援助したりする。お互いに相手の欲求に敏感である必要があるため，積極的に情動表出をし合う。

　また，クラークとグロート（Clark & Grote, 1998）は，夫婦関係の満足感に影響するものとして，個人の利得やコスト以外に，共同的行動（communal behavior）があるとしている。これは，一方にとってはコストになる行動が，相手にとっては，そして2人の関係全体にとっては利得となるような行動を指す。例えば，自分が興味のない話題であっても相手の話をよく聞く，自分が何かをあきらめても相手が困っているときは手助けをするなどである。これらの行動は，自分1人にとってはコストのかかる行動だが，相手にとってはとても助けになる行動であり，ひいては2人の関係全体の利得となると考えられる。クラークとミルズ（1979）の共同的関係で行われる，見返りを期待しない，相手の欲求に応じた援助にあたる。

　このような共同的な態度や行動によって，葛藤に対処できるかどうかがとても重要である。相手の欲求に応じる，2人の関係のために行動するという基本姿勢をもっていなければ，双方に満足のいく解決は難しい。

2） 日常的コミュニケーション

　葛藤生起時のコミュニケーションだけを考えるのではなく，日頃からのコミュニケーションのあり方が大切だとする考え方がある。ダックとピットマン（Duck & Pittman, 1994）は，日常の習慣的な行動や会話の重要性を強調し，このような些細な行動こそが，関係を維持し，関係内での好ましい行動や体験を導くと述べている。

　日常のやりとりが，関係の構築や維持に役立つという視点での研究に，関係メンテナンス方略を開発したスタフォードとカナリー（Stafford & Canary, 1991）がある。この方略は，「肯定性（positivity）」「開放性（openness）」「保証行動（assurances）」「ネットワーク（network）」「課題の共有（sharing tasks）」の5つの側面から成っている。これらの方略が，関係の良好さに対して予測力をもつかどうかについて検討した結果，「肯定性」「保証行動」「課題の共有」が一貫して強い予測力をもっていることが示された。「肯定性」とは，パートナーとの気持ちの良い肯定的で受け入れるような関わり合いであり，「保証行動」とは，2人の関係の永続性を確認し合うような行動であり，具体的には，相手に対する誠実さを示す，2人の関係の将来性を示すなどが含まれる。「課題の共有」とは，家事などのやるべき仕事を分担したり，2人が直面する課題を共有したりすることである。

また，多川（2006）は，日常的コミュニケーションを通して，2人に特有の，2人にとって最善のコミュニケーションパターンが形成されていくのではないかという視点での検討を行っている。例えば，日常的な場面において，ちょっとした不満を相手に伝えることは，その不満を解決するためというよりはむしろ，互いの気持ちを率直に言い合える関係づくりや，2人にとって建設的な対応の仕方をつくりあげていくことに貢献するなどである。恋愛関係を対象に検討した結果，たわいない日常の出来事を報告したり，不満や要望があれば率直に話したりなどの日常的コミュニケーションをしているほど，葛藤防止のためのルール・パターンが2人の間で明確となり，それが関係の良好さにつながることが示された。

　日常の中での肯定的で将来性を感じられるやりとり，課題の共有，ちょっとした日常のコミュニケーションを通して，2人のやりとりのパターンはつくられ，関係が構築されていくのである。

3）譲歩の効用

　前節で紹介した古村と戸田（2008）の葛藤対処行動は，ラズバルトとゼムブロート（1983）の4分類にほぼ対応するとされ，「譲歩」という方略は，建設的な対処ということになる。しかし「譲歩」は，相手の気持ちに沿って振る舞う，悪いと思わないが謝って終わらせるなどの行動のことである。このように，一方的に譲歩することは，建設的な対処と言えるのだろうか。この点に関して，譲歩的対処への意味づけ方次第であるという主張が展開されている。東海林（2006）は，新婚女性を対象に面接調査を行った結果，譲歩的対処には，その場の情緒状態が険悪になるのを避けるという情緒調整の役割があり，忙しい日常生活の中でも用いやすいという，積極的な意味づけが与えられていることを示した。葛藤は即時に解決できるほど単純なものばかりではない。葛藤があろうとなかろうと，生活，仕事，育児など日常の営みは続く。そのため，ひとまず場を落ち着かせるということも有効だと言える。また，東海林（2006）では，葛藤そのものの解決には至らなくても，葛藤内容や夫婦関係の見直しにつながることも指摘されている。先ほど，記号化と解読の不適切さ，コミュニケーションや帰属の偏りなどについて述べたが，少し時間を置いた落ち着いた

ところでなら，客観的に振り返ることも可能だろう。譲歩には，そのような振り返りの余裕を生むという効用があると考えられる。

4）外部サポートの重要性

　親密な関係において葛藤やストレスが生じた場合に，その関係以外のネットワークの大切さを指摘する研究がある。相馬ら（2003）では，恋愛・夫婦関係における排他性が，そのパートナーとの葛藤時の対処行動選択に与える影響が検討された。その結果，交際期間が長い場合において，排他性の低い人は高い人よりも破壊的な行動（別れ行動）が抑制されることが示された。排他性が低いとは，パートナー以外のネットワーク（友人，両親，兄弟など）からも情緒的なサポートを十分に得ている場合を指す。つまり，パートナー以外のサポート源をもつことの重要性が示されたと考えられる。

　現在，育児ストレスを軽減するために，行政や専門機関のサービスが多く設定されるようになってきた。例えば，保健師が新生児や乳児のいる家庭へ各戸訪問する事業や，「子育てママのおしゃべりサロン」の類いが，保育所や児童館で実施されるなどである。そこでは，保健師や保育者などの専門家との関係や，類似の境遇にあり悩みを共有しやすい「ママ友」との関係をつくることができる。このようなネットワークの構築は，育児ストレスに限らず，夫婦間の問題の対処にも有効に働くことが期待されている。もちろん，新しい関係をつくらなくても，旧友，両親，親戚などのネットワークからもサポートは得られるだろう。ただし，対人関係はいずれも，サポート源にもなればストレス源にもなることも覚悟しておかなければならない。

　本章では，親密な関係の浮き沈みに関して，Ⅱ節での理論的なアプローチや，Ⅲ節でのコミュニケーションや葛藤対処からのアプローチを概観した。それだけでも，非常に多くの概念や考え方が出てきたが，現実の関係においてはさらに多くの要素が複雑に絡み合っている。例えば，親密な関係で起きる様々な現象は，2人を取り巻く社会的環境や文化的な背景と無関係ではない。また，それぞれの個人がもつ発達的様相とも深く関わる。個人の発達との関連で注目されるのは，愛着に関する研究（金政，2009；Rholes & Simpson, 2004）だろ

う。これほど複雑な現象をどのように扱えば良いのか、とても難しい課題であるが、人が適応的に幸せに親密な関係を営むことに資する研究が1つでも多く成されることを期待したい。

引用文献

Alberts, J. K. (1988). An analysis of couples' conversational complaints. *Communication Monographs*, **55**, 184-197.

Canary, D. J., Cunningham, E. M., & Cody, M. J. (1988). Goal types, gender, and locus of control in managing interpersonal conflict. *Communication Research*, **15**, 426-446.

Cate, R. M., Levin, L. A., & Richmond, L. S. (2002). Premarital relationship stability: A review of recent research. *Journal of Social and Personal Relationships*, **19**, 261-284.

Cate, R. M., & Lloyd, S. A. (1988). Courtship. In S. W. Duck (Ed.), *Handbook of personal relationships*. New York: Wiley. pp.409-427.

Cate, R. M., Lloyd, S. A., & Long, E. (1988). The role of rewards and fairness in developing premarital relationships. *Journal of Marriage and the Family*, **50**, 443-452.

Clark, M. S., & Grote, N. K. (1998). Why aren't indices of relationship costs always negatively related to indices of relationship quality? *Personality and Social Psychology Review*, **2**, 2-17.

Clark, M. S., & Mills, J. (1979). Interpersonal attraction in exchange and communal relationships. *Journal of Personality and Social Psychology*, **37**, 12-24.

Drigotas, S. M., & Rusbult, C. E. (1992). Should I stay or should I go? A dependence model of breakups. *Journal of Personality and Social Psychology*, **62**, 62–87.

Duck, S., & Pittman, G. (1994). Social and personal relationships. In M. L. Knapp, & G. R. Miller (Eds.), *Handbook of interpersonal communication*. 2nd ed. Thousand Oaks, CA: Sage. pp.676-695.

Halford, W. K., Hahlweg, K., & Dunne, M. (1990). The cross-cultural consistency of marital communication associated with marital distress. *Journal of Marriage and the Family*, **52**, 487-500.

Hatfield, E., Traupman, J., Sprecher, S., Utne, M., & Hay, J. (1985). Equity and intimate relations: Recent research. In W. Ickes (Ed.), *Compatible and incompatible relationships*. New York: Springer-Verlag. pp.91-117.

Hendrick, S. S. (2004). *Understanding close relationships*. Boston: Allyn & Bacon.

Homans, G. C. (1961). *Social behavior: Its elementary forms*. New York: Harcourt Brace & World.

井上和子 (1985). 恋愛関係におけるEquity理論の検証 実験社会心理学研究, **24**, 127-134.

金政祐司 (2009). 青年期の母-子ども関係と恋愛関係の共通性の検討―青年期の2つの

愛着関係における悲しき予言の自己成就　社会心理学研究, **25**, 11-20.

柏木惠子 (2006). 夫婦関係・カップル関係の変化とその心理—実証研究から　日本家族心理学会（編）　夫婦・カップル関係—「新しい家族のかたち」を考える　金子書房 pp.2-23.

Knapp, M. L. (1984). *Interpersonal communication and human relationships*. Boston, MA: Allyn & Bacon.

Knapp, M. L., & Vangelisti, A. L. (2004). *Interpersonal communication and human relationships*. 5th ed. Boston: Allyn & Bacon.

古村健太郎・戸田弘二 (2008). 親密な関係における対人葛藤　北海道教育大学紀要（教育科学編）, **58**, 185-195.

厚生労働省大臣官房統計情報部人口動態・保健統計課 (2010). 平成21年度「離婚に関する統計」の概況　厚生労働省　2010年3月25日<http://www.mhlw.go.jp/toukei/saikin/hw/jinkou/tokusyu/rikon10/index.html>（2011年11月11日）

Levinger, G. (1980). Toward the analysis of close relationships. *Journal of Experimental Social Psychology*, **16**, 510-544.

Levinger, G. (1983). Development and change. In H. H. Kelley, E. Bersheid, A. Christensen, J. H. Harvey, T. L. Huston, G. Levinger, E. McClintock, L. A. Peplau, & D. R. Peterson (Eds.), *Close relationships*. New York: W. H. Freeman. pp.315-359.

Meeks, B. S., Hendrick, S. S., & Hendrick, C. (1998). Communication, love, and relationship satisfaction. *Journal of Social and Personal Relationships*, **15**, 755-773.

諸井克英 (1999). 夫婦のコミュニケーション　諸井克英・中村雅彦・和田　実　親しさが伝わるコミュニケーション—出会い・深まり・別れ　金子書房　pp.150-188.

Murstein, B. I. (1970). Stimulus-value-role: A theory of marital choice. *Journal of Marriage and the Family*, **32**, 465-481.

中村雅彦 (1990). 大学生の友人関係の発展過程に関する研究—関係関与性を予測する社会的交換モデルの比較検討　実験社会心理学研究, **5**, 29-41.

中村雅彦 (1999). 友人関係のコミュニケーション　諸井克英・中村雅彦・和田　実　親しさが伝わるコミュニケーション—出会い・深まり・別れ　金子書房　pp.116-149.

Noller, P. (1980). Misunderstandings in marital communication: A study of couples' nonverbal communication. *Journal of Personality and Social Psychology*, **39**, 1135-1148.

Noller, P., & Venardos, C. (1986). Communication awareness in married couples. *Journal of Social and Personal Relationships*, **3**, 31-42.

Rholes, W. S., & Simpson, J. A. (Ed.) (2004). *Adult attachment: Theory, research, and clinical implications*. New York: Guilford.（遠藤利彦・谷口弘一・金政祐司・串崎真志（監訳）(2008). 成人のアタッチメント—理論・研究・臨床　北大路書房）

Rusbult, C. E. (1983). A longitudinal test of the investment model: The development (and deterioration) of satisfaction and commitment in heterosexual involvements. *Journal of Personality and Social Psychology*, **45**, 101-117.

Rusbult, C. E., Johnson, D. J., & Morrow, G. D. (1986). Impact of couple patterns of problem solving on distress and nondistress in dating relationships. *Journal of Personality and Social Psychology*, **50**, 744-753.

Rusbult, C. E., & Zembrodt, I. M. (1983). Responses to dissatisfaction in romantic involvements: A multidimensional scaling analysis. *Journal of Experimental Social Psychology*, **19**, 274-293.

Schutz, A. (1999). It was your fault! Self-serving bias in the autobiographical accounts of conflicts in married couples. *Journal of Social and Personal Relationships*, **16**, 193-208.

東海林麗香(2006). 夫婦間葛藤への対処における譲歩の機能―新婚女性によって語られた意味づけ過程に焦点を当てて 発達心理学研究, **17**, 1-13.

Sillars, A., Roberts, L. J., Leonard, K. E., & Dun, T. (2000). Cognition during marital conflict: The relationship of thought and talk. *Journal of Social and Personal Relationships*, **17**, 479-502.

相馬敏彦・山内隆久・浦 光博(2003). 恋愛・結婚関係における排他性がそのパートナーとの葛藤時の対処行動選択に与える影響 実験社会心理学研究, **43**, 75-84.

総務省(2006). 平成18年社会生活基本調査 総務省統計局・政策統括官(統計基準担当)・統計研修所 <http://www.stat.go.jp/data/shakai/2006/gaiyou.htm> (2012年2月29日)

Stafford, L., & Canary, D. J. (1991). Maintenance strategies and romantic relationship type, gender and relational characteristics. *Journal of Social and Personal Relationships*, **8**, 217-242.

多川則子(2006). 日常的コミュニケーションと葛藤防止ルールが恋愛関係に与える影響 東海心理学研究, **2**, 29-39.

和田 実(1999a). 出会いのコミュニケーション 諸井克英・中村雅彦・和田 実 親しさが伝わるコミュニケーション―出会い・深まり・別れ 金子書房 pp.2-36.

和田 実(1999b). 関係進展・崩壊と情動コミュニケーション 諸井克英・中村雅彦・和田 実 親しさが伝わるコミュニケーション―出会い・深まり・別れ 金子書房 pp.74-113.

よりよく理解するための参考書

●諸井克英・中村雅彦・和田 実(1999). 親しさが伝わるコミュニケーション―出会い・深まり・別れ 金子書房

　　対人関係の発展と崩壊に関する,社会心理学的知見がまとめられている。自己開示との関わりについて詳細な記述がある。また,友人・夫婦関係のコミュニケーションや,現代青年の対人関係の特徴などについて述べられている。

●齊藤　勇（編）(2006). イラストレート恋愛心理学―出会いから親密な関係へ　誠信書房
　恋愛心理学に関する実証的研究がわかりやすく紹介されている。出会い，発展，親密化を中心に，広く多様なテーマで構成され，トピックスも豊富である。恋愛・親密化についての様々な研究を知ることができる。

Column 4　親密な関係を科学することの意味

浅野良輔

　私たちは，どうしたら恋人や配偶者，友人といった親密な他者と健康で幸せな生活を送れるのだろうか。筆者を含めた多くの研究者がこの問いに答えようとしている。このコラムでは筆者が，何を思い現在の研究を始めたのか，そして実際に研究を行う中で何を感じているのかを述べてみたい。

　これまでの研究は主に，冒頭の問いを解決するため個人差が親密な関係に与える影響を取り上げてきた。例えば，愛着スタイルの関係不安や拒絶感受性の高い人たち，あるいは特性自尊心の低い人たちがいる。自分に対してネガティブな期待や信念をもっている人たちは，相手から愛されることをあまりにも強く求めすぎるため，相手に過剰な要求をしたり相手を束縛しようとしたりすることで，結果的に相手から拒絶されてしまう（浦, 2009）。したがって，このような個人の健康や幸福感は低くなりやすいと考えられる。

　こうした理由で別れてしまった恋愛カップルや疎遠になった友人ペアも，世の中にはたくさんいるだろう。しかし同時に，筆者はこれらの先行研究をレビューするうちに2つの疑問を抱いた。第1に，学術的な疑問である。親密な関係は個人差だけで決まるものではない。2人の関係そのものの「雰囲気」や特徴も考慮しなければならない。そうでなければ，関係不安や拒絶感受性の高い人たち，特性自尊心の低い人たちは，いつまでも他者と良い関係を築けず孤独に苦しむことになる。第2に，より率直な疑問である。研究にはオリジナリティが欠かせない。オリジナリティを打ち出せなければ，その研究の未来はかなり暗いものになる。しかし，個人差によるアプローチはすでに多くの先行研究を生み出している。少なくとも筆者には，これまでと同じ視点でオリジナリティを示す自信がなかった。

　それらの疑問を乗り越える上でヒントになったのが，バンデューラ（Bandura, 1997）の議論である。彼によれば，集団全体の成果は，自己効力感のような個人レベルの効力期待ではなく集団レベルの効力期待によって予測される。親密な関係の研究でも同じように，関係全体を単位としたダイアドレベルに注目する必要があるだろう。そこで注目したのが，関係効力性（relational efficacy）である。関係効力性とは，親密な2人の間

```
ダイアドレベル（筆者の研究）

    ┌─────────┐      ┌─────────┐
    │ 関係効力性 │  ➡  │ 二人の幸福感 │
    └─────────┘      └─────────┘

------------------------------------------

個人レベル（これまでの研究）

    ┌─────────┐      ┌─────────┐
    │ 愛着スタイル │      │          │
    │ 拒絶感受性  │  ➡  │ 一人ひとりの │
    │ 特性自尊心  │      │   幸福感   │
    └─────────┘      └─────────┘
```

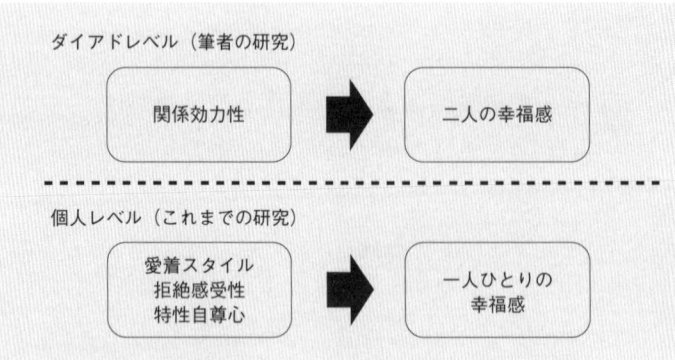

図1　筆者の研究とこれまでの研究とのアプローチの違い

で共有された効力期待を意味している。つまり，2人がいずれも自分たちは協力行動をし合いながら適切に振る舞えると考えていることを指す。これまでの研究では，個々人の心の中で起きるプロセスが扱われてきた。しかし，筆者の研究は2人の間で現実に起きているプロセスを扱うものと言える（図1）。関係効力性の高い恋愛カップルや友人ペアは，幸福感が高くなると考えられている（浅野, 2011；浅野・吉田, 2011）。

　最後に，これまでの経験をふまえ，親密な関係の研究でオリジナリティを追究することの面白さと難しさを論じておく。面白い点として，新たな枠組みを示す余地がこの分野にはまだまだ残されている。親密な関係は誰もが経験しうるものである。社会生活を営むすべての人が親密な関係について洞察できる。誰も考えつかなかった斬新な発想がきっとあるに違いない。それを見つけるには，先行研究を十分にふまえつつもそれに流されない批判的な思考が大切だろう。逆に難しい点として，新しい枠組みを提示するにはある程度の「覚悟」がいる。社会心理学が科学である以上，現象に対する明快かつ頑健な説明は必須と言える。しかし，誰もが親密な関係を経験するからこそ，自分の理論を他者に納得させにくいという面も否めない。ときには厳しい指摘や反論に曝されて落ち込むこともある。研究を志す者は，こうした経験を糧に自らの研究をよりよいものにしていかなければならないのである。このコラムが，親密な関係の科学に果敢に挑戦しようとしているあなたの一助になると願いたい。

引用文献

浅野良輔（2011）．恋愛関係における関係効力性が感情体験に及ぼす影響――二者の間主観的

な効力期待の導入　社会心理学研究, **27**, 41-46.
浅野良輔・吉田俊和 (2011). 関係効力性が二つの愛着機能に及ぼす影響——恋愛関係と友人
　　関係の検討　心理学研究, **82**, 175-182.
Bandura, A. (1997). *Self-efficacy: The exercise of control*. New York: Freeman.
浦　光博 (2009). 排斥と受容の行動科学——社会と心が作り出す孤立　サイエンス社

5 なぜクレーマーが生まれるのか？

吉田琢哉

I. はじめに

　クレームが社会問題化して久しい。昨今でも依然として増加傾向にあると指摘される（関根, 2010）。クレームへの対応は企業の評判を左右するだけでなく（Gelbrich & Roschk, 2011），対応者の精神的健康にも影響する（Grandey et al., 2004）。書店では様々な領域のクレーマーへの対策本が並んでおり，苦情対応を専門とするコンサルティング業務も存在するほど，クレーム対応のニーズは高まっている。領域によっては「クレーマー」ではなく「モンスター」というラベルが貼られることもある。医療現場では，暴言をはき暴力をふるう患者がモンスターペイシェントとよばれ，クレームを原因とした訴訟の増加や看護師の退職が医療崩壊の一因として危惧されている（寺野・角藤, 2011）。教育現場では，「担任を替えてほしい」「クラスを替えてほしい」といった理不尽な主張をする保護者がモンスターペアレントとよばれる。教育現場での親からのクレームが社会問題化しているのは日本に限ったことではなく，アメリカでは「ヘリコプターペアレント」とよばれ，大学にまで親が乗り込んでくることも珍しくない（多賀, 2008）。

　クレーマーやモンスターは学術用語ではなく[1]，論者の間で共有されている明確な定義は見当たらないが，およそ以下のような共通項を備えている。それは，申し立て内容が平均的な苦情の範囲を超えており，怒りを伴い，謝罪以上の対応を求めてくるものや，相手が困るのを見て楽しむことを目的としていた

---

1) 欧米ではクレームと苦情の区別はされておらず，いずれも「complaint」と表記される。

り，恐喝まがいの行為を行ったり，金銭を要求してくる場合もある，といった特徴である。

こうしたクレームという現象について，どのように理解したらよいのだろうか。クレーマーやモンスターそのものを対象とした心理学的な研究はほとんど見当たらないが，苦情もクレームも対人コミュニケーションの一形態であることから，社会心理学の知見にもとづいて理解を深めることは可能であろう。そこで本章ではこうした観点にもとづき，クレーマーやモンスターという現象の背景について考察する。

なお，本章においては，小売業やサービス業などの顧客から直接苦情を受けうる業務における，販売者・サービス提供者と顧客との関係，教育現場における教師と保護者との関係，医療現場における医者・看護師と患者との関係における苦情申し立てを念頭においているが，こうした関係をその都度表記するのは冗長であるため，便宜的に前者をまとめて提供者，後者を享受者とよぶ[2]。また，一般的な意見や不備の申し入れはクレームと区別して苦情とよび，区別が曖昧である場合には苦情・クレームと併記する。

Ⅱ．なぜそこで怒るのか

先述のように，クレーマーやモンスターの特徴の1つとして怒りを伴う点が挙げられるが，そもそも人はどのようなときに怒るのであろうか。具体的な状況としては，ファーらは，怒りを喚起する状況を，信頼の裏切り，拒絶，不当な批判，怠慢・配慮のなさ，慢性的ないらつきの5通りに分類している（Fehr et al., 1999）。こうした場面に遭遇した際，どのような認知的判断が怒りを生じさせるのだろうか。怒りの生起条件については諸説あり，例えば感情と行動の一般的モデルとしてのアージ理論を提唱した戸田（1992）は，「現代における『怒り』の役割は主として『ここは自分の権限の範囲内だ（と自分は思って

---

2) 提供者は物品，サービス，教育，医療を提供する。教育現場において教育は主に児童・生徒に対して提供されるが，対象が未成年であることから保護者はその代理者としての立場を有し，また保護者に対して提供される教育やサービスも想定されうることから，保護者も享受者として同様に位置づけた。

いる)』といういわゆる縄張りの臭い付け的『情報』の発信」にあると述べており，怒りは自分の領域を侵犯されたときに生起する感情であるとされる。実証研究としては，バットとチョイ（Butt & Choi, 2006）が失敗の原因を相手に帰属すると怒りが生起することを報告している。ただし，必ずしもこうした単一の要因によって怒りは生起するわけではなく，いくつかの認知的要素が合わさったときに怒りが生起すると一般的には考えられている。例えばシャーラー（Scherer, 2001）は自己との関連性の強さ，状況の新奇性，快適性，目標関連性，原因帰属，期待との不一致，突発性，統制可能性，規範適合性といった認知要因が，生起する感情を決定するとしている。カペンスとメックレン（Kuppens & Mechelen, 2007）はシャーラーの理論をもとに，自尊心への脅威，他者への責任帰属，欲求不満が怒りの生起に関わる主要な認知的要素であると主張している。阿部（2008）は，被害に関わる認知要素として出来事の不快度を示す「快適性」と出来事の重要度を表す「目標関連性」を，責任性に関わる認知要素として責任の所在を表す「主体性」と出来事の必然性を表す「統制可能性」を挙げている。こうした知見をふまえれば，クレーマーが怒るのは，提供者から提供されたものに対して故意あるいは過失による不備を見出し，その出来事を重要視し，不快に感じるために怒りが生起すると，大まかには言えよう。

　ただし，上記のように怒りの生起に関する必要条件としての認知要素に関しては必ずしも共通見解が得られているわけではなく，実証的証左も十分とは言いがたい。ラニックとシャーラー（Wranik & Scherer, 2010）は，怒りの認知的な生起条件を究明する上での今後の検討課題として，どの認知要素がそろえば怒りが生起するのか，それぞれの認知要素はどのように重みづけされているのか，感情の強さを説明するのはどの認知条件か，の3点を挙げている。

Ⅲ．なぜクレームに発展するのか

　当然ながら，怒りを感じただけで即クレームにつながるわけではない。怒りを感じるまでの認知的プロセスに加え，怒りを感じてから苦情を申し立てるまでの認知的プロセスを考える必要がある。こうしたプロセスは感情制御につい

ての情報処理モデルとして精緻化されている（代表的なモデルについての概要は湯川, 2005 に詳しい）。

近年ではフォンテインにより，道具的攻撃を説明するための意思決定プロセスモデルが提唱されている（Fontaine, 2007）。道具的攻撃とは，攻撃することで得られる別の目標が存在する場合の攻撃を意味し，必ずしも怒りを伴うものではない（湯川, 2005）。クレーマーの中には，当初から金銭の要求を目的とし不当な言いがかりをつけるタイプもおり，これは脅迫・恐喝に相当する犯罪行為であるが，こうしたクレームは金銭取得を目標とした道具的攻撃の一形態として理解することが可能である。

フォンテインの提唱する道具的反社会的意思決定プロセスモデルでは，道具的攻撃の生起に至るまでに，目標査定，戦略と機会の認識，社会道徳的な一貫性判断，結果の見積もり，そして行動決定の5つの段階を仮定している（Fontaine, 2007）（図 5-1）。まず「目標査定」の段階では，主観的目標を設定し，その目標の価値を見極め，目標の達成が社会的規範に沿ったものかどうかを判断し，そして目標達成の実行可能性を精査する。次に「戦略と機会の認識」の段階では，目標を達成する上で可能な行動パターンを検索し，新奇性の高い状況であれば新たな行動パターンを創出する。「社会道徳的な一貫性判断」

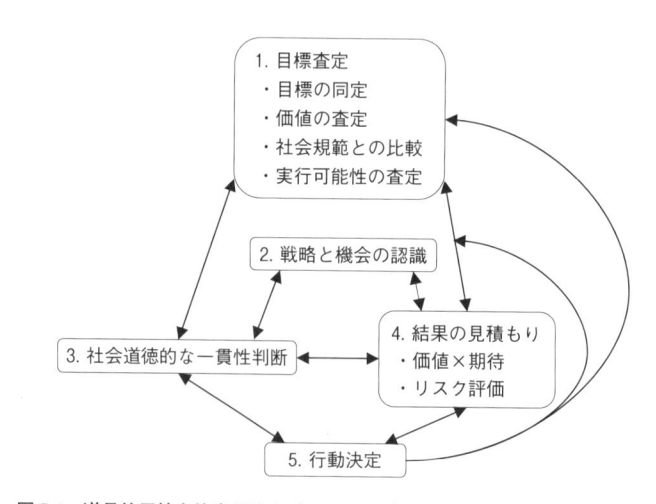

図 5-1 道具的反社会的意思決定プロセスモデル（Fontaine, 2007 を一部改変）

の段階では，前の「戦略と機会の認識」の段階で候補となった行動と，自身の対人関係の中で構築された社会道徳的なアイデンティティとの一貫性を評価する。「結果の見積もり」の段階では，候補となった行動を実行することによる直接的・間接的な利益と不利益の評価を行う。最後に「行動決定」の段階で，決定された行動を実行する。行動の実行に伴う状況の変化が新たな入力情報となり，再び情報処理のステップが繰り返される。

　道具的反社会的意思決定プロセスモデルは，道具的攻撃に至る認知過程を重視したモデルである。攻撃に関する統合理論として注目されているアンダーソンとブッシュマンによる攻撃の一般モデル（Anderson & Bushman, 2002, モデルの概要は湯川，2005 に詳しい）では，攻撃に至る段階として入力，経路，結果の３つの段階を大きく仮定しているが，道具的反社会的意思決定プロセスモデルは，一般モデルにおける経路の段階での認知過程を詳述していると言える。また，フォンテインは判断基準として閾値という考え方を導入している。行動決定を除く４つの段階ごとに閾値の個人差があり，その閾値を越えるかどうかで反社会的行動の実行可能性が左右される。例えば親の財布からお金を盗むという行動が候補に挙がった場合に，不利益よりも利益の方が多いと判断されれば「結果の見積もり」段階の閾値を越えたことになり，その行動は選択されやすい。しかし盗むという行動が道徳的に誤りであると判断されれば「社会道徳的な一貫性判断」段階での閾値は下回るので，その行動は却下される。ただし，特定の目標や判断基準が強く認識されている場合には，その他の判断基準における閾値はゼロに設定される，つまり機能しない情報処理段階もあることが想定されている。こうしたヒューリスティックな情報処理についてはこれまでの理論モデルでも仮定されているが，閾値の判断や設定に関する法則については明らかになっていない面も多い。特定の状況でどのように閾値判断がなされるかについて理論化できるかどうかが，今後のさらなる理論の精緻化の有無を左右するだろう。

　とはいえ，どのような思考を経て苦情・クレームの申し立てに至るかについては，道具的反社会的意思決定プロセスモデルにもとづくことで，ある程度までは推測することが可能である。商品の不備や提供者の対応のまずさなど，何らかのきっかけに対して，その状況を改善しようとする目標が立てられる。そ

してその目標が重要であり，社会的にも許容されるもので，実現可能であるという判断が「目標査定」の段階でなされたならば，苦情・クレームの申し立てという行動が「戦略と機会の認識」の段階で行動パターンの候補として挙げられる。そして「社会道徳的な一貫性判断」の段階において，苦情・クレームを申し立てるという自己のイメージが，既存の自己のイメージと一貫していることが確認され，「結果の見積もり」の段階において申し立てにより得られる利益が不利益を上回ると判断されることで，苦情・クレームに至るのである。

　苦情・クレームは一度で済むとは限らない。担当者に申し立てを行った後，苦情・クレームがさらにエスカレートしていく場合がある。こうした状況も理論的に理解可能である。道具的反社会的意思決定プロセスモデルを含め，既存の情報処理モデルには反応実行後のフィードバックのプロセスが仮定されている。苦情・クレームの申し立て場面においては，苦情の申し立てに対する提供者の対応が，享受者に対するフィードバック情報の役割を果たす。提供側の対応によっては，余計に享受者の怒りが増幅してしまう。物理的な被害よりも店員の対応に怒りを感じやすいことは関根（2006）も指摘しており，阿部（2008）の調査結果とも整合的である。阿部（2008）によると，怒りを感じる原因として，物理的被害よりも心理的被害の方が多いことがこれまでの調査で一貫して報告されている。提供側に誠意が見られないと享受者が感じれば，もともと物理的被害によってネガティブな気分になっている以上，怒りが増幅するリスクは高い。たとえ怒りが喚起されなかったとしても，状況が改善していないという判断がなされれば，再び苦情・クレームの申し立てを行動パターンとして組み込んだ情報処理ステップが提供者の中で始まるのである。

　上記の情報処理モデルでは説明しきれない現象として，クレームを述べている本人が攻撃という意識を抱いていないという場合も想定される。クレームは怒りを伴う場合が一般的であると言われるが，常にどなりながらクレームを述べているわけではない。クレームを申し立てる享受者の中には，むしろ親切心から教えているのだという意識をもっているケースもある。これは，自己概念に関する知識構造をふまえなければ理解できない現象であろう。自己概念は，「私は明るい」「私はルーズだ」のように形容詞で表されるような抽象的な特性知識と，「私は会社に遅刻したことがある」「私は釣りによく行く」のように具

体的な行動の記憶（エグゼンプラー）とが結合関係を結んでいる（Klein et al., 1992）。「おしゃべりな人は明るい」「遅刻する人はルーズだ」のように，少なくとも同一の文化圏では，特性知識とエグゼンプラーはおよそ共通の対応関係があるのだが，クレームを申し立てる場面では，提供側と享受側とで，この結合関係の認識が異なる可能性がある。すなわち，提供側にとっては，申し立ての行為に「理不尽な」という特性知識を結合させて相手を認知しているのだが，享受者からすれば，「親切」という特性知識と「苦情を言う」というエグゼンプラーとが結合しているという状況がありうる。説得研究や態度研究で示されているように，人は自己概念に一貫した行動をとりやすい（Cialdini, 2009）。したがって，苦情を申し立てる本人がどのような自己スキーマを活性化させているのかが，苦情とクレームを分ける1つの要因となるだろう。苦情・クレームを述べる側にとって親切という特性知識が活性化していた場合には，苦情・クレームという行為は自己概念と不協和を起こさずに遂行される。保護者の場合ならば，子どものためという「誠実さ」という特性知識が活性化していることも大いに考えられるだろう。こうした場合，提供側は「親切にもご指摘いただきありがとうございます」と述べるような，自身の認識している特性知識とは異なる相手への認識の仕方，すなわち自己呈示的な姿勢が要求される。こうした感情労働については，節を改めて後述する。

Ⅳ. クレームを助長する状況要因

これまで，どのようなことで怒り，そして苦情・クレームという行動まで至るかという情報処理について概観した。他方で，苦情・クレームを申し立てる際の状況の性質が，クレームを助長している側面もある。そうした状況要因の1つとして考えられるのが，「匿名性」である。

電話でも対面でも，一般的に，最初は自ら名乗らずに苦情を申し立てることが可能である。つまり匿名性のある状況が生じている。匿名性の高い状況とは，マスクを被って顔が見えない状況や，大規模な集団の中にいる場合など様々だが，名前を知られていない状況も匿名状況の1つである。こうした状況では没個性化が生じ，規範に反する行動が助長されやすい。アンダーソンとブ

ッシュマン（Anderson & Bushman, 1997）は 24 の研究のメタ分析を行い，実験状況でも現実場面でも，匿名性が攻撃行動を助長していることを確認している。

　苦情対応の基本として，提供者側は苦情を受けたら相手の名前や住所を聞くよう指導される（関根，2007；寺野・角藤，2011）。したがって，最初は匿名により苦情を述べることが可能であっても，提供者側とのコミュニケーションの過程でいずれは匿名性が解消される。しかし，いったん苦情が表明された後に匿名性が解消しても，すぐに苦情が収まる保証はない。なぜなら，前節で紹介した一貫性の原理が働くためである。一貫性の原理とは自己概念と行動との一致のみでなく，過去の行動と現在の行動との一致も表す（Ajzen, 1991）。ひとたび自らの意見を表明してしまうと，自己の主張を容易には曲げることができないのである。

　ここで疑問となるのが，クレーマーとラベルづけされる人々は自己の行為を規範的な行為と捉えているのか，規範に反する行為と捉えているのかという点である。前節では苦情を申し立てる享受者が自らの申し立てを攻撃行動と認識しているか否かという疑問を挙げたが，同様の問題を規範という側面から考えることもできる。社会心理学の知見にもとづけば，自らの行為を規範的と捉えていようといまいと，いずれの場合もクレームを助長する要因が想定される。自己の行為を規範的と認知している場合には，前節で述べた特性知識とエグゼンプラーの一貫性の原理によって，自らは規範的であると認識する苦情を申し立てることになる。他方，苦情を規範に反する行為と捉えている個人にとっては，状況が匿名的であるために，苦情の申し立てが促される。どちらのタイプのクレーマーが多いのかは実態調査を行ってみなければわからないが，少なくとも活性化している特性知識によって，クレームという申し立てを行う心理的背景は異なるであろう。

V．クレーマーにどう向き合えばよいか

　クレームへの対応は対人コミュニケーションの一形態であるから，当然ながらコミュニケーションの技術が必要になる。コミュニケーションスキルは社会

的スキルと互換的に使用されることが多いが，社会的スキルについては様々な定義がある（相川, 2009）。ここでは解読スキルと記号化スキルに大別して考えたい。「解読スキル」とは，相手の発信する情報を正確に読み取る能力を指すが，聴き方のスキルと拡大解釈されることもある。具体的な聴き方の技術としてはオウム返し，傾聴，閉じた質問と開いた質問の使い分けなどがよく取り上げられる。他方，「記号化スキル」とは，自身の発信する情報を正確に相手に伝える能力を指すが，アサーション能力として拡大解釈されることも多い。こうした社会的スキルの考え方はすでに一般的にもある程度広まっており，苦情対応に関する一般書でも散見される（神岡, 2008；関根, 2007；山脇, 2008）。

　これらのスキルに加えて，苦情・クレームの申し立ては対人葛藤場面の1つでもあることから，葛藤を解決するスキルも求められる。葛藤対処方略の枠組みとしては，ラヒム（Rahim, 1983）の二重関心モデルが多く用いられる。本モデルは葛藤対処方略を自己への関心と他者への関心の2次元で捉え，自己への関心のみが高い主張方略，他者への関心のみが高い服従方略，いずれの関心も高い統合方略または妥協方略，いずれの関心も低い回避方略に区分される（図5-2）。方略選択の効果として，統合方略の選択が有効であるという知見が，精神的健康や方略選択および関係の満足度といった指標との関連から得られている（Gross & Guerrero, 2000; 加藤, 2003；大西, 2002）。ただし，こうした知見を苦情場面に当てはめるのはさして有用とは言えないだろう。なぜなら，全面

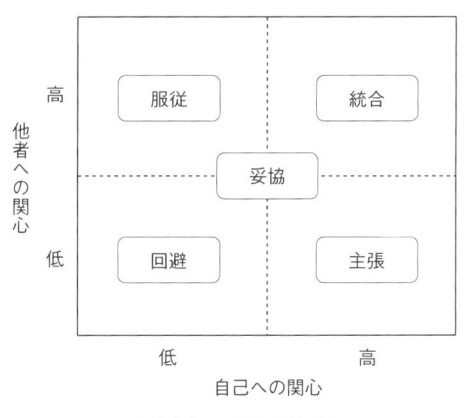

図 5-2　二重関心モデル

的に享受者の要求に従う服従方略や，提供者側の対応の正当性を述べるような主張方略をとるのは，接客業であればそもそも商業として成立しないためである。少なくとも提供者側が統合方略を目指すのは自明のことである。問題になるのは，どのように交渉を進めれば統合に至るかという点である。相川（2009）は統合に至るための問題解決スキルについて，5つの過程に整理している。第1に問題を知覚してその意味を考え，解決への動機づけを自ら高める。第2に問題に関連する情報をできる限り集めて状況を整理し，解決に向けた具体的な目標を設定する。第3に解決案をできる限り多く考え出す。第4にそれぞれの解決案について，目標との関連性，実現可能性，情緒的満足，コスト，短期的な結果，長期的な結果といった観点から評価し，どの解決案を採用するかを決定する。そして最後に解決案を実行に移し，効果の検証を行う，といった過程である。こうしたアルゴリズム的な過程を即時にたどるのは無理があると思われるため，日ごろの研修などで訓練しておくことが対応力の向上につながるだろう。

　以上が一般的な社会的スキルの要素となるが，苦情対応の現場からは，より具体的な技術も提案されている。例えば記録・メモを正確にとることや迅速に対応することなどである（関根, 2007；寺野・角藤, 2011）。情報を正確に把握せず，対応が後手に回ったことで世論の批判を買ってしまう事件などは日ごろのニュースでも散見される。これらの技術は，苦情対応や危機管理に特化したサブ・スキル（堀毛, 1994）であると言えよう。

　また，苦情に1人では対応しないことも現場の対応策として指摘されるが（関根, 2007；寺野・角藤, 2011；山脇, 2008），社会的スキルという個の観点だけでなく，組織の観点から状況を捉える姿勢も必要である。すなわち，サービス提供側がチームとなって苦情に取り組む体制を整えておくかどうかが，苦情の期間（長引くかどうか）を左右すると考えられる。山口（2008）はチームに備わっているべき要素として，チームとして達成すべき目標の存在，メンバーどうしの目標遂行に向けた協力，メンバーの役割の明確化，チーム構成員とそれ以外の人々との境界が明確であること，の4点を挙げている。そして三沢ら（2009）は，看護職を対象として，職務志向性，対人志向性，チーム・リーダーシップ，モニタリング，職務の分析と明確化，知識と情報の共有，フィードバ

ックといったチームワークの各要素が，職場の人間関係や職務内容に対する満足感と正の関連を示すことを明らかにしている。こうした知見は苦情対応にも適用可能であろう。すなわち，苦情が起きた場合には従事者どうしで建設的に解決するとの目的を共有し，情報共有を行い，指示系統を整備するといった組織を構築しておくことが重要である。

教育現場ではこうしたチームづくりを念頭に置いた取り組みが全国で始まっている。例えば東京都港区では2007年6月から，川崎市では2009年7月から「学校法律相談制度」をスタートさせ，小・中学校の校長らが弁護士からの助言を受けて法的な問題の予防や早期解決にあたる体制を整えている。また新潟市や横浜市，京都市，鈴鹿市など全国複数市で「学校問題解決支援チーム」を設置し，医療関係者や法曹関係者などとの連携体制をつくり，教員の支援にあたっている。こうした現実の組織の中でチームワークが機能しているかどうかが，今後の教育行政のあり方を左右することになるだろう。

VI. 感情労働の問題

苦情・クレームの処理に限らず，対面の（すなわちほとんどの）職場では感情労働が要求される。感情労働とは，その場で表出すべき感情の規則に合わせて自らの感情を管理する行為と定義される（Hochschild, 1979）。具体的には誠実さや安心感，そして笑顔の表出（Barger & Grandey, 2006; Parasuraman et al., 1988）が求められる。

ホックシールドによる提言以来，感情労働に関する多くの研究が行われているが，感情労働の構成要素に関する概念的枠組みは研究者の間で一致しているわけではない。測定に用いられる尺度の因子構造からも，そのことは例証される。代表的な尺度の1つにブラザリッジとリーによる感情労働尺度がある（Brotheridge & Lee, 2003）。彼女らはそれまでの感情労働に関する知見をもとに項目プールを作成し，探索的に因子を抽出した。その結果，期間（お客との1回の会話の平均時間），頻度（特定の感情を表出する頻度），強度（強い感情を表出しているか），多様性（多くの感情を表出しているか），表層演技（surface acting）（本当の気持ちを隠しているか），深層演技（deep acting）

（表出している感情を本当に感じようとしているか）の6因子を抽出している。このうち，表層演技と深層演技はホックシールドの主張する感情労働の2つの主要な方法であり，前者はあたかも感情規則に沿った感情を感じているかのように表層的に振る舞うことを，後者は心からその感情を感じていることを表している。このようにブラザリッジとリーによる尺度は理論に対応した因子を有しているものの，項目数の少なさや，因子が全く同義の項目から構成されているといった点から，心理尺度としては改善の余地があろう。一方，グロムとテュース（Glomb & Tews, 2004）は非連続的な感情に関する感情労働尺度（Discrete Emotions Emotional Labor Scale）を開発している。本尺度は実際に生起している感情の感情価と表出の有無の組み合わせにより，3つのタイプの感情表出を測定するものである。それは真の表出，偽の表出，抑制の3タイプで，それぞれポジティブな感情とネガティブな感情について得点化される。

　このように感情労働の構成概念には諸説あるものの，どのような感情労働の側面が職場での満足感や精神的健康と関連しているかについては明らかになりつつある。ハルシェガーとシェウェー（Hülsheger & Schewe, 2011）は95の論文と35の未公刊データを集め，2万人を超えるサンプルをもとにメタ分析を実施した。彼女らは感情労働を3つの要素から捉えている。それは先述の表層演技と深層演技に加え，感情規則と生起感情との不一致を表す感情不協和である。その結果，感情不協和が生じ表層演技を行っているほど，精神的に不健康で職務上のパフォーマンスも悪く，その効果量は中程度以上のものであった。一方，深層演技は職務上のパフォーマンスと正の関連を示したものの，精神的健康とは弱い効果以上の関連は見られなかった。

　感情労働と精神的健康や職務上のパフォーマンスは，理論的にはどのように関連しているのだろうか。ハルシェガーとシェウェーは，表層演技によって制御資源の枯渇や本来感の喪失が生じ，内的なネガティブな感情状態が緩和されないために精神的健康やパフォーマンスを害すると仮定している（Hülsheger & Schewe, 2011）。深層演技に精神的健康と明確な関連が見られなかったのは，深層演技も一定の制御資源を必要とする可能性があるからだと指摘している。このように見てくると，感情労働を必要とする職場ほど，精神的健康へのリスクが高いとも言える。そうした状況で苦情やクレームに直面すれば，精神

的健康を害するリスクは一層高まる。特に享受側から敵意的な怒りを向けられると，深層演技は抑制され，表層演技に頼ることになる（Grandey et al., 2004）。

また，感情は他者から他者へ伝染するもので，ダリモアらは大学生を対象とした仮想場面の呈示による実験により，顧客から怒りを向けられた場合には自身にも怒りの感情が生起することを確かめている（Dallimore et al., 2007）。対象が大学生であるため，知見の一般化には注意を要するが，少なくとも苦情対応の経験が少ない新人などには同様のことが起こるであろう。怒りの感情が喚起すると，他罰的な思考が生じやすくなる（具志堅・唐沢，2006）。目の前の相手が理不尽なことを言っているのだという他罰的な考えに至ると，心からポジティブな感情を表出するといった深層演技をとることは難しくなるだろう。また，顧客の怒りの表出に接すると，分析的な課題遂行能力は高まるが，創造的な課題遂行能力は低下するとの実験結果も報告されている（Miron-Spektor et al., 2011）。他者とのコミュニケーションはマニュアル通りに進むわけではなく，かなりの創造性が必要とされるため，そうした意味でも怒りの表出を向けられた側は深層演技にもとづく対応の遂行が妨害されてしまうだろう。すなわち，享受側の苦情・クレーム申し立て時の怒りの表出は，提供側を個人としても組織全体としても損なうことになる。

Ⅶ. 苦情とクレームの境界線

ここまで，クレームは組織に対しても本人にとってもマイナスに働くものとの前提で論を進めてきた。しかし一方で，苦情かクレームかを問わず，享受側からの申し立ては喜んで受け入れるべきとの言説もある。例えば関根（2010）は「対応力が相手の申し出の上をいけば，絶対に相手はクレーマーにはならない。相手は納得するのだから，喜ばれることはあっても再度苦情になることはない」と主張している。苦情の範囲に留めることのできる対応を提供側がすべきとの主張だが，現実にはクレーマーと化してしまった人々が問題視されている。それでは苦情とクレームの境界線はどこにあるのだろうか。この問題は，怒りの表出がどのような結果を生むのかという感情制御の問題と関係している。

ゲデスとカリスタ（Geddes & Callister, 2007）は，組織内での怒りの制御が

生産的な結果を生む場合と非生産的な結果を生む場合があることを挙げ，その分岐を説明する「2つの閾値モデル」を提唱している．このモデルでは，怒りの制御の結果を，個人への影響と組織への影響の2つに分けて考える．個人への影響とは怒りの緩和や精神的健康の変化を，組織への影響とは組織の改善や組織メンバーからのサポートを指す．2つの分岐点，すなわち閾値をどのように越えるかによって，これらへの影響は異なる．1つ目の閾値を「表出閾値」とよび，怒り感情生起者の他者への怒りの表出の有無を表す．1つ目の表出閾値を越えないということは，組織のメンバーに対して怒りの表出を行わないことを表す．この形態には2種類あり，組織以外の誰にも表出しない無言の怒り（silent anger）と，当該組織以外のメンバーには表出する黙秘の怒り（muted anger）とがある．いずれにしろ組織のメンバーには問題が伝わらないため，組織にとってはポジティブな変化は得られない．怒り生起者自身への影響は，無言の怒りと黙秘の怒りとでは異なり，無言の怒りは精神的健康にも認知機能にも良くない影響を与える．黙秘の怒りは，組織とは関係のない身近な他者に開示することで社会的サポートを得られる場合には，怒りが緩和されるため個人へのネガティブな影響は無言の怒りに比べて少ない．

　表出閾値を越えることは何らかの形で組織に対して怒りの感情を表出することを表すが，そのときに2つ目の閾値を越えるかどうかによって結果は異なる．2つ目の閾値は「不適切（impropriety）閾値」とよばれ，表出された怒りが組織の規範に則り正当なものであるかどうかを表す．不適切閾値を下回る場合には，個人の怒りの表出（expressed anger）が適切で正当なものと組織から評価され，適切な助言や状況の改善など，組織のメンバーが改善に向けて取り組んでくれる可能性が高まる．怒りを表出した個人も安心するため，個人にとっても組織にとってもポジティブな結果を生むとされる．しかし不適切閾値を越えてしまうと，怒りを伝えられた側がそれを適切で正当なものと見なすことができず，問題の所在は逸脱的な怒りの表出（deviant anger）を行っている個人に帰属される．組織の問題としては理解されないために，組織は改善されない．さらに，組織のメンバーからの排斥や後悔の念などから，個人への影響もネガティブなものとなる．以上の概要を表5-1に示す．

　組織が怒りの表出に寛容であるかどうかは，それまでの成員の表出習慣との

表 5-1 2つの閾値モデルにおける怒りの制御

怒りの制御	表出閾値	不適切閾値	個人への影響	組織への影響
無言の怒り	↓	—	×	無し
黙秘の怒り	↓	—	○	無し
表出された怒り	↑	↓	○	○
逸脱した怒り	↑	↑	×	×

注)「↑」は閾上,「↓」は閾下を,「○」はポジティブな影響を,「×」はネガティブな影響を表す.

相互作用的な影響により決まってくる。表出への寛容さを,2つの閾値モデルでは閾値の幅として表し,組織の中で共有される表示規則が怒りの表出に不寛容であるほど,この閾値の幅は狭くなる。例えば,部下が上司に対して怒りを表出した場合に,それがどのような内容であってもそもそも口答えすることが不適切と認識されるような組織であれば,部下の怒りの表出にも耳を傾けるべきという規範をもつ組織よりも,閾値の幅は狭いことになる。

ゲデスとカリスタの議論は,2つの閾値が怒り表出の結果に対して調整効果をもたらすという点に関する実証性が乏しいものの,正当性の評価が重要であることは他の研究でも示されている。阿部と高木（2005）は,正当性の評価が怒り感情表出後の対人的効果に与える影響を検討している。その結果,怒りを表出する側とされる側の立場の違いによって,正当性評価の影響は異なることが明らかとなった。怒りを表出する立場では,自らの怒りが正当であると認知するかどうかは対人的影響に関連を示さなかった。対照的に,怒りを表出される立場では,相手の怒りが正当であると評価するほど,問題の解決を抑制するような責任回避的な反応が抑制されることが示された。つまり,怒りの表出が正当であると評価されることは,状況の改善を左右する一因であると言える。

本モデルは職場内での同僚からの怒りの表出を説明するものだが,苦情とクレームの境界線を考える上でも有用であろう。提供者側に何らかの不備があったとして,それを享受者側が何も表明しないのは提供者側にとっても改善のきっかけとはならず,享受者個人の気分も損なう。不備を指摘するにあたっては,提供者側の表示規則に沿ったものであるかどうかがお互いの認識に影響する。表示規則に沿ったものであれば,すなわち享受者の申し立てが正当なもの

と受け入れられれば，提供者側も心からの謝罪を行い，組織の改善につながりやすい。謝罪によって，享受者側の怒りは緩和し，許しへと至る（日比野, 2008）。不適切閾値を越えなければ，提供者側の感情労働も深層演技の範囲内に留まるだろう。しかし不適切閾値を越えてしまうと，提供者側も不本意な対応となり，表層演技を用いざるをえない。組織の改善よりも人的なコストの方がかかってしまい，享受者本人の気分も改善されにくいだろう。

Ⅷ. 対人関係の中での怒りの建設的な制御

　前節において，苦情とクレームとを分ける要因の1つが正当性の認知であることを述べたが，正当と思われる表明とはどのようなものであろうか。正当性の認知に関連すると考えられるのが，苦情や怒りの伝え方である。クレーマーに向き合う上でアサーティブな態度が要求されることは先に述べたが，苦情を申し立てる側にも同様のことが言えるのである。ここではアサーティブな表明に至る過程を，情報処理の観点から捉えたい。先に紹介したフォンテインの道具的反社会的意思決定プロセスモデルは，道具的攻撃を説明するためのモデルであるが，主要な情報処理ステップに関してはアサーションを対象とした場合にも適用可能であるため，このモデルに即して考えることとする。

　先述のように，道具的反社会的意思決定プロセスモデルでは，行動の生起に至るまでに，目標査定，戦略と機会の認識，社会道徳的な一貫性判断，結果の見積もり，そして行動決定の5つの段階が仮定される（Fontaine, 2007）。まず「目標査定」の段階との関連では，どのような目的にもとづいた感情表出かにより，その伝え方や相手からの受け取られ方は異なると考えられる。体験を他者と共有し相手から共感やアドバイスを得たいという目標であれば，攻撃的な表明の仕方とはなりにくいだろう。反対に相手を罰したい，相手にも同じ苦しみを味わわせたいといった他罰的な目標を立ててしまうと，攻撃的な主張につながりやすい（大渕・福島, 1997）。「戦略と機会の認識」から「結果の見積もり」に至る段階では，相手にどのように伝えるかをよく吟味する必要がある。相手の立場にも配慮した統合的でアサーティブな表明を行えば，問題の解決にはつながりやすい（Gross & Guerrero, 2000; 大西, 2002）。「戦略と機会の認識」の

段階でアサーションが自分の行動レパートリーの中に組み込まれていること，「社会道徳的な一貫性判断」の段階でアサーションが周囲から望まれていると認識すること，「結果の見積もり」の段階でアサーションを行うことが自他ともに利益となるという発想をもつことが，アサーションを実行する前提となる。

ただし，その様式がアサーティブなものであったとしても，自己主張という選択は目上の相手に対しては取りにくく，抑制的な方略がとられやすい（Drory & Ritov, 1997）。これは，抑制することが，目上の相手には自己主張を控えるという行動規範に沿った方略選択であることが一因である（木野, 2004）。こうした知見をふまえると，近年になってクレームが増えたということは，提供者と享受者の上下関係が異なってきたことが背景として考えられる。これは次節で触れる文化の問題とも言い換えることが可能である。

Ⅸ．文化の問題

最後に，文化と感情の表示規則の問題について述べる。クレーマーの問題が社会的な関心事となったのは最近のことであり，職種により変動はあるものの，およそ1990年代の後半から2000年前後にかけてであると指摘される（嶋崎, 2008）。コミュニティの崩壊，感情表現の未熟さ，個人主義の蔓延など，多くの論者が指摘するように様々な背景が考えられるが，提供者と享受者との関係のもち方が変わったことが背景にあるとも指摘される（南, 2008）。法律や制度の改正などが契機となって，提供者と享受者が対等な関係，あるいは享受者の方が上位に位置づけられるようになった。享受者の権利が保護されるという意味では，こうした変化は情報公開社会の進展とも捉えられる。しかしそのトレードオフとして，クレームの問題が噴出してしまった。

先述のように，以前から日本は抑制的な対処方略をとりやすいことが報告されている。西洋的な価値観では，感情抑制を自己防衛的でネガティブなものと捉えているが（Butler et al., 2007），日本では抑制を美徳とする考え方が根付いていたことが一因であると考えられる。感情表出を意味するクレームが増えたということは，日本が西洋的な考え方に変遷して抑制を行わない国になったということであろうか。しかし最近の報告を見ても，日本人が感情を抑制しや

すいことに変わりはないようである。マツモトら（Matsumoto et al., 2008）は23の国で感情抑制の比較を行っている。その結果，日本は数値の上ではインドに次いで6番目に抑制傾向の高い国であった。したがって，クレームの増加は国単位での文化の変化による影響ではないだろう。

　しかし文化には，関係性に対応した規範という側面もある。感情が生起する条件は社会に規定される面もあり，そうした意味で感情規則（Hochschild, 1979）は文化に依存している。すなわち，感情規則は状況と感情表出／抑制との対応関係に関する規範と言い換えることができる。怒りを表出するクレーマーが増えたということは，規範の面から考えると，「提供者に対しては怒りを表出しても良い」との感情規則が形成されたと言える。提供者と享受者との関係が対等以上になったことと，目上には感情表出がなされにくいという知見を合わせて考えれば，このような帰結を導くに無理はないだろう。

　現代社会における怒りの役割とは何だろうか。怒りの適応性に関しては議論の分かれるところである。例えば戸田（1992）は，人間社会の文明化によって反社会集団への加罰機能が専門的法執行機関に委ねられたことで怒りの加罰機能の意義が薄らいだ一方で，自己の権限的縄張りへの侵害に対する怒りの表出による警告機能は重要性を増したと主張している。しかし人間には攻撃欲求も依然として備わっており，そうしたギャップを調整することが感情制御の役割であるとも言えよう。そのあり方は社会に共有される規範と個人個人の習慣によって相互依存的に決定される。これまでに紹介した知見を総合的に捉えるならば，クレーマーの問題は感情制御のあり方が社会規範という面においていまだ発展途上にあることを物語っている。アサーションの観点を取り入れ，統合的な表示規則が浸透していくことが，今後，成熟した情報公開社会として求められる要件であろう。

引用文献

阿部晋吾 (2008). 怒りの認知　湯川進太郎（編）　怒りの心理学―怒りとうまくつきあうための理論と方法　有斐閣　pp.19-37.

阿部晋吾・高木　修 (2005). 怒り表出の対人的効果を規定する要因―怒り表出の正当性評価の影響を中心として　社会心理学研究, **21**, 12-20.

相川　充 (2009). 新版 人づきあいの技術―ソーシャルスキルの心理学　サイエンス社

Ajzen, I. (1991). The theory of planned behavior. *Organizational Behavior and Human Decision Processes*, **50**, 179-211.

Anderson, C. A., & Bushman, B. J. (1997). External validity of "trivial" experiments: The case of laboratory aggression. *Review of General Psychology*, **1**, 19-41.

Anderson, C. A., & Bushman, B. J. (2002). Human aggression. *Annual Review of Psychology*, **53**, 27-51.

Barger, P. B., & Grandey, A. A. (2006). Service with a smile and encounter satisfaction: Emotional contagion and appraisal mechanisms. *Academy of Management Journal*, **49**, 1229-1238.

Brotheridge, C., & Lee, R. T. (2003). Development and validation of the emotional labour scale. *Journal of Occupational and Organizational Psychology*, **76**, 365-379.

Butler, E. A., Lee, T. L., & Gross, J. J. (2007). Emotion regulation and culture: Are the social consequences of emotion suppression culture-specific? *Emotion*, **7**, 30-48.

Butt, A. N., & Choi, J. N. (2006). The effects of cognitive appraisal and emotion on social motive and negotiation behavior: The critical role of agency of negotiator emotion. *Human Performance*, **19**, 305-325.

Cialdini, R. B. (2009). *Influence: Science and practice*. 5th ed. Boston: Person/Allyn & Bacon.

Dallimore, K., Sparks, B., & Butcher, K. (2007). The influence of angry customer outbursts on service providers' facial displays and affective states. *Journal of Service Research*, **10**, 78-92.

Drory, A., & Ritov, I. (1997). Effects of work experience and opponent's power on conflict management styles. *International Journal of Conflict Management*, **8**, 148-161.

Fehr, B., Baldwin, M., Collins, L., Patterson, S., & Benditt, R. (1999). Anger in close relationships: An interpersonal script analysis. *Personality and Social Psychology Bulletin*, **25**, 299-312.

Fontaine, R. G. (2007). Toward a conceptual framework of instrumental antisocial decision-making and behavior in youth. *Clinical Psychology Review*, **27**, 655-675.

Geddes, D., & Callister, R. R. (2007). Crossing the line(s): A dual threshold model of anger in organizations. *Academy of Management Review*, **32**, 721-746.

Gelbrich, K., & Roschk, H. (2011). A meta-analysis of organizational complaint handling and customer responses. *Journal of Service Research*, **14**, 24-43.

Glomb, T. M., & Tews, M. J. (2004). Emotional labor: A conceptualization and scale development. *Journal of Vocational Behavior*, **64**, 1-23.

Grandey, A. A., Dickter, D. N., & Sin, H. (2004). The customer is not always right: Customer aggression and emotion regulation of service employees. *Journal of Organizational Behavior*, **25**, 1-22.

Gross, M. A., & Guerrero, L. K. (2000). Managing conflict appropriately and effectively: An application of the competence model to Rahim's organizational conflict styles. *International Journal of Conflict Management*, **11**, 200-226.

具志堅伸隆・唐沢かおり（2006）．怒りと恐怖がもたらす説得効果　社会心理学研究, **22**, 155-164.

日比野　桂（2008）．怒りの鎮静化―怒りはどのように和らぐのか　湯川進太郎（編）　怒りの心理学―怒りとうまくつきあうための理論と方法　有斐閣　pp.59-74.

Hochschild, A. R. (1979). Emotion work, feeling rules, and social structure. *American Journal of Sociology*, **85**, 551-575.

堀毛一也（1994）．恋愛関係の発展・崩壊と社会的スキル　実験社会心理学研究, **34**, 116-128.

Hülsheger, U. R., & Schewe, A. F. (2011). On the costs and benefits of emotional labor: A meta-analysis of three decades of research. *Journal of Occupational Health Psychology*, **16**, 361-389.

神岡真司（2008）．必ず黙らせる「クレーム」切り返し術　日本文芸社

加藤　司（2003）．大学生の対人葛藤方略スタイルとパーソナリティ，精神的健康との関連性について　社会心理学研究, **18**, 78-88.

木野和代（2004）．対人場面における怒りの表出方法の適切性・効果性認知とその実行との関連　感情心理学研究, **10**, 43-55.

Klein, S. B., Loftus, J., Trafton, J. G., & Fuhrman, R. W. (1992). Use of exemplars and abstractions in trait judgments: A model of trait knowledge about the self and others. *Journal of Personality and Social Psychology*, **63**, 739-753.

Kuppens, P., & Mechelen, I. V. (2007). Interactional appraisal models for the anger appraisals of threatened self-esteem, other-blame and frustration. *Cognition and Emotion*, **21**, 56-77.

Matsumoto, D., Yoo, S. H., Nakagawa, S., & 37 members of the Multinational Study of Cultural Display Rules (2008). Culture, emotion regulation, and adjustment. *Journal of Personality and Social Psychology*, **94**, 925-937.

南　俊秀（2008）．モンスターペイシェント　角川出版

Miron-Spektor, E., Efrat-Treister, D., Rafaeli, A., & Schwarz-Cohen, O. (2011). Others' anger makes people work harder not smarter: The effect of observing anger and sarcasm on creative and analytic thinking. *Journal of Applied Psychology*, **96**, 1065-1075.

三沢　良・佐相邦英・山口裕幸（2009）．看護師チームのチームワーク測定尺度の作成　社会心理学研究, **24**, 219-232.

大渕憲一・福島　治（1997）．葛藤解決における多目標―その規定因と方略選択に対する効果　心理学研究, **68**, 155-162.

大西勝二 (2002). 職場での対人葛藤発生時における解決目標と方略　産業・組織心理学研究, **16**, 23-33.
Parasuraman, A., Zeithaml, V. A., & Berry, L. L. (1988). SERVQUAL: A multiple-item scale for measuring consumer perceptions of service quality. *Journal of Retailing*, **64**, 12-37.
Rahim, M. A. (1983). A measure of styles of handling interpersonal conflict. *Academy of Management Journal*, **26**, 368-376.
Scherer, K. R. (2001). Appraisal considered as a process of multi-level sequential checking. In K. R. Scherer, A. Schorr, & T. Johnstone (Eds.), *Appraisal processes in emotion: Theory, methods, research*. New York and Oxford: Oxford University Press. pp.92-120.
関根眞一 (2006). 苦情学—クレームは顧客からの大切なプレゼント　恒文社
関根眞一 (2007). となりのクレーマー—「苦情を言う人」との交渉術　中央公論社
関根眞一 (2010). 苦情学Ⅱ—クレームの対応力が企業を救う　恒文社
嶋崎政男 (2008). 学校崩壊と理不尽クレーム　集英社
多賀幹子 (2008). 親たちの暴走—日米英のモンスターペアレント　朝日出版
寺野　彰・角藤和久 (2011). 医療は負けない！—モンスターペイシェントとどう向き合うか　医学評論社
戸田正直 (1992). 感情—人を動かしている適応プログラム　東京大学出版会
Wranik, T., & Scherer, K. R. (2010). Why do I get angry? A componential appraisal approach. In M. Potegal, G. Stemmler, & C. Spielberger (Eds.), *International handbook of anger*. New York: Springer. pp.243-266.
山口裕幸 (2008). チームワークの心理学—よりよい集団づくりをめざして　サイエンス社
山脇由貴子 (2008). モンスターペアレントの正体—クレーマー化する親たち　中央法規
湯川進太郎 (2005). バイオレンス—攻撃と怒りの臨床社会心理学　北大路書房

よりよく理解するための参考書
◉湯川進太郎 (編) (2008). 怒りの心理学　有斐閣
　　怒りの専門書として日本独自のものが少ないという問題をふまえてまとめられた概説書。基礎と実践の２部から構成されており，基礎編では怒り生起のメカニズムや制御の問題を，実践編ではSSTや筆記開示といった臨床的介入法を学べる。
◉大渕憲一 (編) (2008). 葛藤と紛争の社会心理学　北大路書房
　　対人葛藤，集団間葛藤，組織内葛藤に関する理論および実証研究を概説した書。特に１章では怒り表出の正当性が，４章では対人葛藤の解決方略の枠組みが取り上げられており，本章で触れた内容についてより詳しく学べる。

●関根眞一 (2006). 苦情学―クレームは顧客からの大切なプレゼント　恒文社
　　学術書ではないが，百貨店で長年「お客様相談室」を担当していた著者による，苦情対応のポイントを紹介した書。実務者向けに事例を豊富に取り入れて書かれており，苦情・クレームに対応する現場での様子を知る上での参考になる。

Column 5　不満を言わないのはスキルフルか，スキルレスか

中津川智美

　青年期にいる若者たちは，人間関係において葛藤や摩擦を回避しようとする傾向が高いと指摘されて久しい。勤務先の大学で筆者が担当するゼミナールでは，毎年，大学祭に模擬店を出店する。その出店準備の際，学生たちはゼミ内で対人関係上の不満を感じることになる。仲間の一部が役割を全うしないことに不満を抱くゼミ長，そのゼミ長が自分たちの都合を無視して発言をすることを快く思わないゼミ仲間，そんな彼らは，教員である筆者に愚痴をこぼすことはあっても，直接本人にその不満をぶつけようとはしない。そのような場合，こちらとしては，直接本人と話し合うことを勧めるようにしている。しかし，爆発寸前の不満を抱えていたとしても，嫌がって本人と向き合おうとしない学生がほとんどだ。なぜ彼らは本人に直接，相手への不満を言わないのであろうか。それが，筆者の研究の問題意識の出発点である。

　相手と目的・目標が合わなかったり，目標達成の妨害を感じたり，相手からの十分な見返りがなかったりする状態は対人葛藤とよばれている。その対応方法である対人葛藤対処方略については，欧米を中心に研究がなされてきた。自分の願望や期待が他者によって妨害されていると感じたとき，その自己内の葛藤を相手に表明するかどうかという問題が最初に発生する。日本人の場合，相手に対する不満などの葛藤があっても，それを表に出さず，解消のための積極的な行動をとらない場合が多い。日米の葛藤解消を比較したオオブチとタカハシ（Ohbuchi & Takahashi, 1994）では，直接的対話による解決を好む米国人に比べ日本人は対立を避ける傾向が強く，表立った抗議をせず葛藤が潜在化されたままのケースは，アメリカ人の27％と比較し，日本人は66％と著しく高いことが明らかにされている。表明しないことを選択すれば，相手には葛藤が認識されず，葛藤は表に現れないまま，当事者間で話し合われることはない。何らかの方法で表明した場合にはじめて，相手とともに問題に対して向き合うことになる。自分の中の葛藤を相手に表明するか隠すかの行動選択の違いによって，その後の葛藤解決が変化するため，葛藤初期の段階のこの選択は重要である。

　日本人は米国人に比べて，葛藤を潜在化する傾向が高いという知見があ

るものの，従来の研究では潜在化を考慮に入れた葛藤対処プロセスが十分に検討されてこなかった。対人葛藤対処方略の研究では，ブレイクとムートン（Blake & Mouton, 1964）の自己志向性と他者志向性の2次元による二重関心モデルが多くの研究者によって支持されてきた。顕在化した葛藤をどのように解決するかという欧米のアプローチでは，葛藤に対処しないことは，スキルが低く，対処能力に欠けるという単なる問題回避でしかなかった。しかし，日本人の潜在化傾向の高さに注目すれば，不満を直接本人に言わない選択には何らかの建設的な理由が存在するのではないだろうか。人間関係を良好に保つための戦略的な側面も考えられるかもしれない。米国人をサンプルに構築されたモデルをそのまま日本人に当てはめて対人葛藤対処方略を分析することは，従来からの日米間の文化比較を鑑みると齟齬が生じる可能性もある。そこで，筆者は，日本人特有の文化的視点をもって潜在化方略に注目し，個人が相手との間にある対人葛藤を最初に知覚した際，最初に実行する対処方略を規定する要因を明らかにし，新しいモデルを構築することを目的に研究を進めてきた。

　対人葛藤対処に関連する日本人大学生に特徴的な傾向として，発達過程における自己認識の変化も挙げられる。青年期は成人期にむけての日本的自己の発達上の転換期で，相互独立性は青年期に低下し成人期以降に上昇する傾向にあり，相互協調性は青年期に極大となり成人期に低下する傾向が明らかになっている（高田, 1999）。つまり，日本の青年の場合，個の確立よりも他者との親和や同調を目指す自己認識をもち，個の自立は成人期以降に持ち越される。一方，青年期は親密な友人との葛藤や摩擦を経験する中で自己を見つめ直し，それまでの自分を乗り越えアイデンティティを形成しようとする時期でもある。対人葛藤は，一般的にネガティブなものと見なされているが，人間的成長や問題解決能力の向上の重要な機会になりうるのではないだろうか。社会生活において他者との目的の相違，価値観の相違，意見の相違など葛藤の原因を避けては通れない。大学生の場合，社会に出る前の学生時代に教員や学生仲間などとの交流を通じて葛藤対処能力を高めていくことは，社会人になる前の大切な準備の1つであると言える。

　対処次第で対人葛藤は建設的なものになりえる。対人葛藤のマネジメント能力が，問題に対する別の見方を与え，お互いに有益となる解決策を導き，より強い人間関係の絆をもたらす。価値観の多様化が進む日本社会では，建設的に対人葛藤を解決できるような問題解決のスキル教育が，今後，教育現場でより重要視されることになるだろう。その場合，欧米の研究者

が提唱した理論をそのまま当てはめるのではなく,日本の文化的特性を考慮した上で効果を検証することが必要となる。なぜ葛藤を表に出さないという選択がなされるのかを解明し,そこにはどのような対人スキルが関わっているのかについて今後も検討を進め,教育活動において大学生のスキル涵養を目指す際の目標設定に応用したいと考える。

引用文献

Blake, R. R., & Mouton, J. S. (1964). *The managerial grid*. Houston, TX: Gulf.

Ohbuchi, K., & Takahashi, Y. (1994). Cultural styles of conflict management in Japanese and Americans: Passively, covertness, and effectiveness of strategies. *Journal of Applied Social Psychology*, **24**, 1345-1366.

高田利武 (1999). 日本文化における相互独立性・相互協調性の発達過程—比較文化的・横断的資料による実証的検討　教育心理学研究, **47**, 480-489.

6 なぜそこで助けるのか，助けないのか？
援助行動の社会心理学

松浦 均

I．援助行動の実情

　2011年に東日本大震災が発生し，その直後より，日本中，いや世界中の人々が被災者のために何かしらの援助行動を行おうとした。これまで経験したことのない未曾有の大災害であり，復興に向けて日本中が努力しているところであるが，今もなお被災者支援・復興支援に関するニュースが流れない日はない。その内容としては，個人レベルでは，被災地域でのボランティア活動，援助物資の提供，募金や寄付，種々の情報提供，芸能人や文化人による慰問や激励等，組織レベルでは，民間企業による物資の調達や大規模な支援事業など，実に様々な行動が出てきている。それぞれの人がそれぞれの立場から，やれることをやるという意識の下で，援助行動が展開されている。

　1995年の阪神・淡路大震災のときは，いわば「ボランティア元年」として災害救援のボランティア活動が注目された。翌年には，ボランティア活動をする団体に対してNPO（非営利団体）の法人化が検討され，1998年には特定非営利活動促進法として法制化されている。これまでの個人レベルの人助けの問題だけでなく，集団組織レベルの援助行動が大きく取り上げられるきっかけとなった。今回の震災を機に，援助行動研究分野において災害時の援助行動に関する研究が増えると予想する。緊急時や災害時の個人的な援助行動のほか，被災地域でのチーム援助的な組織的活動，さらには危機対応を含んだ防災教育としての援助の問題や，社会的弱者に対する支援行動のあり方の提案など，援助行動研究はさらに幅広く行われていくことになる。

■ 1. 援助行動の定義と，援助や支援に関連する概念

ところで，援助行動には，震災時のような緊急事態の救援活動や，それに関わるボランティア活動といったものだけでなく，日常的に行われる小さな親切行動や，情報や知識を提供する行動なども含まれている。社会心理学の中で扱う対人的な社会的行動としては，随分幅広いバリエーションをもつ行動である。それゆえ援助行動は類型化されて説明されるが（次項参照），そのような援助行動がどのように定義されているのか，関連概念も含めて見ておきたい。

まず「援助行動（helping behavior）」の定義について，高木（1987）は，「援助行動（向社会的行動）とは，他者が身体的に，また心理的に幸せになることを願い，ある程度の自己犠牲（出費）を覚悟し，人から指示命令されたからではなく，自ら進んで（自由意思から），意図的に他者に恩恵を与える行動」としている。また中村（1987）は，「他者に対する直接的な対人的行動であり，攻撃的なものではなく，援助的，支援的な行動である。特に被援助者が困窮している状況にあるときに，被援助者自らがその状況から脱することを希望しており，しかし自分の力ではそれが困難な場合に，援助者が多少のコストや労力をかけてでも力を貸す行動」と定義している。

両者の定義に共通するのは，援助者が困窮している他者のことを思い，より良い状態になることを願いながら，そのための行動をしようとする姿を説明していることであり，援助者自身にとっては損失として認識される行為（経済的な負担や身体的な苦痛など）も甘んじて受ける覚悟をもちながら，他者を援助するということである。

これらの定義は，高木（1987）が触れている「向社会的行動（＝順社会的行動，pro-social behavior）」としての援助行動を説明したものと理解できるが，その概念は「援助行動」とはやや異なる面をもっている。つまり，向社会的行動は，攻撃行動などの反社会的行動（anti-social behavior）に対して向社会的な行動一般を指しており，これが他者支援的な行動である場合には援助行動だと言える。しかし，たとえ相手を支援する目的の行動であっても，行動そのものが反社会的な行為や違法行為であれば（例：相手への親切を思ってテスト中に答案を見せてやる等），これらを含めることはできない。この意味においては，「向社会的行動」は「援助行動」の上位概念と考えてよい。

また向社会的行動は,「外的な賞罰や他者からの評価とは関係なしに,自発的に人を助けるといった行動である」(Mussen & Eisenberg-Berg, 1977) との定義からすれば,この場合は「援助行動」の下位概念として位置づけられ,向社会的行動は,自己利益のため,あるいは周囲からプラスの評価を得るための利己的な援助行動とは区別される。

さらに「愛他的行動 (altruistic behavior)」は,「他者からの評価や賞罰とは無関係に,純粋に相手に利益をもたらすことのみを目標とする自発的な行動」(Bar-Tal et al., 1982) であり,特に相手への感情移入や同情,共感が含まれることが行動生起の条件になる。ただし,単に愛他的行動と言うと,直接的な援助行動に限らず母親が子どもに示すいたわりや愛情表現なども含む。それが援助行動の場合は向社会的行動の下位概念となる。

最後に「ボランティア活動 (voluntary activity: volunteer)」も取り上げておく。これは1995年の阪神大震災よりも前の1983年から1992年までの国際障害者年の間に社会福祉関係領域で話題となり定着してきた経緯がある。マッグレガーら (McGregor et al., 1982) は,ボランティア活動を「金銭的利得を第一義的もしくは直接的に考慮せずに援助を提供することで,比較的強制的ではない活動」と定義しており,また1990年のIAVE総会 (The International Association for Volunteer Effort at 11th Biennial World Conference, Paris, France, 1990) の「世界ボランティア宣言」によれば,「個人が自発的に決意,選択するものであり,人間のもっている潜在的能力や日常生活の質を高め,人間相互の連帯感を高める活動」と定義されている[1]。そして次のような理念,すなわち①自発性(自立性),②無償性(非営利性),③公共性(公益性),④先駆性(社会開発性)の4つが含まれている。ボランティア活動は,愛他的な援助行動の一部と考えることができるが,多くの援助行動が,個人単独で一時的に行われる行為を指しているのに対して,多くのボランティア活動は多人数で組織的かつ継続的に行われる (Penner, 2002) ことも異なる点である。また環境美化のゴミ拾い活動や,各種労働に絡んだ無償奉仕や手伝いなどもボランテ

---

1) 文部科学省 (2011). ボランティアに関する基礎資料 文部科学省国立教育政策研究所社会教育実践センター <http://www.nier.go.jp/jissen/book/23_v/v_all.pdf> 参照。

ィア活動である。医療福祉関係や災害救援関連の団体機関などとの連携活動も多く，援助的活動の要素を含むか含まないかに関わらず，様々な分野において無償で労力を提供し，自発的に，かつ積極的に活動に参加するといった行動をボランティア活動とよんでいる。

2. 援助行動の類型

　中身内容が多種多様な援助行動であるが，多くの研究は，研究者が自ら取り上げた対象場面における社会的行動として説明しようとしており，研究間をまたいだ普遍的な説明になっているかというと難しい。この点についてピアスら（Pearce et al., 1983）は次のような指摘をしている。すなわち多くの研究が，援助行動に関して異なる理論や異なる観点から検討していること，ある1つの理論的枠組みからの研究は他の観点からの研究との関連が見出せなかったり解釈ができなかったりすること，研究知見間の一致が見られず知見間の一般化が困難であることであり，援助行動を体系的に分類・類型化して概観することを提案している。

　そのような観点から，高木（1982）は，多様な援助行動を少数の類型に分けて体系化し，それぞれの類型における特徴を示すことで，援助行動研究の知見の一般化に資する枠組みを提供している。具体的には，大学生から，日常経験する援助行動のエピソードを相当数収集し，典型的な22種類のエピソードを抽出し，その中から無作為に選んだ2種類の援助エピソードの類似性を評定させ，類似度のデータをクラスター分析して，図に示したような7つの類型に分類する結果を得ている（図6-1）。

　さらに高木（1983）は，援助行動の類型ごとの特徴を検討している。先行研究で取り上げられている援助行動の状況特性を多数収集し，25種類の特性に集約分析している。先の22種類の援助エピソードが，それぞれの特性をどの程度もっているか再び大学生に評定させ，援助行動の基本特性として3因子を抽出している（表6-1参照）。

　その結果，第1の特性は，「社会的規範の指示とその社会的諸結果」の基本特性であり，社会的規範に従った援助行動が期待されるような場面，すなわち類型3の緊急事態における救助行動や，類型5の迷子や遺失者に対する援助行動

Ⅰ. 援助行動の実情　125

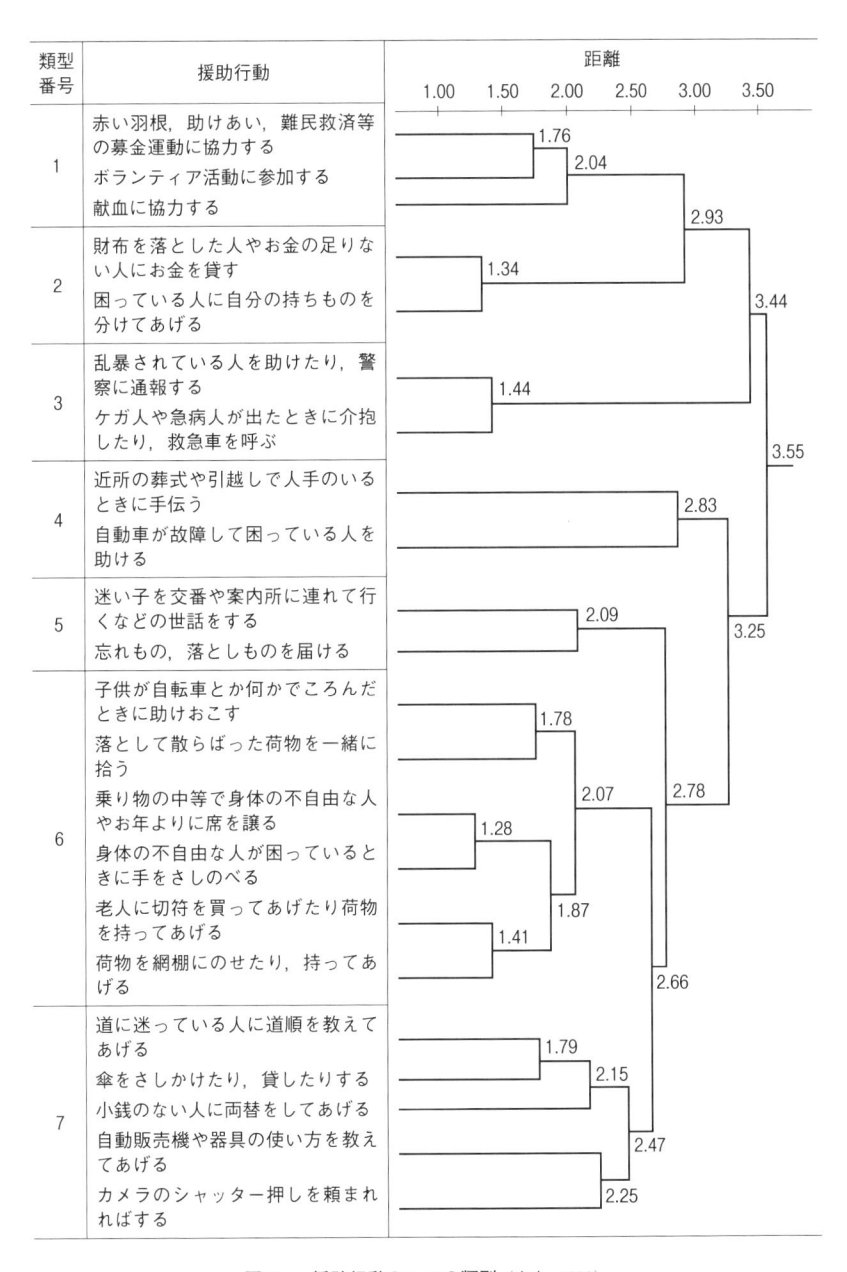

類型番号	援助行動
1	赤い羽根, 助けあい, 難民救済等の募金運動に協力する ボランティア活動に参加する 献血に協力する
2	財布を落とした人やお金の足りない人にお金を貸す 困っている人に自分の持ちものを分けてあげる
3	乱暴されている人を助けたり, 警察に通報する ケガ人や急病人が出たときに介抱したり, 救急車を呼ぶ
4	近所の葬式や引越しで人手のいるときに手伝う 自動車が故障して困っている人を助ける
5	迷い子を交番や案内所に連れて行くなどの世話をする 忘れもの, 落としものを届ける
6	子供が自転車とか何かでころんだときに助けおこす 落として散らばった荷物を一緒に拾う 乗り物の中等で身体の不自由な人やお年よりに席を譲る 身体の不自由な人が困っているときに手をさしのべる 老人に切符を買ってあげたり荷物を持ってあげる 荷物を網棚にのせたり, 持ってあげる
7	道に迷っている人に道順を教えてあげる 傘をさしかけたり, 貸したりする 小銭のない人に両替をしてあげる 自動販売機や器具の使い方を教えてあげる カメラのシャッター押しを頼まれればする

距離: 1.00　1.50　2.00　2.50　3.00　3.50

類型1: 1.76, 2.04
類型2: 1.34
類型3: 1.44
類型4: 2.83
類型5: 2.09
類型6: 1.78, 1.28, 2.07, 1.87, 1.41, 2.78
類型7: 1.79, 2.15, 2.47, 2.25, 2.66

2.93, 3.44, 3.55, 3.25

図6-1　援助行動の7つの類型　(高木, 1982)

表6-1 援助行動の3つの基本特性 (高木, 1983)

状況特性	第1基本特性	第2基本特性	第3基本特性	共通性
社会的規範による指示	.818	.207	.043	.714
援助要請の妥当性	.723	.184	.078	.563
非援助出費（社会的非難）	.721	.307	.079	.621
援助の重大性	.716	.159	.261	.606
援助報酬（社会的承認）	.666	.028	.291	.529
非援助出費（不満足）	.660	.336	-.145	.570
援助の緊急性	.615	.334	.066	.494
援助報酬（よい気分）	.614	.076	-.031	.384
援助報酬（感謝）	.451	-.055	.353	.331
非援助出費（恥）	.161	.923	-.006	.878
非援助出費（いやな気分）	.199	.834	-.005	.735
援助の個人的責任性	.206	.805	-.013	.691
非援助出費（自尊心の低下）	.250	.776	.353	.664
援助の明瞭性	.153	.667	-.045	.470
援助報酬（自尊心の高揚）	.159	.490	.424	.445
援助報酬（誇り）	.086	.476	.473	.457
援助の困難性	.133	-.194	.745	.610
援助出費（努力）	.112	.072	.636	.423
援助出費（金銭）	-.102	-.287	.607	.461
援助出費（危険）	.168	.166	.540	.348
援助出費（時間）	.283	.245	.278	.217
非援助報酬	-.179	-.078	.370	.175
援助の専門性	.228	.198	.267	.162
性役割に適合した援助（男性的-女性的）	.201	.134	.312	.156
援助原因の帰属（内的-外的）	-.238	-.241	-.273	.189
固有値（EIGEN VALUE）	7.092	2.848	1.953	11.893
寄与率（PCT. OF VAR.）	59.6	24.0	16.4	100.0

は，このような特性をもっている。期待通りの援助行動がなされれば，被援助者から承認され，感謝され，自らは良い気分を得られるが，援助をしなかった場合は非難されるという結果を招くとされる。

　第2の特性は，「個人的規範の指示とその個人的諸結果」の基本特性である。被援助者との個人的な関係性において，自分が援助をする責任があると認識されるような場面である。類型6の社会的弱者への援助行動や，類型3の社会的緊急事態における援助行動は，この基本特性をもっている。自らの意思でこの

ような援助行動を行うことが，自尊心の高揚や誇りを抱かせる一方で，このような場面で援助行動をしない場合には，自尊心は低下し，そんな自分を恥じ，ネガティブな気分になるとされる。

　第3の特性は，「援助出費」の基本特性である。他者を援助する際の出費やコストに関する因子であり，援助することの困難さが認識される場面がもつ特性である。労力や金銭，時間の提供といったコストへの認識，危険を冒してまで援助するかどうかの判断，援助をしなかった場合の手元に残る諸資源との比較など，実際の援助場面でこのようなコスト計算も働いていると考えられる。

II．援助行動の規定因

1．援助者側における援助の規定因

1）共 感 性

　一般に，他者への共感性の高い人は援助行動をしやすい（Mehrabian & Epstein, 1972）とされている。共感性と援助行動の関連についてピリアビンら（Piliavin et al., 1981）は，緊急事態に関してであるが，他者の困窮状況を見ることが不快な感情を引き起こし（覚醒），その結果，観察者は自分の不快感情を低減させるように動機づけられ，そのための援助行動が生起すると説明している。その際，困窮者の特徴から，自分と困窮者が同じ集団ないし同じカテゴリーに入ると判断されれば，そこで"我々"感覚が生起し，これが共感的な感情のもとになるとする。しかし"我々"感覚が喚起されても，援助にかかるコスト（出費）が高ければ援助は起きないとした。最終的に覚醒と出費の2つの要因によって被援助者への対応が決まるというものである。

　このモデルは，援助行動は，ある意味で援助者側の利己的な動機づけにもとづいていると考えられる。これに対して，コークら（Coke et al., 1978）は，共感性が利他的な動機にもとづく援助を生起させるとして，2段階モデルを提起している。すなわち，困窮者の視点に立つと援助者側の共感的情動反応が高まり（第1段階），次に困窮者の苦痛を弱めてあげたいという動機が高まる（第2段階）とするものである。特に，他者の苦しみを観察する際に，共感的心配の感情が喚起する場合には援助行動が促進され，個人的苦しみの感情が喚起さ

れた場合には援助行動は促進されないことを示した。また，チャルディーニら（Cialdini et al., 1987）は，援助行動自体が共感による悲しい気分を変えるだけの報酬となるとして，援助行動が利己的な動機にもとづくとしているが，バトソンら（Batson et al., 1989）は，援助行動が悲しい気分を変える報酬にならない場合も援助行動は起きるとして，援助行動が利他的動機にもとづくものとしている。

2) 気　分

　一般に，人は気分が良いときには他者を助ける行動が起きやすいとされている。例えば，ポジティブな気分になるように実験的に操作された実験参加者が，統制群の実験参加者に比べて援助行動をより行ったとする研究知見は多い（Batson, 1990; Isen, 1987; Salovey et al., 1991）。

　一方，ネガティブな気分のときには援助行動が促進されるとする知見と抑制されるとする知見の両方があり，一貫した結果は得られていない。例えば，ネガティブな気分が援助行動を促進するとするモデルとして，ネガティブ状態解消モデルがある。援助行動を行うことによって得られる快感情を学習したことで，ネガティブな気分になった際に援助行動をするとしている。チャルディーニとケンリック（Cialdini & Kenrick, 1976）の実験では，6歳から18歳までの実験参加者に対して，15歳以上の子どもにおいては，ネガティブ経験を想起させたグループの方が，感情的には中性的な経験を想起させたグループより，多くの援助行動をしたことを報告している。すなわち年長になるにつれ社会的に様々なことを学習し，援助行動をすることがネガティブ気分を解消する効果をもっていることを理解していることを示唆している。

　次に，ネガティブな気分が援助行動を抑制することについては，ネガティブな気分によって注意が自己の内部に向かい，外部情報である援助者の存在について相対的に注意が向かなくなり援助が起きにくくなるとしている（山口，1988）。

　いずれにせよ，実験的に取り上げられるネガティブ気分の操作が研究間で異なっており，喚起されるネガティブな気分もいろいろあること，さらに実験的に起こさせる援助行動指標も様々であり，それらが一貫した結果が得られてい

ない理由として考えられる。

2. 援助状況に関する規定因
1) 援助に関する規範
　私たちが生活している社会には、それぞれの社会や文化で共有される規範が存在する。一般に、援助が必要とされる場面では援助をすることが推奨され、援助をしなければ非難されるのは、この規範が存在するからである。社会規範（social norm）としては、援助を求めてくる相手は助けるべきであるとする社会的責任（social responsibility）規範、以前に自分を助けてくれた相手が困っているときは援助をしなければならないとする互恵性（reciprocity）規範、受けた援助に対しては返報し、援助に関する投入と成果は釣り合わなければならないとする衡平（equity）規範、危害や損害や迷惑を与えた相手には謝罪し補償しなければならないとする補償（compensation）規範などが挙げられる。規範に従って行動することが社会的には望ましいとされ、反対に規範から逸脱することは非難や制裁を受けることになるので、規範の影響力は相当に大きいと言える。

　ところでシュワルツ（Schwartz, 1970）は、自ら提唱する規範的意思決定のモデルにおいて、個人的規範（personal norm）を挙げている。これは、ある状況で援助者が困窮者の欲求に気づいた際に、自分に相手を援助できる能力があると判断すれば、その時点で自らの援助責任を認知し、それによって生じる援助の義務感から援助行動が生起するというものである。個人的規範は、いわば個人が内的な信念体系としてもっている道徳的な規範である。さらにシュワルツとテスラー（Schwartz & Tessler, 1972）は、骨髄提供ボランティアに援助意図を尋ね、個人的規範が長期にわたり持続的に影響することを明らかにしているが、社会的に統制される社会的規範の影響よりも、個人的に内在化する信念にもとづいた個人的規範の影響力の方が大きいことを示唆するものである。

2) 傍観者効果
　震災以降、人々の間で援助行動への関心が極めて高くなり、多くの人は困っている人を助けることが当然と考え、そのような機会に遭遇すれば、自分も他

者を助ける行動をすると考えているであろう。実際に，震災に絡んで何かしらの援助行動をした人は多いはずだ。しかし一方で，援助行動が起きてもよい場面で何も行動せずに見送ったということも多いのではないか。援助行動をしなかった理由としてどのようなことが考えられるのか，キティ・ジェノビーズ事件を紹介しながら，事件後の研究で明らかにされた「傍観者効果」について触れておく。

事件は1964年にニューヨーク郊外の住宅街で起きた。深夜遅く帰宅したキティは，自宅近くで暴漢にナイフで襲われて残念ながら死亡してしまったという事件である。悲鳴を上げながら逃げ惑う彼女のことを近所の住人たちは知らなかったわけではない。38名の人が事件に気づいて状況を把握しようとしたが，実際には一部の人を除いてほとんどの人が助ける行動はしなかった。事件が報道されて，この街の人たちは冷淡な人たちだとして社会から非難されることとなったが，それは現代都市社会の様相として，他者への無関心，無責任な態度，道徳律の低下といった側面から論じられたのである。

しかし，ラタネとダーリー（Latané & Darley, 1970）は，人は他者に対して決して無関心で冷淡ということではなく，人助けの行動をしない要因が別にあることをいくつかの実験を通して明らかにし，「傍観者効果（bystander effect）」としてまとめている。傍観者効果とは，当該状況において情報不足や情報過多により正確な状況把握ができないこと，援助をしようとしない他者がモデルとなり自分も非援助に同調してしまうこと，多数の非援助者による衆人環視の状況により，援助行動そのものが抑制され，自分も傍観者になってしまうことである。なかでも主たる要因として，責任の分散を挙げている。すなわち，その場に援助可能者として自分しかいなければ，事案に関わる責任は最大となり，援助をしないことによって生じる被害や損失の全責任が自分に帰属されるため援助を行う決定がなされるが，援助可能者が多数いた場合には，責任はその場に居合わせた全員で負うことになり細かく分散する。1人あたりの責任分担量は減るため，援助をしない決定になりやすいのである。

この事件をきっかけに，「人はどうして他者を助けるのか」ということよりも「人はどうして他者を助けないのか」ということに焦点が当てられ，援助行動の研究が始まったと言ってよい。他者を助ける理由もたくさんあるが，他者

を助けない理由もまたたくさんある。しかも，それらは正反対のものということではなく，それぞれ別にあるということなのである。

Ⅲ. 援助行動が生起する過程

　多くの人は，実際の行動を起こす前に頭の中であれこれ考え，その結果，最終的に援助を「する」か「しない」かの意思決定をしている。もちろん，危急を要する場面で咄嗟の判断で行動に出る場合があるが，これとて意思決定までの思考過程は存在する。本節では，援助場面に遭遇した際に援助者がたどる心理的過程と最終的な意思決定に影響する要因について見ていくことにする。

1. 援助行動の意思決定モデル

　潜在的な援助者が，援助を必要とする他者に遭遇してから援助の可否についての意思決定に至るまで，ある程度の時間を要すると考えられる。援助の可否は，個人によって，また援助対象の相手によって，あるいはその相手のもつ属性や相手との関係，援助行動中の相互作用によって，どのように意思決定されるかは大きく異なる。つまり意思決定に関わる要因は多く複合的である。そのような意思決定過程を図式に示したモデルとして代表的なものを紹介する。

　まず高木（1997）の援助授与過程のモデル（図6-2参照）であるが，このモデルは，被援助者側における援助要請の生起過程モデル（次章を参照）と呼応しており，被援助者側が自らの問題の解決にあたって，潜在的な援助可能者に援助要請を行い，主導権が援助者側に移った時点からスタートすることになる。まず，最初の段階が「他者の問題への気づき」である。被援助者側からの明確な援助要請があれば，被援助者の問題にすぐに気づくが，援助要請が明確でない場合も十分考えられ，その場合は援助者自らが被援助者の困窮状況に気づくかどうかで，次の段階に進めるかどうかが決まる。次の段階は，主に被援助者の状況分析である。問題の重大性の評価と被援助者の自己解決力の査定を行う。その次の段階は，援助者自身の状況を振り返る過程である。すなわち自分に援助責任があるのかどうか，援助授与におけるコストの計算を経て，援助行動の可否が決まる。その後は，援助の具体的な方法の検討を経て「援助の実

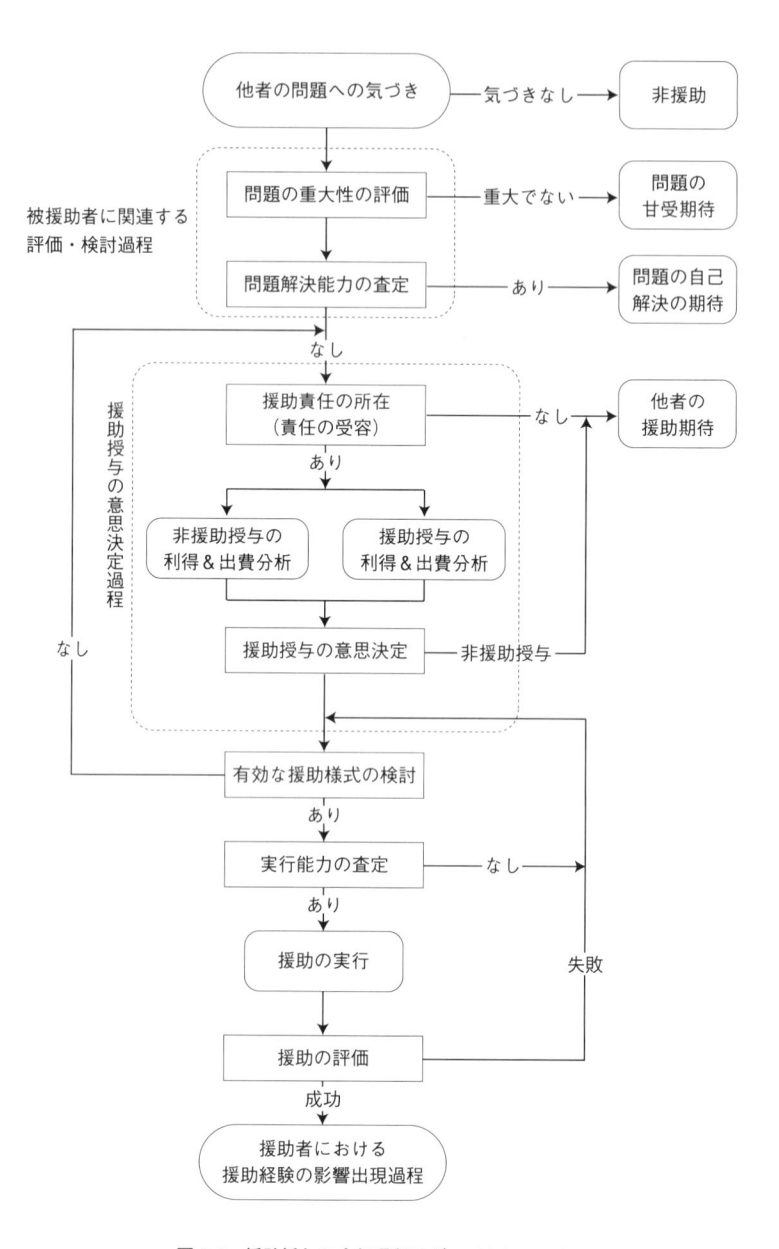

図 6-2 援助授与の生起過程モデル (高木, 1997)

行」となる。一方，途中に非援助への分岐点がいくつかあるが，諸々の事情で援助をしない決定に至ることを示している。このように援助をする決定に至るまでの過程は，決してやすいものではなく，それぞれの選択をすべてクリアした場合に「援助する」の意思決定にたどり着くことになる。

　高木のモデルは，援助行動実行後の援助者自身の評価の過程も含めているが，この部分は極めて重要である。なぜなら，その援助が効果的で成果を挙げたと認識されれば，そのことが次の援助の機会に影響し，再び援助行動が起きやすくなると考えられるからである。高木は，援助行動後の被援助者に対する援助の実際の効果を「援助効果」とし，自己評価として得られる部分（満足感や，充足感）を「援助成果」として，これらが次の援助の動機につながることを示している。

　援助行動の意思決定モデルはほかにも提起されている。例えば，規範を中心としたモデルとして，緊急事態における個人的な責任の度合いを判断して場面に介入していくとする援助責任を中核に置くモデル（Latané & Darley, 1970; 岩田, 1987；細江, 1991など）や，被援助者の要求要望に対して援助者自身の援助能力が十分にある場合に動機づけが高まり，援助行動後の損得評価をふまえた意思決定モデル（Schwartz & Howard, 1984）などのモデルがある。また，共感性を中心とする感情に関するモデルとしては，コークら（Coke et al., 1978）の共感を媒介要因としたモデルやピリアビンら（Piliavin et al., 1981）の覚醒・出費モデルがある（第Ⅱ節参照）。

　これらの各モデルに対して，松井（1991）は，意思決定に関わる認知的な処理の部分と感情的な部分，そして規範的な部分を統合した「状況対応モデル」を提起している。大きな枠組みとして，5つの心理的過程が組み込まれており，まず一次的認知処理過程では，短時間で援助事態の概略を把握する。援助の必要性を認識したら共感を中心とする感情過程に移り，次に規範的責務感が生起し，基本的にはここで自動的処理を経て援助行動が実行される。しかし規範的責務感が十分に喚起されない場合は，二次的な認知処理に回され，損得勘定や行動プランの検討がなされ，行動の可否判断が下されることになる。想定される援助場面は，日常的な援助の場面のほかに，緊急事態の援助，寄付や募金といった間接的な援助，ボランティア活動などがあり，それぞれ援助の生起過程

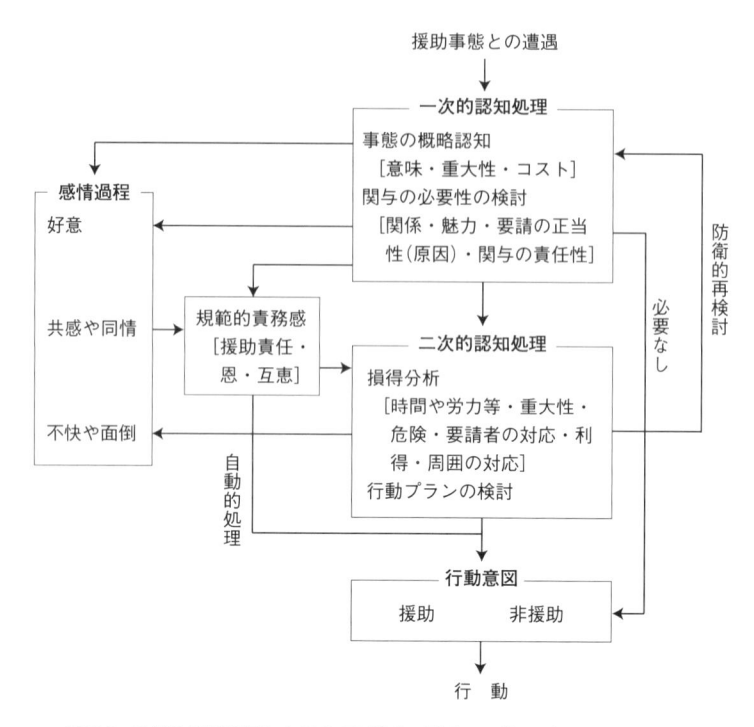

図 6-3 日常的援助状況における意思決定に関する下位モデル（松井, 1991）

が異なることから，場面ごとの下位モデルが提示されている（図 6-3 参照）。例えば，日常的な援助状況における意思決定下位モデルでは，事態の概略認知として，援助の意味や重大性の確認，被援助者との関係性や魅力，関与の正当性などが確認される。また感情過程では好意や共感や同情が喚起され，規範に関わるものとして恩や互恵性が考慮される。援助行動に至る意思決定の過程の全体的様相を表す有効なモデルと言える。

2. 返報行動としての援助生起過程

ところで，援助行動研究の多くは，援助者側の視点に立って行われている。「人助け」という言葉自体，援助者側から見た言葉であり，多くの人は，「援助行動」と言えば，援助者側に立った自分を想定して考える傾向がある。しかしながら，援助行動は「助けられる人」がいるからこその行動であり，その点で，

この行動は，まさに対人的な2者間における相互行動であり，援助行動を説明する上では，被援助者側からの視点も極めて重要である。

　被援助者側に立った援助行動研究として，援助を受けた後の返報行動や返礼行動，被援助者の感情や気分に関するものがある。また，ソーシャル・サポート研究や援助要請行動に関する研究も，被援助者側の視点からの研究である（これらについては次章において詳細に触れられる）。本節では，前者の，被援助者による返報行動について見ていくことにする。

　さて，援助行動の生起過程において互恵性規範が強く働く場合がある。以前に受けた恩義により，その相手が困っている場合は自分が助ける番だと認識した場合，それは返報行動，返礼行動として動機づけられる。この意思決定過程は社会的交換理論（Homans, 1961）の一部である衡平理論（Adams, 1965）で説明される。すなわち援助者から受けた援助を，交換資源として捉え，被援助者において自らの困窮状況が改善した場合は，援助者から得た利得として認識される。それにより被援助者は一時的に利得過剰状態になっており，いわゆる「借り」を背負った状態にある。このときの感覚を返礼義務感（西川, 1986）あるいは心理的負債感（相川, 1988）と言い，不快感情として認識される。不快感情は速やかに払拭するよう動機づけられるので，「借り」は返すべく返報行動が起きるということである。援助者に対して，今度は自分が援助者になり，同じ価値をもった援助をすることが完全な返報行動であるが，援助的な行動をそのまま返さなくとも，「お礼」という形で一定の価値を伴ったものを返すことで，援助者との関係を衡平状態に戻し，これで一連の援助に対する返報行動が終結する。

　しかし，援助を受けた直後に返報行動ができるとは限らない。援助者が特定できない場合（見知らぬ他者からの援助，寄付や募金による援助，援助者がその場から立ち去った場合など）は返報したくても返報できない。また災害時などの緊急事態での救助等では，被災者はすぐには返報資源が用意できず，返報機会は相当期間延期される。そのような場合には，被援助者は心理的負債感をなかなか払拭することができない。したがって，何かの機会に，援助者ではない別の第三者に対して返報する（中島, 2008）という行動が見られる。例えば阪神・淡路大震災の被災者が，その当時全国から集まったボランティアに対す

る返報行動として，今度は東日本大震災の被災者に対して支援活動を行う例などはこれに該当するものである。

　今回の震災を機に，相互扶助，助け合い，地域コミュニティの中での支え合いといった相互支援的な体制づくりが進んでいるが，その基本的な部分で，援助を受けたら（何かをもらったら）何かお返しをするという昔ながらの人間どうしのつながりや関係性があると考えられる。交換理論の説明は，対人関係を経済的な資源の交換として説明しているので，その分ドライな印象を与えるかもしれないが，「情けは人のためならず」という諺があるように，資源の提供が回り回って自分に戻ってくることはよくあることである。社会の中で，個人が進んで援助を行うことが，助け合いのコミュニティを形成する上で，極めて本質的なことと言える。

Ⅳ．援助行動研究に関する今後の課題

1．援助行動の「適切さ」について

　ところで，援助行動の定義に関して別の観点からの議論を1つ挙げておく。
　それは，「援助者が援助行為をしたけれども，被援助者の困窮状況は何も改善されなかった」という場合に，援助行動と言えるのか言えないのかという問題である。援助者はたしかに援助の行為をしているので援助行動はあったと言ってよいかもしれないが，被援助者は何も改善されていないので，その援助は効果がなかったことになり，被援助者から見れば助かっていないということになる。

　援助行動の定義の多くは援助者側からの定義と言える。援助者の行為や行動の元にある援助の動機や意図や目的を重視した定義である。それに対して，被援助者側の立場に立てば，援助行動の結果を重視することになる。援助の目的と結果のどちらを重視するかという問題については曖昧なままで，援助行動研究の中で議論はあまり行われていない（松井・浦，1998）。

　いずれにせよ，援助行動の最終帰結として援助が適切に完了することを目標としているのは当然のことである。援助行動を援助者と被援助者の相互作用として捉え，双方による一連の行為の連続体と考えた場合，援助者は被援助者の

援助要請や具体的な要求（明確に表明されない場合もある）を聞きながら行動を進めていくことが重要であり，そこが抜けてしまうと，いわゆる「お節介」や「ありがた迷惑」といった結果になり，これはいわば不適切な援助である。松浦（2006）は，様々な援助場面での援助者側の認識と被援助者側の認識を比べているが，概して被援助者側は困窮事態を深刻に考えているのに対して，援助者側は相対的に軽く考える傾向があることと，援助行為の後には援助者側の自己評価に対して被援助者側の不満が高いこと，さらに，それでも被援助者側は援助者側に大いに感謝していることなどを明らかにしている。援助者に対する不満をもちながら，それを援助者に対して表明しない（表明できない）ことなど被援助者側の複雑な心境が推測され，援助が必ずしも適切に完了していないことが示唆されるのである。

　適切な援助に関しては，臨床場面，医療介護場面，看護ケアの場面などで検討がなされている（例えば，定廣ら，1996；阿部ら，2009；松浦，2010；渡辺ら，2011）。個人的な援助ではなく対人援助職としての援助の場合，職業としての専門性や責任性も高く，はじめから適切な援助が求められている状況があるので，援助者側も適切に援助を完了させようという意識は高いと考えられる。その場合でも，被援助者は援助者に比べて相対的には低い立場に位置するわけで，援助要請の際に大きなことは言えないという気持ちがある。援助を受ける立場で，あれこれ要求をすることは権利意識を振りかざすようで控える人も多いと考えられるが，適切な援助が成立するためには，援助者－被援助者間の意思疎通コミュニケーションが重要であることを認識する必要がある。

2. 集団組織的な援助行動について

　これまでの援助行動研究では，偶発的な援助場面において個人としての援助者が個人としての被援助者を援助するという事案について，これを普遍的に説明することに力が注がれた。一方で，昨今ボランティア活動が広まり，他者を助けるための組織的な活動が増えてきて，集団組織として他者をどのように援助・支援していくのかという側面からの課題が出てきている。

　やはり震災が1つの契機と考えられるが，震災ボランティア活動のような組織的な援助行動は，災害規模が大きいことから，援助者・被援助者ともに人数

も多く，援助行動そのものが大規模のものである。個人レベルでは解決困難な他者支援を集団組織で行おうとする場合には，計画的で長期的な援助が必要であり，特有の問題もたくさんあると考えられる。阪神・淡路大震災以降，災害支援に関する検証研究は多いが，社会心理学領域においては，ボランティア活動に関する研究（渥美ら，1995；高木・玉木，1996；八ッ塚・矢守，1997 など），避難所運営に関する研究（清水ら，1997；矢守，1997；柏原ら，1998 など），災害支援・防災意識・防災教育に関する研究（元吉ら，2005；元吉ら，2008 など）等がある。これらの問題については，臨床心理学領域や看護介護の領域において，被災者の心理的ケアや，看護や介護に関する援助支援をテーマにした研究が多数ある。また大規模災害支援に関しては，社会工学や建築学の分野においても研究が行われており，領域分野を超えて広い視野のもとで「援助」の問題が検討されている。その意味において，これからは援助の問題を個人の問題として捉えるミクロ的視点と，社会の問題として考えるマクロ的視点の，両方の側面から検討し，知見を蓄積していくことが求められている。

引用文献
阿部ケエ子・舟島なをみ・山下暢子（2009）．看護学実習における学生とクライエントの相互行為に関する研究—学生の行動に焦点を当てて　看護教育学研究，**18**, 21-34.
Adams, J. S. (1965). Inequity in social exchange. In L. Berkowitz (Ed.), *Advances in experimental social psychology*. Vol.2. New York: Academic Press. pp.267-299.
相川　充（1988）．心理的負債に対する被援助利益の重みと援助コストの重みの比較　心理学研究，**58**, 366-372.
渥美公秀・杉万俊夫・森　永壽・八ッ塚一郎（1995）．阪神大震災におけるボランティア組織の参与観察研究—西宮ボランティアネットワークと阪神大震災地元NPO救援連絡会議の事例　実験社会心理学研究，**35**, 218-231.
Bar-Tal, D., Sharabany, R., & Raviv, A. (1982). Cognitive basis for the development of altruistic behavior. In V. J. Derlega & J. Grzelak (Eds.), *Cooperation and helping behavior: Theories and research*. New York: Academic Press. pp.377-396.
Batson, C. D. (1990). Affect and altruism. In B. S. Moor & A. M. Isen (Eds.), *Affect and social behavior*. New York: Cambridge University Press. pp.89-125.
Batson, C. D., Batson, J. G., Griffitt, C. A., Barrientos, S., Brandt, J. R., Spregelmeyyer, P., & Bayly, M. J. (1989). Negative state relief and the empathy-altruism hypothesis. *Journal of Personality and Social Psychology*, **56**, 922-933.

Cialdini, R. B., & Kenrick, D. T. (1976). Altruism as hedonism: A social development perspective on the relationship of negative mood state and helping. *Journal of Personality and Social Psychology*, **34**, 907-914.

Cialdini, R. B., Schaller, M., Houlihan, D., Arps, K., Fultz, J., & Beaman, A. L. (1987). Empathy-based helping: Is it selflessly or selfishly motivated? *Journal of Personality and Social Psychology*, **52**, 749-758.

Coke, J., Batson, C. D., & McDavis, K. (1978). Empathic mediation of helping: A two-stage model. *Journal of Personality and Social Psychology*, **36**, 752-766.

Homans, G. C. (1961). *Social behaviour: Its elementary forms*. Harcourt Brace Jovanovich.（橋本　茂（訳）(1974). 社会行動―その基本形態　誠信書房）

細江達郎 (1991). 人助けをした人々―人命救助の事例研究から　現代のエスプリ, **291**, 65-75.

Isen, A. M. (1987). Positive affect, cognitive processes and social behavior. In L. Bercowitz (Eds.), *Advances in experimental social psychology*. Vol.20. New York: Academic Press. pp.203-253.

岩田　紀 (1987). 社会環境と援助　中村陽吉・高木　修（編）「他者を助ける行動」の心理学　光生館　pp.125-136.

柏原士郎・上野　淳・森田孝夫 (1998). 阪神・淡路大震災における避難所の研究　大阪大学出版会

Latané, B., & Darley, J. M. (1970). *The unresponsive bystander: Why doesn't he help?* New York: Appleton-Century-Crofts.（竹村研一・杉崎和子（訳）(1977). 冷淡な傍観者―思いやりの社会心理学　ブレーン出版）

松井　豊 (1991). 思いやりの構造　現代のエスプリ, **291**, 27-37.

松井　豊・浦　光博 (1998). 援助とソーシャル・サポートの研究概略　松井　豊・浦光博（編）　人を支える心の科学　誠信書房　pp.1-17.

松浦　均 (2006). 援助場面における援助者と被援助者との状況認識の相違について　東海心理学研究, **2**, 3-19.

松浦　均 (2010). 対人支援場面における看護学生の感情と患者の感情推測について―看護実習経験者と未経験者の比較検討　三重大学教育学部研究紀要, **61**, 263-271.

McGregor, M., James, S., Gerrand, J., & Cater, D. (1982). *For love not money: A handbook for volunteers*. Dove Communications.（小笠原慶彰（監訳）(1994). ボランティアガイドブック―共感主義ボランティア入門　誠信書房）

Mehrabian, A., & Epstein, N. (1972). A measure of emotional empathy. *Journal of Personality*, **40**, 525-543.

元吉忠寛・松井　豊・竹中一平・新井洋輔・水田恵三・西道　実・清水　裕・田中優・福岡欣治・堀　洋元 (2005). 広域災害における避難所運営訓練システムの構築と防災教育の効果に関する実験的研究　地域安全学会論文集, **7**, 425-432.

元吉忠寛・高尾堅司・池田三郎 (2008). 家庭防災と地域防災の行動意図の規定要因に関する研究 社会心理学研究, **23**, 209-220.
Mussen, P., & Eisenberg-Berg, N. (1977). *Caring, sharing and helping: The roots of prosocial behavior in children*. San Francisco, CA: Freeman. (菊池章夫 (訳) (1980). おもいやりの発達心理 金子書房)
中島 誠 (2008). 日常生活における第三者を介した資源の衡平性回復行動 社会心理学研究, **24**, 98-107.
中村陽吉 (1987). 援助行動とは 中村陽吉・高木 修 (編) 「他者を助ける行動」の心理学 光生館 pp.2-4.
西川正之 (1986). 返礼義務感に及ぼす援助意図性, 援助成果, および援助出費の効果 心理学研究, **57**, 214-219.
Pearce, P., Amato, P. R., & Smithson, M. (1983). Introduction and plan of the book. In M. Smithson, P. R. Amato, & P. Pearce, *Dimensions of helping behavior*. Elmsford, NY: Pergamon Press. pp.2-21.
Penner, L. A. (2002). The causes of sustained volunteerism: An interactionist perspective. *Journal of Social Issues*, **58**, 447-467.
Piliavin, J. A., Dovidio, J. F., Gaertner, S. L., & Clark, R. D. (1981). *Emergency intervention*. New York: Academic Press.
定廣和香子・舟島なをみ・杉森みど里 (1996). 臨床場面における看護ケアの効果に関する研究—ケア場面における患者行動に焦点を当てて 看護教育学研究, **5**, 1-21.
Salovey, P., Mayer, J. D., & Rosenhan, D. L. (1991). Moodand helping. In M. S. Clark (Ed.), *Prosocial behavior*. Beverly Hills, CA: Sage. pp.215-227.
Schwartz, S. H. (1970). Eliciation of moral obligation and self-sacrificing behavior. *Journal of Personality and Social Psychology*, **15**, 283-293.
Schwartz, S. H., & Howard, J. A. (1984). Internalized values as motivators of altruism. In E. Staub, D. Bar-Tar, J. Karylowski, & J. Reykowski (Eds.), *Development and maintenance of prosocial behavior*. New York: Plenum Press. pp.229-255.
Schwartz, S. H., & Tessler, R. (1972). A test of model for reducing measured attitude-behavior discrepancies. *Journal of Personality and Social Psychology*, **24**, 225-236.
清水 裕・水田恵三・秋山 学・浦 光博・竹村和久・西川正之・松井 豊・宮戸美樹 (1997). 阪神・淡路大震災の避難所リーダーの研究 社会心理学研究, **13**, 1-12.
高木 修 (1982). 順社会的行動のクラスターと行動特性 年報社会心理学, **23**, 135-156.
高木 修 (1983). 順社会的行動の動機と構造 年報社会心理学, **24**, 187-207.
高木 修 (1987). 順社会的行動の分類 関西大学社会学部紀要, **18**, 67-114.
高木 修 (1997). 援助行動の生起過程に関するモデルの提案 関西大学社会学部紀要, **29**, 1-21.
高木 修・玉木和歌子 (1996). 阪神・淡路大震災におけるボランティア—避難所で活動

したボランティアの特徴　関西大学社会学部紀要, **27**, 29-60.
渡辺　匠・唐澤かおり・大高瑞都 (2011). 家族介護と公的介護に対する選好度の規定要因および関係性について　実験社会心理学研究, **51**, 11-20.
山口裕幸 (1988). 成功・失敗経験による方向性の違いが援助行動生起に及ぼす効果　実験社会心理学研究, **27**, 113-120.
矢守克也 (1997). 阪神大震災における避難所運営—その段階的変容プロセス　実験社会心理学研究, **37**, 119-137.
八ッ塚一郎・矢守克也 (1997). 阪神大震災における既成組織のボランティア活動—日本社会とボランティアの変容　実験社会心理学研究, **37**, 177-194.

よりよく理解するための参考書

◉高木　修 (監修) 西川正之 (編) (2000). 援助とサポートの社会心理学—助け合う人間のこころと行動　21世紀の社会心理学シリーズ4　北大路書房
　　現実に起きている社会問題とそれに対応する人を支える行動について，近年の研究動向がまとめられている．特に被援助者の問題，援助状況や場所の問題など，今後の展望や方法論の提案などが書かれている．阪神・淡路大震災以降の刊行のため震災関連の問題も扱われている．

◉田尾雅夫 (2007). セルフヘルプ社会—超高齢化社会のガバナンス対応　有斐閣
　　個人が社会との関係の中でどのように生きていくことできるのか，「セルフヘルプ集団」をキー概念にして，相互援助的な社会構築を目指すべく，研究知見や理論，モデル，事例を紹介しながら，様々な議論が展開される．副題に「超高齢化社会」とあるが，高齢者を対象とした福祉関連の書ではない．個人，集団，社会といった心理学的な概念を用いながら，現実の私たちの社会でどのような集団を構築すべきなのか論じている．

◉A. M. ローゼンタール (著)　田畑暁生 (訳) (2011). 38人の沈黙する目撃者　青土社
　　ラタネとダーリーの著『冷淡な傍観者—思いやりの社会心理学』(竹村研一・杉崎和子 (訳) (1977/1997)．ブレーン出版) の中で世に紹介された「キティ・ジェノビーズ事件」について，事件の際の目撃者である住人38人が，実際はどのような行動をしていたのか，なぜ警察に通報しなかったのか，ラタネとダーリーによる「傍観者効果」としての責任の分散とは少しニュアンスの違う住民38人の意識や行動について論じられている．NYタイムズ記者によるノンフィクションである．

Column 6 身近な感謝の言葉からのヒント

油尾聡子

互恵性規範の強大な影響力

「遊ぼう」っていうと
「遊ぼう」っていう。

「馬鹿」っていうと
「馬鹿」っていう。

これは金子みすゞの有名な詩「こだまでしょうか」（金子，2011）の一節である。この詩には私たちの基本的な行動原理が表われている。善い行いには善い行いを，悪い行いには悪い行いを返す。飲み物をおごってもらったら別の機会におごり，傘を盗まれたら盗み返す。それまで好きでもなかったのに好きだと言われると，相手のことが気になってしまう。このような対人行動の形態を互恵性（返報性）という。互恵性の原理は強大な影響力をもつ（Cialdini, 2001）。人々が社会の中で気持ちよく生活するには，"好意（favor）を与えてくれた他者にはお返しをしなければならない"（Gouldner, 1960）という互恵性の規範を守らなければならないのである。

感謝メッセージを通した互恵性規範の影響力の活用

互恵性規範を利用したものとして，近年コンビニエンスストアのトイレなどで目にする「きれいに使っていただきありがとうございます」という貼り紙が挙げられるのではないか，と筆者らは考えた。筆者らは，このように感謝を表した上で周囲の人々に迷惑をかけないように（社会的迷惑行為を抑止するように）呼びかけるメッセージを感謝メッセージと名付けた（油尾・吉田, 2009）。感謝メッセージは私たちに互恵性規範を思い起こさせ，善い行動を促す。その理由は以下のように説明される。①感謝メッセージは受け手に親切な印象を与える（好意の提供）。②感謝メッセージを見ると，社会的迷惑行為をするべきではないことが明示されている。③好意を受け取ったら，その好意に報いようとする（互恵性規範の発動）。④与え

られた好意に報いるため，社会的迷惑行為を行わないようにする。そして，この効果は一連の研究で実証されている。

　感謝メッセージを貼っておくだけで人々が迷惑な行為をしなくなる傾向があるという事実は，互恵性規範の強大な影響力をさらに頑健に示している。しかも，その影響力は罰を実行したときに生じかねない怒りなどのネガティブな感情ではなく，好意というポジティブな感情のキャッチボールを通した心地のよいものである。

身近な感謝メッセージについて考えること
　ここで，読者の方々の中には，感謝メッセージを「威圧的だ」とか「いやみっぽい」と思った人もいるのではないだろうか。感謝メッセージに関するこの種の疑問について，少しの間，読者の皆さんと一緒に考えていきたい。

　たしかに，感謝メッセージに対する受け手の解釈はネガティブになる可能性もある。「こちらが何もしていないのに礼を言われる筋合いはない」と反感を抱くかもしれない。ところが，これまでの質問紙調査で得られたデータからは，感謝メッセージには他のメッセージと比べて好意的な反応を示されることが多いという結果が得られている。

　それではなぜ多くの人々が感謝メッセージを好意的に感じるのに，威圧的だと感じる人々が存在しうるのだろうか。そのような人々は特殊な性格の人の持ち主で，他の一般的な人々は威圧的などとは感じないのだろうか。もしくは，質問紙調査の回答者は社会的に望ましく見られたいので，歪んだ回答をしてしまっていたのだろうか。それとも，感謝メッセージについて思考をめぐらせていると威圧的だと感じてしまうが，いざ目の前にすると，やはり「お礼を言われてうれしい」と感じるのか。この問いに対する答えはまだ明確には見つかっていない。

　この問いを通して伝えたかったのは，感謝メッセージのように誰でも考えをめぐらせることのできる身近なテーマを研究しても良いのでは，ということである。日常生活に目を向け，そこで見られる現象を理論的かつ批判的に検討する。日常生活に目を向けているからこそ実践的な活用例も考えられる。社会心理学の研究を進める方々にとって，この感謝メッセージに関する研究が1つのヒントになれば幸いである。

引用文献
Cialdini, R. B. (2001). *Influence: Science and practice*. 4th ed. Boston, MA: Allyn & Bacon.

（社会行動研究会（訳）(2007). 影響力の武器——なぜ,人は動かされるのか　第2版　誠信書房）
Gouldner, A. W. (1960). The norm of reciprocity: A preliminary statement. *American Sociological Review*, **25**, 161-178.
金子みすゞ (2011). こだまでしょうか,いいえ,誰でも。——金子みすゞ詩集百選　宮帯出版社
油尾聡子・吉田俊和 (2009). 迷惑抑止メッセージと記述的規範が社会的迷惑行為と感情に及ぼす効果　応用心理学研究, **34**, 155-165.

7 なぜ「助けて」と言えないのか？
援助要請の社会心理学

橋本 剛

I. 援助要請の定義とプロセス

　2011年3月11日の東日本大震災以降，日本全体で様々な形での支え合い，助け合いの輪が拡がっている。しかし，この大惨事が生起する直前の日本社会において，「無縁社会」(NHK「無縁社会プロジェクト」取材班, 2010)と称されるような，支え合いや助け合いが困難な状況にある社会の現状がクローズアップされていたことを，読者諸氏は覚えているであろうか。震災によってメディアにおけるそれらの報道量は一時減少したものの，「無縁社会」で孤立していた人々も減少した，というわけではない。むしろ，被災者支援を最優先とする風潮の中で，「被災したわけでもない者が省みられないのはやむをえない」とさらに孤立を深めている可能性もあり，実際に震災発生から1年近く経過した2012年初めには，再びそのような孤立死報道が散見されるようになっている。

　それらの報道の発端は2009年4月，北九州市で孤独死した（餓死と見られている）39歳の男性の事例である。その遺体のかたわらには，「たすけて」と綴られていた便せんが残されていたが，実際にその手紙が誰かに届けられることも，もしくは彼が声をあげて助けを求めることもなかった。この事件を契機として，長引く不況の中で仕事も住居も家族も失い，所持金もほとんど持ち合わせていないような厳しい状況であるにもかかわらず，知人や親族にも，公的機関やボランティアにも助けを求めようとしない30代の存在がクローズアップされた。この問題を扱ったNHKのドキュメンタリー番組「クローズアップ現代：“助けて”と言えない〜いま30代に何が」(2009年10月7日放送)は多くの反響を呼び，続編の放送を経て，1年後には「助けてと言えない」(NHKクロ

ーズアップ現代取材班, 2010) という 1 冊の本にまとめられている。

その中で, 実際にホームレスとなっている 30 代と, 番組に共鳴した視聴者に共通しているのが, 「自分が悪いから, 自己責任だから, 助けを求めるわけにはいかない」という語りである。それでは, なぜ彼らはそのように考えてしまうのか。取材班は取材を通じて, 彼らの世代が経験してきた自己責任主義的な教育や価値観による呪縛や, 近年の不況による影響などを多面的に論じた上で, あとがきでこのように述べている。

「やはりこれは彼ら『個人』ではなく, 『社会』の問題であろう。そして社会に生きる一人一人が, 自分のことのように考えなければならない問題でもあろう。自分を責め続けひっそりと生きている人たちが, ホームレスや自死を選ばず, 希望を持って生きられる社会が, いま, 早急に求められている。」

すなわち, この「助けを求める心理」もまた, 個人の性格や価値観によってのみ決まるものではなく, 対人関係や社会によって左右される, すなわち社会心理学が扱うべき重要なテーマの 1 つなのである。本章では, この「助けを求める心理」について, 社会心理学の観点から考えていきたい。

1. 援助要請とは―どのような援助が, どのように要請されるのか

心理学では, 人々の助け合いや支え合いは, 援助行動 (helping behavior) もしくはソーシャル・サポート (social support) として研究されている。これらの違いとして, ①援助行動研究は行動そのものを主たる関心としてきたのに対して, ソーシャル・サポート研究は支え合いと心身の健康の関連を主たる関心としてきた, ②援助行動研究では未知者間の相互作用や一過的な相互作用も扱うのに対して, ソーシャル・サポート研究では既知者間の継続的な相互作用を主に扱うといった点がある (松井・浦, 1998)。

したがって, 本章のテーマである「他者に助けを求めること」は, 援助要請 (help-seeking), もしくはサポート要請 (support-seeking) と称されている。ただし, そこで要請される援助やサポートの内容は多岐にわたり, 例えば道

案内や募金といった面識のない間柄で行われる一過性の援助行動もあれば，親族や友人，職場の同僚や近隣などにおける日常的な助け合いもある。医療や福祉，カウンセリングや教育などの対人援助専門職によるヒューマン・ケアを援助行動と見なすことも可能である。教育場面では，学業上の問題に関する学業的援助要請と，対人関係や進路の悩みなどに関する心理社会的援助要請という2側面が想定されている。地方公共団体への生活保護申請や，ドメスティック・バイオレンスの被害者がNPOなどによるシェルターへの保護を申し出ることも援助要請にほかならない。さらには，クレーマーやモンスターペアレントによる訴え，緊急性の低い救急車出動要請といった社会問題に至るまで，援助要請と言えば援助要請と言えなくもない。

　援助要請の定義としては，デパウロ（DePaulo, 1983）による「個人が問題やニーズを抱えており，他者が時間，労力，資源を費やしてくれることによってその問題が解決もしくは軽減されうるものであり，ニーズを抱えた個人が他者に対して直接的に援助を要請する」行動のこと，という言説がしばしば引用される。しかしデパウロは，これを援助要請の定義というよりも典型例として述べており，この言説に合致しなければ援助要請ではない，というわけでもない。以上をふまえて本論では，あえて援助要請の定義や範囲を厳密に定めることはしないが，援助要請の内容は多種多様であり，その個々の文脈を無視して，本章の概括的議論を杓子定規に当てはめられるものではないことについては，了解しておくべきであろう。さらに，援助要請研究では，援助を求めようとする心理的傾向（被援助志向性：help-seeking preference）と，援助を求める行動（援助要請行動：help-seeking behavior）を区別することもあるが，特に必要のない限り，これらも区別せずに包括的に論を進めたい。

2. 援助要請のプロセス・モデル

　初期の援助要請研究では，人はどのような心理的過程を経て援助要請を行うのかという意思決定のプロセスが中心的論点となっていた。その代表的なモデルが，高木（1998）による援助要請の生起プロセス・モデル（図7-1）である。このモデルによれば援助要請には，①問題への気づき（問題に気づかなければ援助要請は行われない），②問題の重大性判断（重大でなければ援助要請は行わ

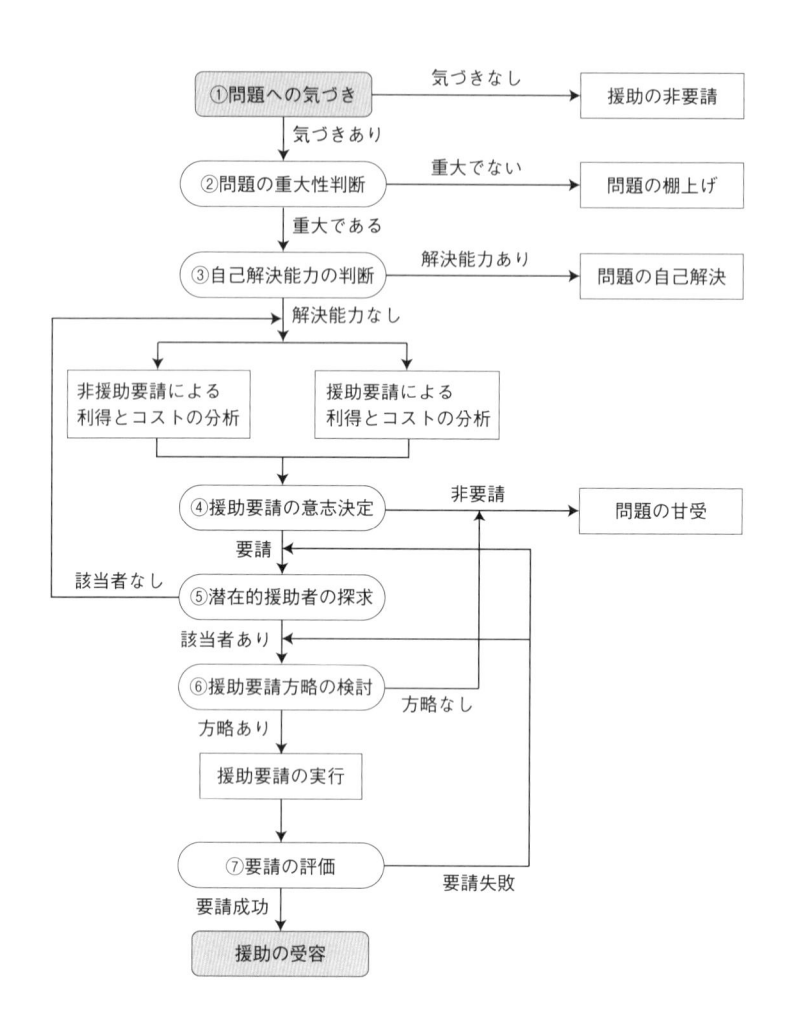

148　7　なぜ「助けて」と言えないのか？

図7-1　援助要請のプロセス・モデル（高木, 1998を一部改変）

れない），③自己解決能力の判断（自己解決可能であれば援助要請は行われない），④援助要請の意志決定（援助を要請する／しないことによる利得とコストにもとづく判断），⑤潜在的援助者の探求（援助してくれる人を見つける），⑥援助要請方略の検討（どのように援助を要請するかの検討），⑦援助要請の評価（実行された援助要請を相手がどう受け止めたかの判断）という7段階が想定される。実際の援助要請はこのモデル通りに進まない場合も多々あろうが，少なくともこのモデルは，援助要請に至るまでに乗り越えるべきハードルが意外と多いことを示している。ハードルの多さや高さに尻込みして，人々がつい援助要請を躊躇してしまう心情も了解できよう。

3. 援助要請の利得とコスト

　援助要請の意思決定プロセス・モデルは，援助要請の実行／非実行において，利得とコストが重要であることも示唆している。すなわち，「人が援助要請するのは，要請コストが被援助利益よりも小さく，非要請コストが非要請利益よりも大きいときである」（相川，1989）。逆に言えば，要請コストが被援助利益よりも大きく，非要請コストが非要請利益よりも小さいときに，人は援助要請を抑制すると考えられる。

　それでは，援助要請における利得とコストとは，具体的にどのようなものであろうか。この点に関して永井と新井（2007）は，中学生の援助要請に伴う利益（利得）とコストを測定する尺度を作成し，①援助要請実行の利得としての「ポジティブな効果」（相談すると，相手が悩みの解決のために協力してくれるなど），②援助要請実行のコストとしての「否定的応答」（相談をしても，相手に嫌なことを言われるなど），「無効性」（相手にアドバイスを言われても役に立たないなど），「秘密漏洩」（相談したことを他の人にばらされるなど），③援助要請回避の利得としての「自助努力」（困ったときは人に頼るより，自分で何とかする方がよい），④援助要請回避のコストとしての「問題の維持」（一人で悩んでいても，いつまでも悩みをひきずることになる），という下位尺度を想定している。また，永井と新井（2007）の尺度は将来の援助要請に関する予期的な報酬・コストを測定しているのに対して，本田ら（本田・新井，2008；本田・石隈，2008）は，実際に援助要請をした結果の評価を測定する援助評価尺度を

作成している。そこでは①「他者からの支えの知覚」（自分の味方をしてくれる人がいると思ったなど），②「問題状況の改善」（どうすればいいかがはっきりしたなど），③「対処の混乱」（自分の意見が消されてしまったなど），④「他者への依存」（自分が他の人に頼りすぎていると思ったなど）という4つの下位尺度が想定されており，このうち①②を援助要請の利得，③④を援助要請のコストと見なすことも可能であろう。

ただし，永井と新井（2008a）による報酬・コスト尺度改訂版では下位尺度の変更が生じており，援助要請における利得やコストとして含まれるべき必要十分な構成概念については，さらに検討を重ねる必要があろう。また，永井と新井（2007, 2008b）は，利得・コスト要因と実際の相談行動との関連が相談内容によって異なることを指摘しており，利得とコストの認知が，実際の援助要請行動をどの程度説明しうるのかについては，少なからず疑問も残されている。さらに，利得やコストが援助要請を規定するという主張は一見もっともであるが，それでは，何がそれらの利得やコストを規定しているのかというさらなる疑問もありえよう。そこで次に，援助要請（およびその利得やコスト）に影響を及ぼしうる要因について議論する。

II．援助要請の規定因

1．援助要請の規定因の分類

人が援助要請を躊躇するとき，そこには援助の要請・受容をネガティブに見なすような心理があると考えられる。例えば太田（2005）は，援助を要請できない心理的理由として，①自尊心が傷つくから，②世間の目を気にするから，③援助者の言い分を尊重しないといけない（期待と違う援助も受容せざるをえなくなる）から，④援助されることに重荷（負債感）を感じるから，⑤自力で解決したい気持ちがあるから，という5つを挙げている。木村（2007）は，学生相談利用の関連要因を，①イメージに関する変数（相談機関のイメージなど），②ニーズに関する変数（悩みの種類など），③認知・意識に関する変数（相談機関に関する知識など），という3つに区分しているが，これらも援助要請にまつわる認識や知識という意味で，心理的要因の一部と見なすこともできよう。

ただし,援助要請を規定するのは当事者の心理的要因のみではない。水野と石隈(1999)や永井(2010)は,援助要請に影響する要因を,①ネットワーク変数(ソーシャル・ネットワーク,ソーシャル・サポート,潜在的援助者へのアクセス可能性など),②パーソナリティ変数(自尊心,帰属スタイルなど),③問題の深刻さや症状,④デモグラフィック要因(性別,年齢,文化など),という4領域に分類している。すなわち,当事者の心理的要因のみならず,デモグラフィック要因から社会文化的要因に至るまで,様々な要因が援助要請の規定因となりうるのである。本節ではその中でも,性別,自尊心,関係性要因,ソーシャルスキル,問題の深刻さといった要因について概観する。

2. 援助要請と性別

性差に関しては,全般的に男性よりも女性の方が援助要請を行いやすい(西川,1998)。例えば,援助要請者と援助提供者の性別,そして援助提供者の魅力が援助要請行動に及ぼす影響について検討したナドラーら(Nadler et al., 1982)では,男性は魅力的な女性に対する援助要請を抑制しがちである一方で,女性は魅力的な男性に対して援助要請をより多く行っていた(図7-2)。この背景には,「女性が男性から援助を受けることは自然であるが,男性から女性への援助要請は,自主自立という男性の性役割観に反する」という伝統的性役割観

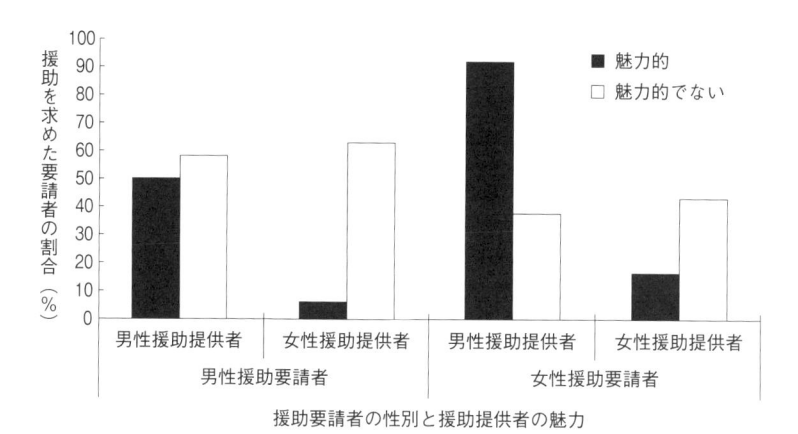

図7-2 援助要請者の性別・援助提供者の性別・援助提供者の魅力による援助要請傾向
(Nadler et al., 1982)

の影響があると考えられる（橋本，2005）。

　中学生における友人への援助要請を検討した永井と新井（2009）でも，問題の種類を問わず，男子よりも女子の方が悩みを経験しやすく，相談行動を行いやすいことが見出されている。また，女子は男子よりも相談する利益と相談しないコストを高く，相談するコストと相談しない利益を低く見積もっていた。ただし，現代日本社会における中学生の性差も伝統的性役割観で説明されるのかについては不明瞭であり，さらなる検討が必要であろう。

3. 援助要請と自尊心

　援助要請は，自身の問題予防・解決能力の低さを他者に露呈することによって自尊心（self-esteem）を脅かすことにもなりかねない（Fisher et al., 1982）。ただし，自尊心が高い場合と低い場合のどちらがより脅威になるかについては，「自尊心が高いほど，その認知の一貫性を保つために援助要請による自尊心低下を回避しようとする」という認知的一貫性仮説と，「自尊心が低いほど，援助要請によりさらに傷つくので援助を要請しない」という脆弱性（傷つきやすさ）仮説という，一見矛盾する2つの仮説が主張されてきた。この論点に関して，脇本（2008）は，自尊心の高低に加えて自尊心の安定性を考慮することで，これらの仮説が排他的でなく併存可能となるという興味深い説を展開している。すなわち，自尊心が安定している場合には自尊心の高さが被援助志向性に正の影響を及ぼしていた（脆弱性仮説に合致した）が，自尊心が不安定な場合は自尊心が被援助志向性に対して負の影響を及ぼしていた（認知的一貫性仮説に合致した）。このように，矛盾する見解があるときには，一義的に白黒を定めようとするのみならず，その他の要因によって各説の相対的妥当性が左右される（すなわち調整効果の）可能性を考慮することも重要である。

　ところで，「自尊心への脅威を回避するために援助要請を抑制する」という説は，日本人の援助要請抑制の説明としては，やや疑問も残るところである。なぜなら，自己卑下（self-effacement）として指摘されるように，日本人は自尊心の維持・高揚をそれほど重視しないという指摘もあるからである。例えばキタヤマとマーカス（Kitayama & Markus, 2000）によれば，日本人の肯定的感情は自尊心よりも援助受容頻度と強い正の関連を示すが，アメリカ人の肯定的

感情は自尊心と正の関連を示す一方で援助受容頻度とはほとんど関連しないことが指摘されている。よって，アメリカ人は自尊心への脅威ゆえに援助要請を抑制するが，日本人は（自尊心とは無関係に）他者との肯定的関係を維持するために，あえて援助要請を抑制すると考えた方が妥当かもしれない。このような，自己と援助要請の関連が文化によって調整される可能性については次節で議論する。

4. 援助要請と関係性

援助要請は，要請者と被要請者の関係性によっても左右される。例えば援助提供者が年長もしくは高地位者である，もしくは初対面である場合には，援助されることによって生じる心理的負債感（返報への義務感）を解消しにくくなることが見込まれるので，心理的負債感の発生を回避するために援助要請は抑制されやすくなるかもしれない（相川, 1989）。

また，先述した自尊心と援助要請の関連も，関係性に由来する援助行動の解釈や返報可能性などによって変動する。西川と高木（1990）は，援助を受けずに苦境を乗り切れるかという事態の統制可能性，援助者と被援助者の社会的近接性（単なる知人か，それとも友人かという関係性要因），そして被援助者の自尊心が，被援助経験時の認知的・感情的反応に及ぼす影響について検討している。その結果，統制可能性と社会的近接性による交互作用（組み合わせ）効果が示され，統制可能性が高い場合の知人からの援助は脅威的に見なされたが，親しい友人からの援助は好意的に見なされた。この理由としては，友人からの援助は脅威にもなりうるが，好意の表れといった自己支持的な意味合いも含んでいると見なされることや，親しい友人関係では親しくない知人関係よりも，返報的行動が規範化・実行しやすいことなどが挙げられよう。主婦を対象とした調査で，親しい関係であるほど援助提供のみならず援助要請にも積極的であることを見出した西川（1997）の知見も，この解釈に合致するものである。

5. 援助要請とソーシャルスキル

ソーシャルスキルが高いほどソーシャル・サポートも多いという知見（戸ヶ崎, 1998；和田, 1991）が示唆しているように，ソーシャルスキル（social skills）

も援助要請の重要な規定因であろう（相川，1989）。近年は「援助要請のためのソーシャルスキル」に焦点化した研究も行われており，例えば阿部ら（2006）による中学生を対象とした調査では，「私は相談したいとき，タイミングを考えて相手に相談することができる」などの言語的援助表現スキルが高いほど，友人や教師に対する被援助志向性も全般的に高いことが見出されている。

　しかし，ソーシャルスキルの効果に懐疑的な知見もある。新見ら（2009）は，中学生を「悩みを経験し，相談したことがある群」「悩みを経験したことはあるが相談したことはない群」「悩みを経験したことがない（ので相談したことがない）群」という3群に区分して，相談することの利益やコスト，そしてスキルに関する認知を比較した。その結果，「悩みあり・相談なし群」はその他の群に比べて，相談の利益を低く，コストを高く見積もっていたが，スキル認知について群間差は示されなかったことから，援助行動を規定するのは利益とコストであり，スキルの影響は小さいと主張している。また，アメリカと中国の大学生を対象として，一般的信頼とソーシャルスキルがサポート要請の正当性認知を促すという仮説を検討したモーテンソン（Mortenson, 2009）でも，両文化で一般的信頼の影響は示されたが，スキルの効果は示されなかった。

　そもそもスキルを有していることと，それを実行することとは別であり，その意味でスキルは援助要請の必要条件ではあっても十分条件ではないので，スキルと援助要請の対応がそれほど強くなくとも，それは不自然な話ではない。さらに，援助要請スキルを過度に重視する立場は，スキルが不十分な人々の援助要請抑制を自己責任化することにもなりかねない。そのような人々こそ援助への潜在的ニーズが強い可能性も含めて，「援助要請できないのは本人のコミュニケーション力の問題」というコミュニケーション能力至上主義の陥穽に陥らないことも重要であろう（本書第1章も参照）。

6. 援助要請と問題の深刻さ

　問題の深刻さと援助要請傾向には，全般的に正の関連が指摘されている（本田・新井，2010；本田ら，2009；木村・水野，2004；永井・新井，2007）。ただし，問題が深刻であるほど無気力や対処意志の低下によって援助要請が行われなくなる可能性もある（永井，2010）。例えば宮仕（2010）による社会人を対

象とした調査では，悩みの深刻度が高いほど，自己スティグマ（メンタルヘルス・サービスを受けることで自己が社会的に受け入れられないとラベルづけすることによる自尊心や自己価値の低下）も高くなり，自己スティグマが高いほど援助要請に対して抑制的になるという媒介過程が指摘されている。このように，援助要請に及ぼす深刻さ要因の影響については，心身の健康状態による要因交絡の可能性も考慮した上で議論する必要がある。

　また，適切な援助要請を促すためには，問題の深刻性を規定する要因についても考慮すべきであろう。例えば，いじめ，長時間労働，孤立した育児，経済的逼迫など，現代社会において援助を必要としている人々が，自身が抱えている問題の存在や重大性に気づいていないとは考えにくい。しかし，たとえ自身がその問題を深刻に認識していたとしても，他者も同様の認識をもちうるとは限らない。もし「他の人は深刻に評価しないかもしれない」という懸念があれば，不適切と見なされかねない援助要請を抑制するのはむしろ自然であろう。また，問題を深刻に考えすぎないことは，コーピングとしての認知的再評価，もしくは不合理な信念や推論障害の改善方略としても推奨されている。しかし，そのような「悩まないことの推奨」，すなわちポジティブ思考への圧力によって，問題を深刻視することすら抑制されている可能性はないだろうか。「すべては本人の心のもちよう」という心理主義的な視点の偏重は，不用意に問題を重大視して他者に訴えると「ネガティブ思考のクレーマー」と見なされかねない，というリスクを生じさせるのである。

III. 援助要請と社会・文化

1. 援助要請と文化

　先に述べたように，援助要請のあり方は社会や文化によっても異なる。特に北米に比べて日本を含む東アジアではサポート要請が抑制されやすいという文化差は，多くの研究で指摘されている（水野・石隈, 1999）。例えばテイラーら（Taylor et al., 2004）は，ヨーロッパ系アメリカ人に比べてアジア人やアジア系アメリカ人はサポート要請に消極的であり，さらにこの文化差が，アジア人の関係懸念（relationship concern）の高さによって媒介されると主張してい

る。関係懸念とは，調和維持（「自分が何かに悩んでいても，それを共有することで集団の和を乱したくない」など），問題悪化回避（「問題を歪めてみるだろうから，話したくない」など），批判回避（「非難されるリスクを冒すよりは秘密にしておきたい」など），面子保持（「面子を失うよりは秘密にしておいた方がよい」など）といった要素の包括的概念のことである。

この文化差は，文化的自己観（Markus & Kitayama, 1991）とも合致する。すなわち，東アジアなどの相互協調的自己観（interdependent self-construal）が優勢な文化においては，北米に代表される相互独立的自己観（independent self-construal）が優勢な文化に比して，対人関係の調和性を保ち，集団から排斥されないことの重要性が高く，そのために他者から疎まれるような行為は極力抑制することが求められる。そして，安易なサポート要請は，自身の問題解決能力の低さを露呈し，集団内に波風を立てることになり，結果的に自身が集団から排斥されるリスクを高めることになりかねない，ということである。

ただし，アジア人が援助要請に消極的である理由としては，関係懸念の他にもいくつかの代替説明が考えられる。第1は，サポートの自明性，すなわち東アジアにおいてはサポートの授受が規範化されているがゆえに，わざわざ要請する必要がない，という可能性である。相互独立的自己観においては対人援助もあくまで個人の自律性にもとづく行動と見なされるのに対して，相互協調的自己観における対人援助は個人の意志を越えた社会的責務として規範化されており（北山, 1998），それにもかかわらずわざわざ援助を要請することは，かえって不自然となるので，援助要請が抑制されるということである。しかし，この可能性を検討したキムら（Kim et al., 2006）によれば，やはり自明性よりも関係懸念による説明の方が相対的に妥当であることが見出されている。

第2の代替説明として，北米に比して東アジアではサポートの有効性が低いのでサポートが要請されない，という可能性もあるかもしれない。しかし，サポートの有効性の文化差に関する先行研究では，総じてアメリカよりも日本の方が，サポートの有効性が高いことが示されている。例えば先述したように日本人の肯定的感情は自尊心よりも援助受容頻度と強く関連している一方で，アメリカ人の肯定的感情は自尊心と関連するが援助受容頻度とはほとんど関連していない（Kitayama & Markus, 2000）。ウチダら（Uchida et al., 2008）も，

知覚された情緒的サポートがウェル・ビーイングに及ぼす効果は，アメリカよりアジアで顕著であることを見出している。むしろ，サポートの有効性を認めつつも，サポート提供者の負担に配慮して援助要請を抑制していると考えた方が，文化的自己観や心理的負債感などの観点からも妥当であろう。

とはいえ，関係懸念による説明にも，さらに検討すべきいくつかの問題点や限界が残されている。まず1つには，援助要請の文化差が，身近な対人関係のみならず，専門的援助においても存在することとの理論的整合性に関する疑問が挙げられる。東アジア人はヨーロッパ系アメリカ人に比べて，心理的専門的支援（心理臨床家やカウンセラーによる援助）への援助要請も抑制しやすいことが指摘されている（Hwang, 2006; 水野・石隈, 1999）。しかし，内集団として見なされにくいであろう専門的対人援助職者にまで，関係懸念を感じると想定するのはやや不自然にも思われる。もちろん，専門的援助を受けることによる風評的なスティグマ懸念によって援助要請が抑制される可能性も想定されるが（Corrigan, 2004），日米の大学生における援助要請の文化差について検討した橋本ら（2007）では，その想定に反して，日米ともに専門的援助要請傾向とスティグマ懸念に有意な関連は示されていない。

さらに，アジア人における援助要請の抑制因となっているのは，関係懸念のような身近な他者からのネガティブ評価に対する（自己防衛的で利己的な）懸念よりもむしろ，内集団や社会の調和を守ろうとする（むしろ利他的な）態度であるという可能性も考えられる。一言（一言，2009；一言ら，2008）は，被援助に伴う心理的負債感の規定因として，欧米文化では自己利益が，日本文化では他者コストの影響が相対的に大きいという，この観点に合致する知見を見出している。また，リンとチェン（Lin & Cheung, 1999）は，アジアでは家族が社会の基本単位であり，家族成員の病気は家族全体のホメオスタシスへの脅威と考えられるので，援助要請は個人的な意志決定というよりも，家族としての山場であると述べている。統合失調症患者の治療における家族の関与度の文化差について，アジア系患者の家族は白人患者の家族に比べて治療に立ち会おうとする人が多いという指摘もある（Lin et al., 1991）。これらの知見は，アジアでは援助要請が個人よりも（内）集団の問題として認識されやすいことを示しており，さらに援助要請によって「自分が内集団からどう思われるか」とい

うよりも，むしろ「内集団が外集団によってどう思われるか」という懸念の方が，重大な問題となりうる可能性を示唆している。要するに，東アジア人の援助要請は，関係懸念という自己にとっての利害のみならず，集団や社会全体にとっての利害も含めて（ときには自己よりも集団や社会を優先させて）判断されているのではないだろうか。

もしかしたら，日本人にとって援助要請とは，他者のウェル・ビーイングの阻害と引き替えに自身のウェル・ビーイングを追求する行為である，という潜在的認識があり，それに伴う罪悪感が援助要請を抑制しているのかもしれない。このようなゼロサム的（自他間で反比例的）なウェル・ビーイング観による説明は，いまだ著者の漠とした仮説の域を出るものではないが，一考に値するものではないかと思われる。

2. 社会生態学的アプローチから見た援助要請

アジア人の援助要請に対する消極性を文化によって説明しようとするスタンスは，「それでは，アジア的な文化や価値観が変わらない限り，アジア人は援助要請を抑制し続けるのか」という，さらなる疑問を提起する。もしその答えがイエスであるなら，援助要請を促進するためには，援助要請を抑制するような文化の解消という，非現実的にも思われる難題に取り組むことが求められるかもしれない。もしくは，日本には援助要請を抑制するような文化があることを前提とした上で，要請せずとも適切に援助を授受できるようなシステムの構築が必要なのかもしれない。いずれにせよ，援助要請に限らず人間の心理や行動を文化によって説明するアプローチには，一定の説得力はあるものの，対応策の検討や提言という段階において，限界があることも否めないであろう。

しかし，そのような援助要請の地域差や文化差を，社会生態学的アプローチ（socio-ecological approach: Oishi & Graham, 2010）によって説明することができるならば，文化的アプローチの問題点や限界を克服することも可能となるかもしれない。社会生態学的アプローチとは，「社会的生物の心理・行動メカニズムは，自身でつくりあげている社会生態学的の環境（物理的，社会的，対人的環境）に適応的なものとなるように形成され，変容していく」という前提のもとに，ある社会に生きる人々に共通してみられる心理・行動傾向がどのような

社会生態学的特徴に由来するのか，そしてどのような社会生態学的環境を産み出していくのかという，特定環境における人間の心理や行動と環境の双方向的影響過程を探求するアプローチである。このアプローチは，個人の心理・行動と文化的環境の双方向性を探究する文化心理学と少なからず類似しているが，そこで想定する環境的要因として，抽象的になりがちな文化的要因ではなく，対人関係や社会制度などに関する客観的な生態学的特徴を扱うこと，さらにそれらの生態学的特徴と文化を区別することによって，同一文化内でも生態学的特徴が異なれば個人の心理や行動に差が生じること，もしくは逆に異文化でも生態学的特徴が類似していれば類似した心理や行動が生起しうることを予測しうる，という点において，文化的アプローチと一線を画すものである。

1) 信頼と安心と援助要請

社会生態学的アプローチの代表的な研究例として挙げられるのが，山岸 (Yamagishi & Yamagishi, 1994; 山岸, 1998, 1999) による，信頼（相手が期待に添った行動をするか不明確で，かつ裏切られたら自分が害を被りかねない状況において，相手が裏切らないと期待すること）の文化差，そしてその背景にある「安心 (reassurance) と信頼 (trust)」にまつわる議論である。「アメリカは個人主義，日本は集団主義」という通説からは，アメリカ人よりも日本人の方が他者を信頼しやすいと思われるが，実際には日本人よりもアメリカ人の方が，一般的信頼（他者全般に対する信頼）は高いことを山岸は指摘している。さらに山岸はこの文化差が，アメリカと日本の社会システムのあり方に由来すると主張している。すなわち，従来の日本社会では閉鎖的な内集団を形成し，その内部で裏切りへの制裁システムを発動させるという「安心社会」が機能していたので，身内であれば「安心」して信じることができたが，それはあくまで「裏切りは相手にとっても不利益なので裏切らないであろう」という期待であり，その反面，相手の良心や好意に期待するという一般的信頼は醸成されにくい。一方，アメリカではそのような閉鎖的内集団や制裁システムを構築しようとする方が非効率的であり，見知らぬ他者ともまずは積極的に関係構築を図った方が，自身にとっても利得を得る可能性が高くなるという「信頼社会」が構築されやすい土壌があるので，基本的に高い一般的信頼をもつ方が適応的と

なる。端的に言えば，社会生態学的要因によって日本ではリスク回避的なシステムが構築されやすく，アメリカではリスクテイキングなシステムが構築されやすいがゆえに，それぞれの社会環境に個人が適応するような形で，一般的信頼の文化差が形成されたということである。

　援助要請とは自身の問題や弱点を他者に開示し，かつ相手が援助提供という向社会的行動を行うように依頼することである。そこには，相手が期待していたような反応を返してくれず，悪くすれば開示した弱みにつけ込まれるかもしれないというリスクも存在する。したがって，援助要請もまた，相手が期待に添った行動をするか不明確で，かつ裏切られたら自分が害を被りかねない状況において，相手が裏切らないと期待すること，すなわち信頼が求められる対人場面のひとつと見なされうる。例えば，見ず知らずの医師によって激痛を伴うような治療が行われるときにも，医師を信じて「おまかせ」するのはその一例である（池田, 2010）。そこで人々が医師を信じる理由としては，①過去の受診経験にもとづく医師個人への信頼，②医師としての使命感や職業倫理という医師という職業への信頼，③人間としての良心への信頼（すなわち一般的信頼），④周囲の評判にもとづく信頼と安心，⑤法的・社会的に罰せられるリスクのある治療はしないだろうという制度への安心，⑥危険を防ぐ医療器具による治療という物理的な安心，など様々なものが挙げられるが，いずれも「信頼」もしくは「安心」であることは共通している。

　したがって，そこで潜在的援助要請者が被要請者を信じて援助を要請するためには，相手の良心や好意を信じるという信頼，もしくは制裁などによって裏切りを抑制するシステム的保証による安心のいずれかが必要である。このうち信頼によって援助要請が促進される効果については，先述したモーテンソン（Mortenson, 2009）によるアメリカと中国の大学生を対象とした調査で両文化に共通して示されている。また，男子大学生における一般的信頼とサポートの関連についての研究（Grace & Schill, 1986）でも，信頼高群は低群に比べて知覚されたサポートとサポート要請傾向が高いことが見出されている。しかし，もし相手を信頼できずに，かつ制度にもとづく安心も機能しないということであれば，不本意な搾取や裏切りの被害を回避するためには，援助要請を抑制する方がむしろ適応的ともなりうるであろう。日本人がアメリカ人に比べて，援

助要請を含めて抑制的コミュニケーションに従事しやすいのは，一般的信頼が総じて低く，かつ安心も機能しにくい状況に対する防衛的適応方略なのかもしれない。さらにここから，相互扶助を規範化するようなシステムや制度的保証がある（安心できる）対人関係（家族関係など）に比べて，そのような縛りが相対的に弱い（安心よりも信頼にもとづく）関係（友人関係など）では，援助要請における信頼の重要性が，より顕著になると推測されよう。

2）関係流動性と援助要請

また，援助要請は自己開示の一種とも見なされうるので（Vogel & Wester, 2003），援助要請に対する消極的態度は，部分的には自己開示への消極性とも重複している。実際にいくつかの研究（Chen, 1995; Kito, 2005; Ting-Toomey, 1991）では，アメリカ人などに比べて日本人は自己開示に消極的であることが指摘されている。

さらにこの自己開示の文化差について，シュグら（Schug et al., 2010）は，関係流動性（relational mobility: Yuki et al., 2007）が，この文化差を媒介しうることを指摘している。関係流動性とは，「ある社会，または社会状況に存在する，新しい対人関係を形成できる機会の多さ」であり，現在結んでいる対人関係や所属集団から飛び出して，新たな関係を結んだり集団に加入したりすることの容易さという社会生態学的要因である。典型的には，北米は絶え間なく新たな他者や集団と出会い，より望ましい属性をもつ他者との関係を形成・維持しようとする「高関係流動性社会」であるのに対し，日本を含む東アジアは，対人関係や集団所属が先験的で選択肢が少なく，安定性が高い「低関係流動性社会」であると想定される。そして，北米のような高関係流動性社会では，人々は関係維持のために時間や労力を投資する必要があるのに対して，日本のような低関係流動性社会では，対人関係は安定しているので，そのような努力をする必然性が小さい。その結果，相手へのコミットメントを示すシグナルとして機能する自己開示は，日本よりもアメリカにおいて行われやすくなると想定される。シュグら（2010）はこの予測にもとづいて，日米における文化間比較の調査を実施し，予測通り，日本人よりアメリカ人の方が友人に対して自己開示しやすいという文化差，かつその文化差が関係流動性によって媒介される

ことを見出している。ちなみに，関係流動性は一般的信頼とも基本的に正の相関を有している（Yuki et al., 2007）。なぜなら，関係流動性が高い社会では制度的な安心が担保されにくいので，一般的信頼の重要性が相対的に高くなりやすく，関係流動性が低い社会ではその逆の現象が生じやすいからである。すなわち，関係流動性と一般的信頼は基本的に連動しており，関係流動性が高い社会や対人関係であるほど，一般的信頼を高める方が適応的であり，結果的に自己開示や援助要請に対して積極的になると想定される。

以上の議論をふまえて，橋本（2011）は大学生を対象に，友人，家族，専門家のそれぞれに対する援助要請傾向と一般的信頼の関連について検討した。その結果，やはり友人に対する援助要請傾向と一般的信頼は $r=.36$（$p<.001$）と正の相関を示したのに対して，家族に対する援助要請傾向と一般的信頼の相関は $r=.14$（$p=.08$）と相対的に弱かった。ここから，援助要請を促進するためには，援助要請者の主体的要因と状況的要因の交互作用まで視野に入れて検討することが必要であると言えよう。すなわち，関係流動性が高い状況においては，いかに一般的信頼を高めるかが援助要請を促進するためのポイントとなるであろう。しかし，関係流動性が低い状況においては，一般的信頼は援助要請の促進因としてあまり機能しないであろう。やはり結局のところ，援助要請もまた，主体と状況の相互作用によって規定される対人行動の1つなのである。

引用文献

阿部聡美・水野治久・石隈利紀（2006）．中学生の言語的援助要請スキルと援助不安，被援助志向性の関連　大阪教育大学紀要（第Ⅳ部門），**54**, 141-150.

相川　充（1989）．援助行動　大坊郁夫・安藤清志・池田謙一（編）　社会心理学パースペクティブ1―個人から他者へ　誠信書房　pp.291-311.

Chen, G. (1995). Differences in self-disclosure patterns among Americans versus Chinese: A comparative study. *Journal of Cross-Cultural Psychology*, **26**, 84-91.

Corrigan, P. (2004). How stigma interferes with mental health care. *American Psychologist*, **59**, 614-625.

DePaulo, B. M. (1983). Perspectives on help-seeking. In B. M. DePaulo, A. Nadler, & J. D. Fisher (Eds.), *New directions in helping*. Vol.2. *Help-seeking*. New York: Academic Press. pp.3-12.

Fisher, J. D., Nadler, A., & Whitcher-Alagna, S. (1982). Recipient reactions to aid.

Psychological Bulletin, **91**, 27-54.
Grace, G. D., & Schill, T. (1986). Social support and coping style differences in subjects high and low in interpersonal trust. *Psychological Reports*, **59**, 584-586.
橋本　剛（2005）．対人関係に支えられる　和田　実（編著）　男と女の対人心理学　北大路書房　pp.137-158.
橋本　剛（2011）．大学生における援助要請と一般的信頼の関連　日本教育心理学会第53回総会発表論文集, 155.
橋本　剛・今田俊恵・北山　忍（2007）．日米における援助要請傾向―日常的援助と専門的援助の両側面から　日本心理学会第71回大会発表論文集, 74.
一言英文（2009）．対人的負債感　有光興記・菊池章夫（編著）　自己意識的感情の心理学　北大路書房　pp.106-125.
一言英文・新谷　優・松見淳子（2008）．自己の利益と他者のコスト―心理的負債の日米間比較研究　感情心理学研究, **16**, 3-24.
本田真大・新井邦二郎（2008）．中学生の悩みの経験, 援助要請行動, 援助評価が学校適応に与える影響　学校心理学研究, **8**, 49-58.
本田真大・新井邦二郎（2010）．幼児をもつ母親の子育ての悩みに関する援助要請行動に影響を与える要因の検討　カウンセリング研究, **43**, 51-60.
本田真大・石隈利紀（2008）．中学生の援助に対する評価尺度（援助評価尺度）の作成　学校心理学研究, **8**, 29-39.
本田真大・石隈利紀・新井邦二郎（2009）．中学生の悩みの経験と援助要請行動が対人関係適応感に与える影響　カウンセリング研究, **42**, 176-184.
Hwang, W. (2006). The psychotherapy adaptation and modification framework: Application to Asian Americans. *American Psychologist*, **61**, 702-715.
池田謙一（2010）．参加と信頼　池田謙一・唐沢　穣・工藤恵理子・村本由紀子　社会心理学　有斐閣　pp.291-311.
Kim, H. S., Sherman, D. K., Ko, D., & Taylor, S. E. (2006). Pursuit of comfort and pursuit of harmony: Culture, relationships, and social support seeking. *Personality and Social Psychology Bulletin*, **32**, 1595-1607.
木村真人（2007）．わが国の学生相談に対する援助要請研究の動向と課題　東京成徳大学人文学部研究紀要, **14**, 35-50.
木村真人・水野治久（2004）．大学生の被援助志向性と心理的変数との関連について―学生相談・友達・家族に焦点を当てて　カウンセリング研究, **37**, 260-269.
北山　忍（1998）．自己と感情―文化心理学による問いかけ　共立出版
Kitayama, S., & Markus, H. R. (2000). The pursuit of happiness and the realization of sympathy: Cultural patterns of self, social relations, and well-being. In E. Diener, & E. M. Suh (Eds.), *Culture and subjective well-being*. London: The MIT Press. pp.113-161.

Kito, M. (2005). Self-disclosure in romantic relationships and friendships among American and Japanese college students. *The Journal of Social Psychology*, **145**, 127-140.

Lin, K. M., & Cheung, F. (1999). Mental health issues for Asian Americans. *Psychiatric Services*, **50**, 774-780.

Lin, K. M., Miller, M. H., Poland, R. E., Nuccio, I., & Yamaguchi, M. (1991). Ethnicity and family involvement in the treatment of schizophrenic patients. *Journal of Nervous and Mental Disease*, **179**, 631-633.

Markus, H. R., & Kitayama, S. (1991). Culture and the self: Implications for cognition, emotion, and motivation. *Psychological Review*, **98**, 224-253.

松井　豊・浦　光博 (1998). 援助とソーシャル・サポートの研究概略　松井　豊・浦　光博（編）人を支える心の科学　誠信書房　pp.1-17.

宮仕聖子 (2010). 心理的援助要請態度を抑制する要因についての検討―悩みの深刻度，自己スティグマとの関連から　日本女子大学大学院人間社会研究科紀要, **16**, 153-172.

水野治久・石隈利紀 (1999). 被援助志向性，被援助行動に関する研究の動向　教育心理学研究, **47**, 530-539.

Mortenson, S. T. (2009). Interpersonal trust and social skill in seeking social support among Chinese and Americans. *Communication Research*, **36**, 32-53.

Nadler, A., Shapira, R., & Ben-Itzhak, S. (1982). Good looks may help: Effects of helper's physical attractiveness and sex of helper on male's and female's help-seeking behavior. *Journal of Personality and Social Psychology*, **42**, 90-99.

永井　智 (2010). 大学生における援助要請意図―主要な要因間の関連から見た援助要請意図の規定因　教育心理学研究, **58**, 46-56.

永井　智・新井邦二郎 (2007). 利益とコストの予期が中学生における友人への相談行動に与える影響の検討　教育心理学研究, **55**, 197-207.

永井　智・新井邦二郎 (2008a). 相談行動の利益・コスト尺度改訂版の作成　筑波大学心理学研究, **35**, 49-55.

永井　智・新井邦二郎 (2008b). 悩みの種類から見た中学生における友人に対する相談行動―予期される利益・コストとの関連　学校心理学研究, **8**, 41-48.

永井　智・新井邦二郎 (2009). 中学生における友人に対する援助要請の統計的特徴―相談行動, 悩みの経験, 利益・コストにおける基礎的データの検討　筑波大学発達臨床心理学研究, **20**, 11-20.

NHKクローズアップ現代取材班 (2010). 助けてと言えない―いま30代に何が　文藝春秋

NHK「無縁社会プロジェクト」取材班 (2010). 無縁社会―"無縁死"三万二千人の衝撃　文藝春秋

新見直子・近藤菜津子・前田健一 (2009). 中学生の相談行動を抑制する要因の検討　広島大学心理学研究, **9**, 171-180.

西川正之 (1997). 主婦の日常生活における援助行動の研究　社会心理学研究, **13**, 13-22.
西川正之 (1998). 援助研究の広がり　松井　豊・浦　光博（編）人を支える心の科学　誠信書房　pp.116-148.
西川正之・高木　修 (1990). 援助がもたらす自尊心への脅威が被援助者の反応に及ぼす効果　実験社会心理学研究, **30**, 123-132.
太田　仁 (2005). たすけを求める心と行動―援助要請の心理学　金子書房
Oishi, S., & Graham, J. (2010). Social ecology: Lost and found in psychological science. *Perspectives on Psychological Science*, **5**, 356-377.
Schug, J., Yuki, M., & Maddux, W. (2010). Relational mobility explains between- and within-culture differences in self-disclosure to close friends. *Psychological Science*, **21**, 1471-1478.
高木　修 (1998). 人を助ける心―援助行動の社会心理学　サイエンス社
Taylor, S. E., Sherman, D. K., Kim, H. S., Jarcho, J., Takagi, K., & Dunagan, M. S. (2004). Culture and social support: Who seeks it and why? *Journal of Personality and Social Psychology*, **87**, 354-362.
Ting-Toomey, S. (1991). Intimacy expressions in three cultures: France, Japan, and the United States. *International Journal of Intercultural Relations*, **15**, 29-46.
戸ヶ崎泰子 (1998). 中学生の社会的スキルと友人関係との関係　松蔭女子短期大学紀要, **14**, 135-153.
Uchida, Y., Kitayama, S., Mesquita, B., Reyes, J. A. S., & Morling, B. (2008). Is perceived emotional support beneficial? Well-being and health in independent and interdependent cultures. *Personality and Social Psychology Bulletin*, **34**, 741-754.
Vogel, D. L., & Wester, S. R. (2003). To seek help or not to seek help: The risks of self-disclosure. *Journal of Counseling Psychology*, **50**, 351-361.
和田　実 (1991). 対人的有能性とソーシャルサポートの関連―対人的に有能な者はソーシャルサポートを得やすいか？　東京学芸大学紀要　第Ⅰ部門（教育科学）, **42**, 183-195.
脇本竜太郎 (2008). 自尊心の高低と不安定性が被援助志向性・援助要請に及ぼす影響　実験社会心理学研究, **47**, 160-168.
山岸俊男 (1998). 信頼の構造―こころと社会の進化ゲーム　東京大学出版会
山岸俊男 (1999). 安心社会から信頼社会へ　中央公論新社
Yamagishi, T., & Yamagishi, M. (1994). Trust and commitment in the United States and Japan. *Motivation and Emotion*, **18**, 129-166.
Yuki, M., Schug, J., Horikawa, H., Takemura, K., Sato, K., Yokota, K., & Kamaya, K. (2007). Development of a scale to measure perceptions of relational mobility in society. *CERSS Working Paper*, **75**, Center for Experimental Research in Social Sciences, Hokkaido University.

よりよく理解するための参考書
- 浦　光博（2009）．受容と排斥の行動科学―社会と心が作り出す孤立　サイエンス社

　　人々の支え合いが人々の心身の健康を維持・促進し，逆に孤立や軋轢（あつれき）が人々の心身の健康を蝕むメカニズムから，人々が支え合えるような社会を構築するためには何が必要なのかに至るまで，多面的視点から論じた好著。

- 橋本　剛（2008）．大学生のためのソーシャルスキル　サイエンス社

　　援助要請／援助提供を円滑に行うためのソーシャルスキルを含めて，本書の主題である対人社会心理学にまつわる基本的な知識を，心理学を専門としない大学生にも理解できるようなわかりやすい文章で紹介している。

- 山岸俊男（2011）．「しがらみ」を科学する―高校生からの社会心理学入門　筑摩書房

　　社会という「しがらみ」によって人々が望んでいない行動をしてしまい，さらにその行動をその人の内面の反映と解釈してしまう「心でっかち」な考え方が生じるメカニズムを平易な文章で論じている。社会生態学的アプローチの入門書としてお薦め。

Column 7 心理臨床場面の対人心理

中山　真

　読者の中には，臨床心理学やカウンセリング・心理療法に興味や関心をもっていたり，あるいは心理臨床家として実際に活動されていたりする方もいるかもしれない。カウンセリングなど心理臨床場面においても，カウンセラーとクライエントという2者の対人関係が存在し，両者の間で思考や感情，行動に影響を与え合うのである。ここにも社会心理学を取り入れることが大いに役立つと思われる。

　カウンセラーとクライエントの関係について，精神分析の立場から提唱されている概念として，感情転移（transference）というものがある。これはクライエントが過去の重要な人物との間で経験した感情を，カウンセラーに向けてくることである。転移にはカウンセラーに近づく肯定的で親近的な陽性転移と，カウンセラーを避ける否定的で拒否的な陰性転移とがある。さらに，クライエントから向けられた感情に反応したり，カウンセラー自身の経験を臨床場面に持ち込んでしまったりすることで，訓練されたカウンセラーでさえもクライエントに個人的な感情を向けてしまうことがある（逆転移）。例えば，クライエントがカウンセラーに対しての好意（場合によっては，恋愛感情）を表明し，個人的な接触を切望される。「週1回のカウンセリングでは足りない。個人的に時間をつくって会いたい。せめて一度食事だけでも……」。それに対してカウンセラーは，たとえクライエントのことが魅力的に思えたとしても，その誘いに応じることは倫理的にも，また安定的な治療関係を維持するためにも許されないことである。

　とはいえ，相手の誘いを断ることに罪悪感をもち，個人的な関係をもつことは避けられても，個人的な感情をもってしまうことまでは避けられず，そのことを，カウンセラーとしての自分の適性や自覚のなさに結び付けてしまう人もいるだろう。しかし，そういった好意のやりとりは対人心理としてはごく自然なことと言えるかもしれない。社会心理学の研究では，他者から好意を受けた場合，それと同じように相手に返すべきであるという好意の返報性（互恵性）規範（reciprocity）が働くことが指摘されている（Gouldner, 1960）。心理臨床場面はカウンセラーとクライエントの2者のみの相互作用場面であり，返報性規範がより高められやすい状況とも考

えられる。

　また，クライエントから好意を示されるのは，カウンセラーの魅力（attractiveness）の高さによるものかもしれない。一般的に外見的な魅力が高い人は，相手から高い評価を受けやすい。これはカウンセラーとクライエントの関係においても例外ではなく，身体的に魅力が高いことが，カウンセラーとしての能力の高さの評価にもポジティブな影響を与えることが指摘されている（e.g., Lewis & Walsh, 1978）。ただし，魅力は容貌ばかりでなく，非言語的な行動（例えば視線，うなずき，表情，姿勢など）によっても高めることができる。

　ここでカウンセリング場面を，説得的コミュニケーションに当てはめて考えてみたい。「説得」という言葉で置き換えることに，違和感を覚える読者もおられよう。しかし，日常語の「説得」のニュアンスとはやや異なり，心理学では，送り手のメッセージによって，受け手の態度や行動を変容させることを説得とよんでいる。カウンセリングでも，カウンセラーとの言語的なやりとりの中で，クライエントの態度や行動が変容することもあり，重ね合わせて考えられる部分もあるだろう。説得に関する研究では，メッセージの送り手の特徴が説得効果を左右し，先述した魅力もその1つの要因として挙げられる（Hovland et al., 1953）。このほかに，送り手の信憑性（credibility）も重要な要因の1つである。信憑性は，専門性と信頼性の2つの側面に分けて考えることができ，前者はある話題についての正しい知識や情報をもっていると見なすことができる程度を指し，後者はもっている知識や情報を誠実に伝えようとする意図があると見なすことができる程度を指す。カウンセラーに当てはめて考えると，専門性は十分な訓練を受け，経験が豊富であると見えるか否か，信頼性は心理臨床場面において，秘密を守ることを表明し，クライエントの話を関心をもって共感的に聴くとともに，それを態度として示すことで高められるだろう。もっとも，多くのカウンセラーは，服装や身だしなみを気にし，また丁寧なインフォームド・コンセントを行い，カウンセリング中も自分の相づちや反応に注意を払っており，おのずと魅力や信憑性の高い送り手として機能していると言えるかもしれない。

　ここでは，カウンセラーとクライエントの関係に関する話題に絞ったが，クライエントに対する正確で客観的な理解や見立てを行う上でも社会心理学は役立つだろう。心理臨床的な話題とは直接結びつけられてはいないが，本書の各章にはそのヒントがあふれている。カウンセリングや心理療法は，熟練した経験によって成しうるものであったり，ときにはアートのように

語られたりもする。社会心理学は，そのわかりにくい部分や何となくそうであるといった現象をクリアにしてくれることもあるだろう。

引用文献

Gouldner, A. W. (1960). The norm of reciprocity: A preliminary statement. *American Sociological Review*, **25**, 161-178.

Hovland, C. I., Janis, I. L., & Kelley, H. H. (1953). *Communication and persuasion: Psychological studies of opinion change*. New Haven, CT: Yale University Press.

Lewis, K. N., & Walsh, W. B. (1978). Physical attractiveness: Its impact on the perception of a female counselor. *Journal of Counseling Psychology*, **25**, 210-216.

8 なぜ空気を読もうとするのか，そして空気は読めるのか？

日本的対人コミュニケーション

高井次郎

I.「日本的対人コミュニケーション」とは？

　日本人は古くから「以心伝心」の人づきあいがあると言われ，言葉をあまり交わさなくてもお互いを十分理解できると信じられてきた。実際に，日本語には「以心伝心」のほか，「暗黙の了解」，「つうかあの仲」，「黙認」など様々な曖昧で含みのあるコミュニケーションを表現する言葉が多く存在する。また，日本語の文法の特徴として，「私は…」など，主語を明記しなくても有意味な文章が成り立つ。むしろ主語を入れるほうが不自然であり，いちいち「私は…」と発言する人は，自我が強いと思われてしまうほどである。

　日本人の対人コミュニケーションは言葉そのものに注意するよりも，その言葉の周りにある状況に着目する必要性がある。「空気を読む」という表現は，こうした状況や雰囲気に気づくことを意味しており，言われなくても周囲の人々が何を考えているのかに気づくことができれば，空気を「読めた」ことになる。例えば，男性が女性を映画に誘い，「今週はちょっと」と言われ，「では来週は？」という新たな誘いに対して，再度「来週もちょっと」という返答が返ってきたら，それは「あなたとはつきあいたくない」という本心のあらわれであると理解できる。このように，「ちょっと」という曖昧な言葉は「空気を読める」者にとっては，とても明確なメッセージである。

　本章は，「空気を読む」をはじめ，日本人の対人コミュニケーションの特質について検討し，それを研究する上での問題点について議論することが目的である。本章の構成は，まずは日本的対人コミュニケーションの特徴をまとめ，それぞれの特徴について取り上げ，それを研究するための方法について考えるこ

とにする。

1. 日本的対人コミュニケーションの特徴

1960年代から1970年代にかけて，急速な経済発展を遂げた日本人は，国内外の文化人類学者や心理学者の関心を引き寄せた。その結果，「日本人論」という新たな研究領域が生まれた。代表的な日本人論は濱口（1977）の間人主義論と中根（1967）のタテ社会論である。

間人主義論によると，日本人は人と人の縁と間柄にこだわり，関係性によって対人行動が大きく異なるとしている。例えば，親密な相手には親切である一方，他人に対しては冷たい。こうした関係性による違いをミドオカ（Midooka, 1990）は親密度をもとに4層に分けて，親密から疎遠にかけて，「気の置けない関係」「仲間」「馴染みの他人」および「無縁の関係」と名付けた。まず，「気の置けない関係」は親友や家族によって構成され，極めて親しく，そのため遠慮は不要である。一方，「仲間」は会社の同僚など，親しい一方で気遣いも必要な関係であり，あまりわがままな行動はゆるされない。「馴染みの他人」は近所づきあいなど，決して親しくはないが，とても気になる存在であり，自分の行動の品性などに注意を払う。その半面，「無縁の関係」に対しては赤の他人の関係である故，配慮の欠けた身勝手な行動をとりがちである。したがって，日本人は親密度の両極端，すなわち友人や家族，また赤の他人に対して遠慮のないコミュニケーション・スタイルをとりがちであるが，親密度の中間層である仲間や世間に対しては礼儀正しいコミュニケーションをとる。

タテ社会論は日本人の序列を重視する傾向を記述しており，社会におけるその典型的な例は年功序列制度や，先輩後輩関係にある。タテ社会における対人関係では，年功序列は地位と力関係の階層と同義的に扱うことができる。日本の大学生の間では，入学年度が地位関係を定義する上で年齢以上に重要である一方，中国では「学生」という区分を1つとしているため，学年による地位の違いはない。日本語にはこうした地位格差に対応すべく，「敬語」が用意されており，地位関係を明確にする道具として機能する。

さて，「日本的」とされるものは，果たして日本特有であろうか。この疑問について，多くの議論がなされており，特に近年日本人は特殊ではないという見

表8-1 日本的コミュニケーションと西洋的コミュニケーションの主な違い

日本的コミュニケーション	西洋的コミュニケーション
・コンテキスト依存度高	・コンテキストの軽視
・間接的，曖昧	・直接的，明確
・関係的集団による区別	・社会的カテゴリーによる区別
・垂直的集団主義	・水平的個人主義
・相互協調的自己観	・相互独立的自己観
・他者志向的	・自己志向的

方もある（例えば杉本・マオア，1989；公文，1996を参照）。日本人が変わったという説の中には，グローバリゼーションによる影響があるとされ（河合・石井，2002），国際化の煽りを受けて日本人の文化は変容，特に西洋化していると言える。

しかし，従来の日本人のコミュニケーション文化は失われつつあるとはいえ，上述の対人関係の親密度による違いからなる中間の区分，「仲間」と「世間」に対しては，まだ日本的コミュニケーションは健在であろう。この「日本的」とされるコミュニケーション・スタイルはどのような特徴があるのかを，西洋的コミュニケーションと比較して表8-1にまとめた。

表8-1で明らかなように，日本的コミュニケーションは間接的で含みのあるコミュニケーションであると同時に，相手との関係性に強く依存している様相もうかがえる。それとは対照的に，西洋的コミュニケーションは言語中心でより明確で，コミュニケーション・スタイルの規定要因は関係性よりも個人的特性である。以下に，上記の日本的コミュニケーションの各特徴について検討する。

1) 日本人のコンテキスト依存性

ホール（Hall, 1976）は，対人コミュニケーションにおいて，言葉を重視する文化と，コミュニケーションが行われる状況に重きをおく文化を，コンテキスト理論として識別している。コンテキスト理論は文化を低コンテキストと高コンテキストに分類している。低コンテキスト文化では2者の間で交換される言語メッセージ，つまり言葉にコミュニケーションの意味がある。低コンテキスト文化の人々は言語メッセージに注目し，そのため意志を明確に言葉で表す

必要がある。例えば，個人主義英語圏では夫婦間の愛情表現として，「I love you」とストレートに言葉で表すことが求められる。一方，高コンテキスト文化では，そうした表現は照れくさく，言う本人はもちろん，言われた相手も恥ずかしさを感じることもあるだろう（菅原，1998）。愛情は言葉で表現するよりも，態度や行動で表出することが望まれる。高コンテキスト文化では，コミュニケーションの意味交換のうち，大部分がそのコミュニケーションが行われる文脈的状況や雰囲気の中に内在する。愛情を示すのであれば，さりげない優しさや気配りなどを示したほうが，「愛しているよ」と気軽に言われるよりも相手に対する気持ちが真であることを感じられるのではないだろうか。ホールは，日本は極めて高コンテキスト文化である一方，アメリカは低コンテキスト文化の典型例であるとした。

図8-1によると，低コンテキスト文化は言語をより重視するとされているが，これは言語そのものだけを意味するのではなく，言語に付随する非言語コミュニケーション行動も含むべきであろう。つまり，言語メッセージの生成に関わるパラ言語行動（声の使い方），まなざし，ジェスチャー，うなずき，接触行動など，言語メッセージに関連する非言語行動が含まれ，それらを総じて「言語メッセージ」と言えよう。一方，ホール（1976）は高コンテキスト文化の人は非言語メッセージをより重視するとしているが，こうした言語メッセージを同伴する直接的な「非言語コミュニケーション」よりも，むしろ言語メッセージに代わって相手に婉曲的にコミュニケーションするための雰囲気や状況の設営のために行われる一連の「非言語行動」を意図しているのではないか。先ほどの愛情表現の例を見ると，低コンテキスト文化の人は「愛している」とい

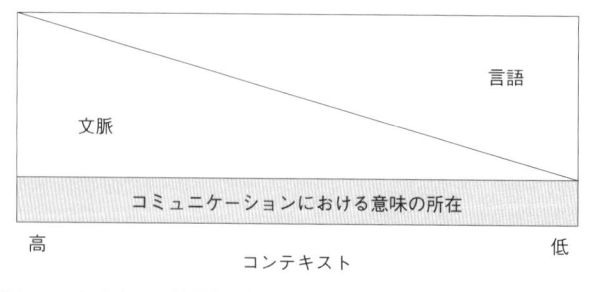

図8-1　コンテキスト重視とコミュニケーション（Hall, 1976をもとに作成）

う言語メッセージとそれを伴うキスや抱擁などの直接的な非言語行動を用いる一方，高コンテキスト文化の人は，日ごろの優しさや些細な気遣いなど，2者が一緒にいるときに味わえる特別な雰囲気を築き上げることによる間接的な愛情表現を用いる。したがって，次の間接性・直接性の次元とコンテキストは密接な関係にある。

2）間接的コミュニケーション

コミュニケーション・スタイルを追究する上で，最も重要な次元は「直接性」であろう。上述のコンテキスト理論を用いると，低コンテキスト文化の人は言葉ではっきりと伝える直接的なコミュニケーションを好み，高コンテキスト文化の人は態度で表現されるような，婉曲的に示唆されるコミュニケーションを選好する。ミラー（Miller, 1994）は15の対人コミュニケーションに関する日米比較研究をレビューしたが，すべての研究が日本のコミュニケーション・スタイルを「間接的」，アメリカのコミュニケーション・スタイルを「直接的」としていたと述べている。

オカベ（Okabe, 1983）は日米のコミュニケーション・スタイルを比較し，アメリカ人は「説得的」なコミュニケーションを行う一方，日本人は「感得的」コミュニケーションによって特徴づけられるとした。説得的コミュニケーションは，自己主張を明確にし，はっきりした言葉で相手に自分の意見を伝えることによって実現される。また，非言語コミュニケーションを，言語メッセージを強化する手段として使い，顔の表情や身振りや声の使い方によって，感情表出も直接的に行う。それに比べて感得的なコミュニケーションは，相手との感情的なつながりを強調するため，相手の気持ちがわかるような，同調的・協調的な雰囲気をつくりあげ，自己主張のできる「有能な人」よりも「感じの良い人」という印象を与える。自己主張をしないわけでもないが，主張の仕方として言葉で直接的に言いたいことを言わず，婉曲的に示唆し，また非言語チャネルもさり気ないヒントにとどめる。このように，コミュニケーションにおける直接性・間接性は，言語メッセージを超え，非言語メッセージにも及ぶ。

特に感情表出に関して，日本人は表出性を抑制することで知られている。アーガイル（Argyle, 1975）の古典的な実験では，感情表出を日本人，イギリス

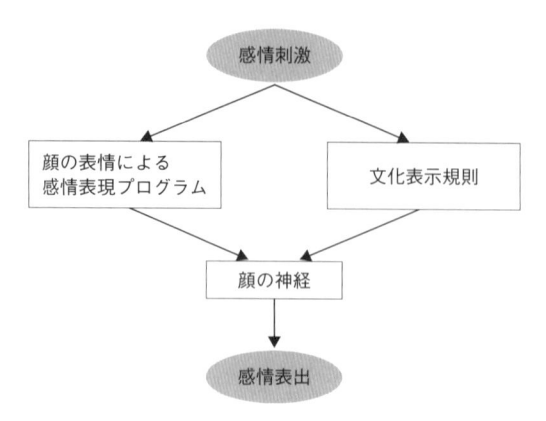

```
        感情刺激
       ↙        ↘
顔の表情による    文化表示規則
感情表現プログラム
       ↘        ↙
         顔の神経
            ↓
         感情表出
```

図 8-2　エクマン（Ekman, 1972）の感情表出の文化表示規則モデル

人およびイタリア人のそれぞれの複数の人に示させ，同じ3か国の「判定者」にその感情を回答させた。その結果，イタリア人の感情が最も読み取りやすく，日本人の表出が最もわかりにくいことがわかった。この研究から，日本人は感情表出を明確に行わないことが裏付けられている。このことは，エクマン（Ekman, 1972）の文化表示規則モデルによって説明できる。図8-2によると，感情刺激を受けてから，一方では感情表現プログラムが顔の神経に作用しようとしているが，もう一方では顔の神経を働かせないよう文化表示規則が規制する。率直に感情表出をしようとする自動的な反応を，文化表示規則がオーバーライドして，顔面神経が作用することを規制し，その結果，顔に表情があらわれない。日本人の場合はこの文化表示規則の働きが強く，感情表出に対する社会的規範の影響は大きい。

　上述のように，日本的対人コミュニケーションは間接的，婉曲的，さり気なさなどによって記述できる。このようなコミュニケーションは，お互い共有した知識，価値観や信念をもたないと，理解しがたいであろう。そのため，我々と同じ集団に属する人に対しては間接的なコミュニケーションを，その他の集団の人に対してはより明確な，直接的なコミュニケーションが必要であろう。次に，こうした内外集団の区別について検討する。

3) 関係的集団による区別

濱口（1977）は日本人は「間柄」にこだわり，相手との関係性によって行動を区別するとした。これをここでは，「関係的集団」による区別としよう。これは社会的カテゴリーによる区別とは異なり，相手がどの集団に属しているのかよりも，相手とどのような関係にあるのかが重要である。つまり，上司か部下であるかのほうが，同じ会社の社員であるか否かよりも行動に影響する。ユウキ（Yuki, 2003）は日本人の「内集団」のアイデンティティは対人関係ネットワーク中心に認識され，アメリカ人のように単なる社会的カテゴリーで内外集団を区別することはないとした。ユウキは対人信頼の比較を行ったが，日本人は自分と異なった社会的集団に属している人でも，共通の知人を有するのであればその人を信頼できるとした一方，アメリカ人は他人であっても同じ社会的集団に属する人を信頼した。このことから，日本で言う「内集団」とは社会的カテゴリーを指すのではなく，濱口（1977）の言う「間柄」によって認識される。

ティントゥーミーとタカイ（Ting-Toomey & Takai, 2006）は，日本人は内外集団に単純に大別化するのではなく，より細かい4層の分類を認識するとした。ミドオカ（Midooka, 1990）の対人関係の4分類にもとづき，彼らは「内内集団」（気の置けない関係），「内集団」（仲間），「内外集団」（馴染みの他人）と「外集団」（無縁の関係）に分けた。各層によって，対人コミュニケーション・スタイルは独特であり，「内内集団」に対しては遠慮せずに率直なコミュニケーションを行う一方，「内外集団」にはより公式なコミュニケーション・スタイルを用い，遠慮や自己卑下を行う自制心を効かせたスタイルをとるであろう。

モリイズミとタカイ（Moriizumi & Takai, 2007）はこの4層モデルをもとに，対人葛藤方略（本書第4章，第5章参照）の検討を行った。その結果，支配，統合，妥協の方略は「内内集団」および「内集団」において選好された一方，「内外集団」には服従と回避方略がより選好された。このことは，「内内集団」および「内集団」に対しては強引に自分の言い分を聞かせようとすることもあれば，話し合いを積極的に行い，両者の言い分を統合したり，互いに妥協したりすることもある。それに対して，「内外集団」には自ら譲歩してしまうか，葛藤そのものを回避するなど，消極的な方略が選ばれがちである。

上述の特徴をまとめると，日本人は単なる社会的カテゴリーによってコミュニケーション方略を選ぶのではなく，むしろ相手との関係性，すなわち関係的集団によって影響される。日本人の対人文化を理解するには，従来の社会的アイデンティティ理論（Tajfel & Turner, 1979）や社会的カテゴリー化理論（Turner et al., 1987）では十分に対応できず，間人主義の理論のような日本人特有の理論の構築が必要である。

4）垂直的集団主義

文化心理学のもっとも重要な理論はおそらく個人主義・集団主義であろう。トリアンディス（Triandis, 1995）は従来の個人主義-集団主義の次元に，水平的対垂直的の新たな次元を加えた。水平性・垂直性は上下関係が明確か，それとも平等性を重視するかを意味する。水平的文化は対等な人間関係を好み，社会における貧富の差を積極的になくすため，極端な累進課税による所得税を課す。垂直的文化は，年功序列や先輩・後輩関係など，社会における権力・地位格差を保つ（Triandis, 1995）。前者の典型であるスウェーデンでは，所得税の上限は61％であり，社会の成員が皆平等になるように法制化している[1]。

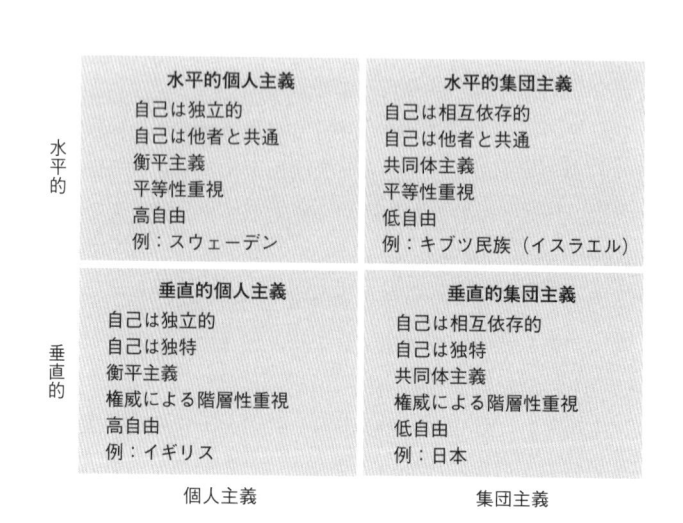

	個人主義	集団主義
水平的	**水平的個人主義** 自己は独立的 自己は他者と共通 衡平主義 平等性重視 高自由 例：スウェーデン	**水平的集団主義** 自己は相互依存的 自己は他者と共通 共同体主義 平等性重視 低自由 例：キブツ民族（イスラエル）
垂直的	**垂直的個人主義** 自己は独立的 自己は独特 衡平主義 権威による階層性重視 高自由 例：イギリス	**垂直的集団主義** 自己は相互依存的 自己は独特 共同体主義 権威による階層性重視 低自由 例：日本

図8-3　個人主義・集団主義と水平性・垂直性の組み合わせ（Triandis, 1995をもとに作成）

図 8-3 はこの 2 次元を組み合わせた文化の分類である。それによると，日本人は垂直的集団主義であり，内集団に強い帰属意識をもち，集団の成員間の相互依存が強く，内集団のために自己犠牲を惜しまない。このことから，日本的言語コミュニケーションの特徴は，敬語などを用いて上下関係を意識するが，相手との親密性によっても言葉の丁寧さが異なる。したがって，集団主義と関連する親密性と，垂直性と関わる地位格差がコミュニケーションに影響する 2 大要因であると言える。水平的コミュニケーションは，相手との関係性を意識せずに，基本的に誰に対しても同じコミュニケーション・スタイルを用いるであろう。それに比べて，垂直的コミュニケーションは上下関係に対応し，日本語の例であれば敬語が用いられる。特に，日本人の場合年功序列により，例えば浪人をした大学生は，年下の「先輩」に対しても丁寧なコミュニケーションを行う。

　中根（1967）によると，日本の「タテ社会」は序列を好み，人の価値は業績や達成によって評価されず，所属集団の序列によって価値づけられる。例えば同じ人であっても，大企業から中小企業に転職すれば，周囲の人々の反応が違うことを痛感するであろう。前者に勤めているときは周りにちやほやされたのに，後者に移ってからは逆に大企業の人々に対して謙遜することを強いられる。所属集団を意識することが集団主義の特徴であり，また集団の権威を問うのは垂直性である。

　しかし，大橋（2004）は実証的データにもとづき，日本人＝垂直的集団主義，アメリカ人＝垂直的個人主義といった通説の妥当性を検証した。学生とその親を対象に日米比較を行った結果，アメリカ人は日本人よりも垂直的集団主義，水平的個人主義，および水平的集団主義において高い得点を示した。また，日本人の大学生は親世代よりも垂直的集団主義の得点が高かった。予想外の結果に，通説が支持されなかったが，大橋はサンプリング不足が問題点であるのではないかと指摘している。日本人をめぐるこうした「予想外」の研究は多数あり，その原因は研究方法にあると思われる。日本人の特徴は，間人主義である

---

1) www.geographic.org（2009）. Countries of the world: Tax burden by country (country ranks 2009). <http://www.photius.com/rankings/tax_burden_country_ranks_2009.html> 2012 年 5 月 31 日閲覧

ため，関係により，全く別人のように行動することが多い。つまり，状況や相手によって行動様式を変えるため，アンケートで一般的な行動について報告を求めても，それぞれの回答者は違った相手や状況を想定して回答し，まとまりのない結果になってしまうのではなかろうか。オイサーマンとリー（Oyserman & Lee, 2008）は，個人主義－集団主義傾向は静的な個人特性ではなく，状況や相手によって変動すると主張した。彼らは集団レベル（文化）の個人主義・集団主義以外にも，関係性レベル（対人）があるとした。人は特定の関係によっては，個人主義的ないし集団主義的に行動するということであるが，日本人を直接対象にした研究ではなかったものの（複数の先行研究の結果を分析するメタ分析），日本人にも実によく当てはまる見解を彼らは示している。

相手との関係によって，コミュニケーションの仕方を変えることは，次の文化的自己観の問題と大きく関わる。

5) 相互協調的自己観

個人主義・集団主義は文化レベルの特徴であるが，個人レベルではマーカスとキタヤマ（Markus & Kitayama, 1991）の文化的自己観がそれに相当する。自己を個人主義的存在として認識する人は相互独立的自己観をもち，自分を他者から切り離された独立的な存在と理解しているため，自分の立場は相手と同じであるという前提がない。そのため，自己主張を頻繁にする必要があり，直接的で明確なコミュニケーションを行う。一方，相互協調的自己観を有する人は，家族や親友など親密な人びと（関係的内集団）を自己の中に内在化し，こうした他者を自分のアイデンティティの一部とする。つまり，こうした他者の悩みや喜びは自分自身の悩みと喜びであると強く共感することができ，以心伝心が機能し，あまり綿密にコミュニケーションを行わなくてもお互いが理解できる。

相互独立的および相互協調的である程度は一次元的ではなく，それぞれ独立した軸として考えることが必要であり，ある個人は両方の特徴が高いことも想定できる（Singelis, 1994）。また，状況や相手との関係性によってはどちらかの自己観が顕在化され，それによって行動も変わることがある。このことは日本人に特に言えるのではなかろうか。要するに，一概に日本人は相互協調的

自己観をもつというよりも，相手によっては強く協調的である一方，別の相手に対しては強く独立的であるといえよう。最近では，相互協調的自己観は次の2つのタイプに識別されている。関係的自己観（relational self-construal）は対人関係における役割による自己のアイデンティティであり（Cross et al., 2000），例えばある男性は一家の父親としての自己観を家族の中ではもつ。同じ男性が，職場の人事課の部長であれば，その課の部下たちとの関係性による自己観をもつ。関係的自己観は，その関係性によってどのような自己が期待されているのかによって定義される。もう1つは集団的自己観（collective self-construal）であり，特定の関係性よりもより広い集団の一員としての自己観である（Brewer & Gardner, 1996）。集団的自己観は社会的アイデンティティと強く関連しており，特定の社会的カテゴリーを内集団として認知したときに顕在化される。例えば，国内にいるときは自分が日本人であることはほとんど意識しないが，海外に出るといきなり日本人であることが自分のアイデンティティの中心となり，同じ日本人に対して親和的な感情をもつようになる。

　自己観は人の生涯を通して同じとは限らない。高田（2002）は相互独立的・協調的自己観の発達的変化を年齢横断的に調べている。図8-4によると，相互独立的自己観は小学生から高校生まで下がり，それから再度中年青年に向けて上昇する。一方，相互協調的自己観は小学生から中学生の間に一旦急低下し，

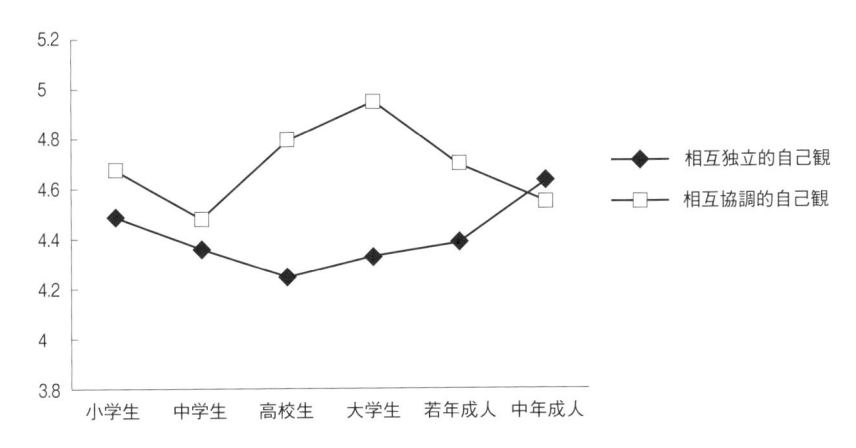

図8-4　相互独立的・相互協調的自己観の発達的変化（高田，2002より作成）

そこから大学生にかけて上昇し，ピークを迎えて若年・中年成人へと再度低下する。もちろん，こうした自己観は特性的なパーソナリティ要因として測定されているので，そのときの関係性や集団によって推移する自己観の変化や使い分けが検討されているわけではない。

　自己観と対人コミュニケーションの関連は非常に強く（Gudykunst et al., 1996），特に直接性と間接性に大きな影響を及ぼす。相互独立的自己観をもつ人のコミュニケーションは，個々人が個性的で，それぞれが独特のニーズを有していることを前提としており，お互いのニーズについて主張し合うことが規範である。自分と相手が異なっていることから，率直で正確なコミュニケーションをしないと各人のニーズがわからない。また，コミュニケーションは低コンテキストで，言語中心であるが，感情表出やその他の非言語コミュニケーションも積極的に活用しなければメッセージが正確に伝わらない。

　一方，相互協調的な人びとは，他者と相互依存関係にあることから，お互いに親近感と共感性をもち，相手のニーズに対して敏感である。葛藤を嫌い，万が一意見の不一致があったとしても，そのことを直接的に表明せず，遠回しに示唆するようなコミュニケーションを用いる。このような曖昧なコミュニケーションでも，相手が何を言いたいのかを，相手の立場になって一生懸命考えるので，相互依存的な人たちの間では意思疎通が可能である。特に，相互協調的自己観をもつ人のコミュニケーションは，次の他者志向性によって特徴づけられる。

6) 他者志向性

　集団主義的と相互協調的な自己観が特徴的な日本人には，必然的に他者に対する気遣いや配慮がある。注意を自分に向けるよりも，むしろ周りの人々を注視し，つまり公的自己意識（Fenigstein et al., 1975）が強い。他者に自分がどのように見られているのかが気になり，公に向けての自分を意識することを公的自己意識と言う。これに伴い，他者の前で自己がどのように映っているのかをモニターする，自己モニタリング（Snyder, 1974）も活発になり，周囲の人々に合わせて自己呈示を変容する。それとは対照的に，個人主義で相互独立的自己観によって特徴づけられる人は，私的自己意識を強調し，周囲に関心をもつ

代わりに，自分の感情や欲求に注意を払う。

　自己意識に関連して，人々が自分または他者のどちらをより重視して行動するのかを説明するため，ブレイクとムートン（Blake & Mouton, 1970）は二重関心モデル（dual concern model）を提唱している。特に，対人葛藤が起こった状況では，人は自己の利益を守るための自己関心（self-concern）と，他者に対する配慮や敬意に関する他者関心（other-concern）のバランスをとらなければならない。言うまでもなく，私的自己意識の強い人は自己関心を優先する一方，公的自己意識の強い人は他者関心のほうに影響されるであろう。さらにティントゥーミー（Ting-Toomey, 2005）はこのモデルをベースに，「面子」という概念を導入して，面子交渉理論（face negotiation theory）を構築した。面子とは，公に向けての自己や他者の「顔」であり，自尊心やプライドに関わる世間の評価である（Ting-Toomey & Kurogi, 1998）。

　面子交渉理論によれば，対人葛藤など，自己と他者の間で利害の不一致がある場合，自己の面子を守る「自己面子への関心」(self face concern)，相手の立場を尊重する「他者面子への関心」(other face concern)，と両者のお互いの面子ないし関係性に重きをおく「相互面子への関心」(mutual face concern) がある。そして，葛藤についてコミュニケーションを繰り返すことにより，1つの関心重視の姿勢から，ほかの関心へも考慮するように2者が歩みよるプロセスについて，面子交渉理論は説明している。葛藤のコミュニケーションは，強い自己主張で一方的に解決しようとする「支配方略」，葛藤を避けるような消極的な「回避方略」，および両者間で緻密な話し合いをする「統合方略」からなる。

　オッツェルら（Oetzel et al., 2001）は文化毎にデフォルトの葛藤のスタイルがあると想定し，日本，中国，アメリカ，およびドイツの比較を行っている。図8-5に示されているように，日本人は他者面子への関心が4ヶ国の中でもっとも強い一方，自己面子への関心がもっとも低い。また，日本では支配方略と統合方略がほかの文化ほど好まれず，回避方略がほかの文化より好まれることもわかる。このことは，日本人は自己犠牲的で，対人葛藤の際は他者に譲ることが多いことを意味している。しかし，譲ってもらったほうも，相手に対する罪悪感を感じ，次の葛藤の際には自分が譲ることを心得ているからこそ，対人関係は円満のままであり続けられる。話し合いや言明された約束などは不要で，

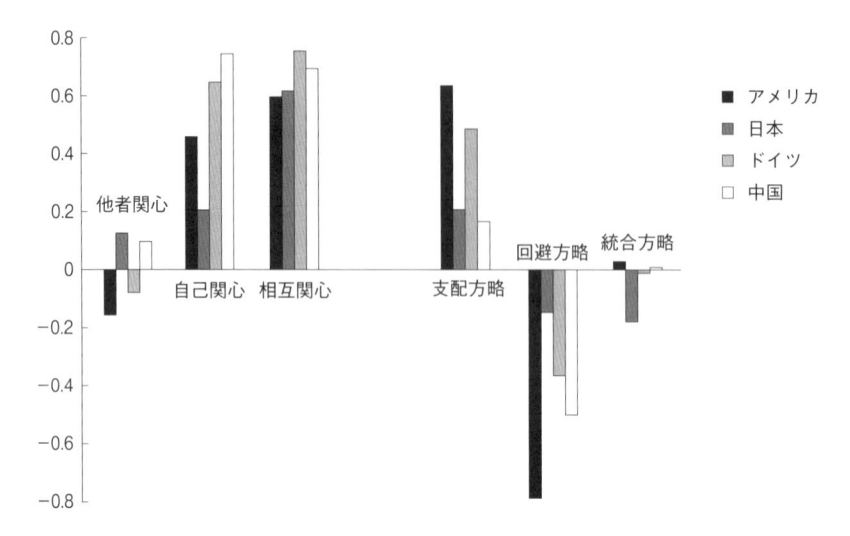

図 8-5　面子関心と葛藤方略の文化比較（Oetzel et al., 2001 より作成）

※それぞれの具体例は，支配方略は「主張」，回避方略は「諦め」，統合方略は「話し合い」

暗黙の了解でお互いを搾取しない関係を成立させることは日本人の美徳と言えよう。

II. 日本的対人コミュニケーションの研究方法

　上述された日本的対人コミュニケーションの特徴から，状況や相手との関係性が重視され，そのため，あるコミュニケーション・スタイルが個人の特徴的なスタイルであるとはとても言いがたい。つまり，その状況や雰囲気，また相手によってコミュニケーションのスタイルを変えることこそ日本的であり，ある個人は「直接的」であるとか，「間接的」であるというように捉えようとすることは妥当ではないように思われる。西洋で開発されたコミュニケーション尺度，例えばアレサンドラとオコナー（Alesandra & O'Connor, 1996）のコミュニケーション・スタイル目録は，人の普遍的で特性的なスタイルを測定しており，状況間で人がスタイルを大きく使い分けることは全く想定していない。ま

た，比較文化研究において，日本人のサンプルが予想外の結果をもたらしているケースが多い。例えば，グディカンストら（Gudykunst et al., 1996）の日韓米豪の4ヶ国比較において，日本人がもっとも間接的なコミュニケーションを解釈するのが不得意であり，また間接的コミュニケーションの使用もアメリカ人並みに低く，オーストラリア人よりもオープンにコミュニケーションしているとされていた。言うまでもないが，日本人は間接的なコミュニケーションを好み，日常的に使用しているはずである。

　日本人の対人コミュニケーション能力を正確に求めるのであれば，スタイルの使い分けに着目すべきである。すなわち，ある状況や相互作用相手に対して，もっとも適切かつ効果的なコミュニケーション方略を用いる能力こそ評価するべきであろう。例えば，西洋的な観点からは，丁寧なコミュニケーションは常に用いるべきであろうが，日本人の場合特に親密な相手（内内集団）に敬語などの丁寧な言葉遣いを向けると，「他人行儀」として理解され，仲の良いはずだった相手がいきなり距離を開けようとしているように解釈されてしまうであろう。

　関係性の要因は特に重要であるが，本章で取り上げた，相手との親密性と地位格差がもっとも影響力をもつ変数ではなかろうか。親密度により関係的内外集団の区別が必要であると同時に，垂直的集団主義による序列関係もコミュニケーションのあり方に影響を及ぼす。モリイズミとタカイ（2007）は対人葛藤方略を追究するために，親密性と地位格差にもとづく11の関係性のタイプに着目したが，やはりこの両変数が方略の選好に強く関連していたことが判明した。例えば，「内内集団」のような極めて親密な相手に対しては，統合方略（積極的な話し合い）を好む一方，回避方略（葛藤がなかったことにする）は好まれなかった。それに比べて，親密性が薄い「内外集団」や地位が上の先輩に対しては，服従方略や回避方略が好まれた。この研究では親密性と地位格差が単独で作用するのではなく，交互作用をもつことが明らかにされている。

　以上のように，日本的対人コミュニケーションを研究するためには，同じ対象者に，複数の状況×相手の場面におけるコミュニケーションを把握しなければならない。例えば，基本的な研究デザインは2（親密性高・低）×2（地位格差有・無）の参加者内要因として，同じ対象者に全条件でのコミュニケーショ

ン行動について調べる必要性がある。

III. 空気を読めない・空気を読まないコミュニケーションのために

　日本人どうしのコミュニケーションは，お互いを尊重し，言わなくてもわかってもらえるという期待がある。「空気を読める」というのはこの特徴であり，こうした能力があるからこそ曖昧なコミュニケーションでも意思疎通が可能である。問題は，相手が日本人ではないときに起こる。国際化が叫ばれる今日，積極的に外国人とコミュニケーションすることが日本人に求められている。

　本章で取り上げた日本的コミュニケーションの特徴のすべてが個人主義の西洋文化と対照的であると言っても過言ではない。自己主張の強い人を相手に，他者志向的で遠慮がちなコミュニケーションを行おうとする日本人は，対等な議論ができず，一方的に譲歩する立場になってしまう。国際社会において尊敬され，リーダーとしての権威を発揮するためには日本人同士で行う消極的なコミュニケーションでは到底不十分である。少なくとも，英語を話すときは西洋的な基準で自己主張をしなければならない。

　日本人の国際性のカギを握っているのは英語教育であろう。文法中心の英語教育では不十分である。対人説得に必要な非言語行動，特にパラ言語，まなざし，ジェスチャーなどを英語と同時に習得して，意識しなくても英語さえ話していれば自然にそれが現れるような語学教育の指導が望まれる。コミュニケーションは言語だけではなく，非言語行動や自己呈示能力も大切であるので，これまで以上にコミュニケーションを中心とした語学教育が求められるのではなかろうか。

引用文献

Alessandra, T., & O'Connor, M. J. (1996). *The platinum rule*. New York: Warner Brooks.
Argyle, M. (1975). *Bodily communication*. New York: International Universities Press.
Blake, J. J., & Mouton, J. S. (1970). *The managerial grid*. Houston, TX: Gulf.
Brewer, M. B., & Gardner, W. (1996). Who is this "we"? Levels of collective identity and self representations. *Journal of Personality and Social Psychology*, **71**, 83-93.
Cross, S. E., Bacon, P. L., & Morris, M. L. (2000). The relational-interdependent self-

construal and relationships. *Journal of Personality and Social Psychology*, **78**, 791-808.
Ekman, P. (1972). Universal and cultural differences in facial expression of emotion. In J. R. Cole (Ed.), *Nebraska Symposium on Motivation, 1971*. Lincoln, NB: University of Nebraska. pp. 207-283.
Fenigstein, A., Scheier, M. F., & Buss, A. H. (1975). Private and public consciousness: Assessment and theory. *Journal of Consulting and Clinical Psychology*, **43**, 522-527.
Gudykunst, W. B., Matsumoto, Y., Ting-Toomey, S., Nishida, T., Kim, K., & Heyman, S. (1996). The influence of cultural individualism-collectivism, self construals, and individual values on communication styles across cultures. *Human Communication Research*, **22**, 510-543.
Hall, E. T. (1976). *Beyond culture*. Garden City, NJ: Anchor Books.
濱口惠俊 (1977).「日本人らしさ」の再発見　日本経済新聞社
河合隼雄・石井米雄 (2002). 日本人とグローバリゼーション　講談社
公文俊平 (1996). 日本は本当に異質・特殊か？　濱口惠俊（編）　日本文化は異質か　日本放送出版協会　pp.40-47.
Markus, H. R., & Kitayama, S. (1991). Culture and the self: Implications for cognition, emotion, and motivation. *Psychological Review*, **98**, 224-253.
Midooka, K. (1990). Characteristics of Japanese-style communication. *Media, Culture, and Society*, **12**, 477-489.
Miller, L. (1994). Japanese and American indirectness. *Journal of Asian Pacific Communication*, **5**, 37-55.
Moriizumi, S., & Takai, J. (2007). Contextual differences in interpersonal conflict management styles in Japan. *Intercultural Communication Studies*, **16**, 113-128.
中根千枝 (1967). タテ社会の人間関係　講談社
Oetzel, J., Ting-Toomey, S., Masumoto, T., Yokochi, Y., Pan, X., Takai, J., & Wilcox, R. (2001). Face and facework in conflict: A cross-cultural comparison of China, Germany, Japan, and the United States. *Communication Monographs*, **68**, 235-258.
大橋理枝 (2004). 日本人・アメリカ人の縦型／横型―個人主義／集団主義　放送大学研究年報, **22**, 101-110.
Okabe, R. (1983). Cultural assumptions of East and West: Japan and the United States. In W. B. Gudykunst (Ed.), *Intercultural communication theory: Current perspectives*. Beverly Hills, CA: Sage. pp. 21-44.
Oyserman, D., & Lee, S. W. S. (2008). A situated cognition perspective on culture: Effects of priming cultural syndromes on cognition and motivation. In R. Sorrentino & S. Yamaguchi (Eds.), *Handbook of motivation and cognition across cultures*. New York, NY: Elsevier. pp. 237-265.
Singelis, T. M. (1994). The measurement of independent and interdependent self-

construals. *Personality and Social Psychology Bulletin*, **20**, 580-591.
Snyder, M. (1974). Self-monitoring of expressive behavior. *Journal of Personality and Social Psychology*, **30**, 526–537.
菅原健介 (1998). 人はなぜ恥ずかしがるのか―羞恥と自己イメージの社会心理学　サイエンス社
杉本良夫・マオア, R. (1989). 日本人は日本的か―特殊論を超え多元的分析へ　東洋経済新報
Tajfel, H., & Turner, J. C. (1979). An integrative theory of intergroup conflict. In W. G. Austin & S. Worchel (Eds.), *The social psychology of intergroup relations.* Monterey, CA: Brooks-Cole. pp. 33–48.
高田利武 (2002). 社会的比較による文化的自己観の内面化―横断資料による発達的検討　教育心理学研究, **50**, 465-475.
Ting-Toomey, S. (2005). An updated face-negotiation theory. In W. B. Gudykunst (Ed.), *Theorizing about intercultural communication.* Newbury Park, CA: Sage. pp.71-92.
Ting-Toomey, S., & Kurogi, A. (1998). Facework competence in intercultural conflict: An updated face-negotiation theory. *International Journal of Intercultural Relations*, **22**, 187-225.
Ting-Toomey, S., & Takai, J. (2006). Explaining intercultural conflict: Promising approaches and directions. In J. G. Oetzel, & S. Ting-Toomey (Eds.), *The Sage handbook of conflict communication.* Thousand Oaks, CA: Sage. pp.691-723.
Triandis, H. C. (1995). *Individualism and collectivism.* Boulder, CO: Westview.
Turner, J. C., Hogg, M. A., Oakes, P. J., Reicher, S. D., & Wetherell, M. S. (1987). *Rediscovering the social group: A self-categorization theory.* Oxford: Blackwell.
Yuki, M. (2003). Intergroup comparison versus intragroup relationships: A cross-cultural examination of social identity theory in North American and East Asian cultural contexts. *Social Psychology Quarterly*, **66**, 166-183.

よりよく理解するための参考書
◉高野陽太郎 (2008).「集団主義」という錯覚―日本人論の思い違いとその由来　新曜社
　　本書は，日本人＝集団主義という通念に疑問を投げかけ，日本人が実は西洋人と同等に個人主義であるという議論を展開している。本章とは逆の見解を展開しているが，かなり説得力のある根拠も示しており，日本人の特殊性を考え直す必要性も感じさせる。
◉高田利武 (2010). 日本文化での人格形成―相互独立性・相互協調性の発達的検討　ナカニシヤ出版
　　本書は，著者の一連の文化的自己観研究のまとめであり，日本人の文化的自己観の

獲得を発達的な視点で検討している。幼児期から老年期まで相互独立的・相互協調的自己観がどのように推移するのかを追究しており，海外でもこのような包括的な検討はなかなか見当たらない。

Column 8　日本人的な対人コミュニケーション研究の限界と可能性

森泉 哲

　ドイツの文豪ゲーテは「外国語を知らないということは自国の言語についても知らないということである」という言葉を残しているが，外国に出てみてはじめて自国の言語に限らず，自国の人々の行動様式について意識するようになるということは，多くの読者にとって共感できるのではないだろうか。筆者も大学4年時にアメリカへ留学したことがあり，その経験を通して自分があまり主張しないのは日本文化的な特徴なのではないかと感じ，それ以来，対人関係の文化比較に関心をもち，研究をしている。なにも海外に出かけなくても，外国人教員や留学生とのコミュニケーションを通して，日本人は他人を意識してホンネとタテマエを使いわける（齊藤, 2006）というような日本人的な行動パターンに気づくこともあろう。どのように，またどうして国や文化によって対人関係の特徴も異なるのかということを研究する面白さや有用性は，自分の不可解な体験に答えを与えてくれるということにあるだけでなく，将来そのような人々と対人関係を構築する際の事前情報や知識を提供してくれるということにある。つまり，異文化の人々とより良い対人関係を構築するための指針となりうるのである。

　対人関係の文化差についての研究は面白いが，ただ同時に様々な問題を抱えており，一筋縄には解決できない問題も多い。紙面の都合もあるので，ここでは2点に絞って言及したい。まず第1に，他領域の研究者からしばしば批判されることは，文化を本質化していないかということである。「日本人」という前提を最初から確定させてしまうことによって，「文化＝国（イコール）」という概念を暗黙に受け入れて，国の中の様々な文化集団（階級，民族，性，職業等）を過小評価していないか，また個人は様々な多文化を保持しているにもかかわらず「日本人」というくくりだけで良いのかということである。第2に，文化が個人の行動様式に影響を与える（文化⇒個人）という一方向に矢印が書けるような前提のみを想定しているだけで良いのかということである。つまり，個人行動が文化に影響を与える（個人⇒文化）というような逆の可能性なども存在するのではないかという指摘である。欧米と比して日本は集団主義的であると指摘されているが，日本人的な特徴

をあぶり出す研究も存在する一方（例えば高田，2004），その前提や結果について疑問があることが頻繁に指摘されているのも，その表れであろう（例えば高野，2008；山岸，2010）。

　上記の批判や質問に答えようとしていく中で，新しい研究の可能性・方向性も見えてくる。ここでは3点に絞りたい。まず第1の文化の本質化への批判に対する回答だが，社会心理学者として人間の行動の予測性・説明可能性を解明しようという目的があるからこそ，日本国内での地域や民族の違いがあることは承知の上で，日本人を1つの集団としてカテゴリー化することは，国際比較を行う際には分析の単位が「国」であるから仕方がないことかもしれない。なにも日本人らしさの研究に限らないのだが，対人関係を研究する際の研究パラダイムは複数あるので（Knapp & Daly, 2011），少なくとも自身の研究目的や方法論などの研究の視点について他領域の研究者とも対話を深め，自身の立ち位置を説明できるようにしたい。

　「国＝文化」という研究のテーマは批判されることが多いが，世界を身近に感じる機会が以前よりも増加し，世界規模での対人関係の理解を促進しなくてはならないという点においては，国際比較を行う研究はさらに重要になるかもしれない。以前は国単位の比較という大規模な調査はそう簡単にはできなかったが，例えば国際社会調査プログラム（International Social Survey Programme）のように大規模な調査のデータを研究用に開示している機関もあり，国や個人単位での思考・行動様式の特徴について新しい知見が得られる可能性が高い。国別比較の価値が過小評価されることは決してないのではないか。

　第2に文化が個人行動に影響を与えるという一方向の関係しか見ていないという批判に対しては，文化と個人の双方向的な関係性と文化そのものが変化していくことの観点から答えることができるかもしれない。文化と個人の関係については，個人は文化との相互作用により形成されたものであると考えられる。これに関して，社会生態学的アプローチが最近では着目されている。個人に双方向に影響を及ぼす文化は複層的であり，それぞれが影響を及ぼしあうという考え方である。例えば，国の文化が家族のあり方に影響を与えるとともに，家族のあり方の変化がその国の文化に影響を及ぼすというような考えである。このような複層的な関連性を，対人関係の理解に使用するアプローチもあり（Oetzel, 2009），今後さらに文化の複層性の観点からの研究が必要とされよう。

　第2の批判への別の視点からの回答として，文化そのものが変容していくということを念頭においた研究も可能であろう。対人行動を文化比較す

る際に,欧米と比して,個人主義－集団主義という概念からしばしば研究が行われてきているが,コスモポリタニズムや多文化主義という概念も着目されてきた。グローバル化が進み,社会制度と個人の行動様式の特徴とが影響を及ぼし合うという前提に立つと,社会・政治の動きが変化することによって,対人場面での文化的な特徴やアイデンティティがどう変化するのかという研究もますます重要となってくるかもしれない。その際に,日本人の特徴として挙げられていた研究結果がすでに古いと一蹴されるのではなく,新たな社会の姿との関連を議論する際に有用な概念として使用され続けられるのではないだろうか。

引用文献

Knapp, M. L., & Daly, J. A. (Eds.) (2011). *The Sage handbook of interpersonal communication*. 4th ed. Thousand Oaks, CA: Sage.

Oetzel, J. G. (2009). *Intercultural communication: A layered approach*. New York: Pearson Education.

齊藤 勇 (2006). 日本人の自己呈示の社会心理学研究―ホンネとタテマエの実証的研究 誠信書房

高田利武 (2004). 「日本らしさ」の発達社会心理学―自己・社会的比較・文化 ナカニシヤ出版

高野陽太郎 (2008). 「集団主義」という錯覚―日本人論の思い違いとその由来 新曜社

山岸俊男 (2010). 心でっかちな日本人―集団主義文化という幻想 筑摩書房

9 メディアコミュニケーションの普及は，私たちに何をもたらしたか？
「CMC 研究」からソーシャルメディア研究へ

五十嵐　祐

I．メディアコミュニケーションにおける匿名性

　近年，インターネット上での対人的なつながりを促進するソーシャルメディア（social media）[1]が世界的な規模で隆盛を極めている。なかでも，2004年にサービスが開始されたFacebookは，実名主義を原則とする世界最大のソーシャルメディアとして，8億人以上の利用者を抱えている[2]。日本での普及率は10％程度にとどまっているものの，アメリカではインターネットの利用者の60％以上がFacebookを利用し，若年層の友人間コミュニケーションだけでなく，世代を越えた家族間のやりとりや，企業から個人に向けた広報宣伝や情報伝達，企業内・企業間の職務コミュニケーション，さらには行政や自治体による情報発信なども行われている。

　Facebookでは，利用者が性別や年齢，学歴などのプロフィールを選択的に公開し，日常生活の出来事を投稿している。関心のある他者の投稿に対しては，感想やコメントをフィードバックするだけでなく，よりシンプルにポジティブなフィードバックを行う「『いいね！』ボタン」という仕組みも整備されている。また，テキストや画像，動画，他のWebサイトへのリンクも含めた多様な情報を共有することもできる。こうしたフィードバックや共有のプロセスを含めたすべての投稿の記録は，タイムライン（またはログ）とよばれ，他者

---

[1] ソーシャル・ネットワーキング・サービス（social networking service; SNS）ともよばれる。2012年7月現在，日本ではmixiの利用者がもっとも多いが，社会心理学的な研究成果は少ないため，本章では取り上げない。
[2] ユーザー数は，CheckFacebook.com（http://www.checkfacebook.com）の統計にもとづいている（2012年7月現在）。

にも公開されている。このように，実名主義のソーシャルメディアは，インターネット上の情報伝達のプラットフォームとしての役割に特化し，「人の周りに人が集まる」という個人中心型のオンラインコミュニケーションのスタイルを提供している。

　スマートフォンなどの携帯情報端末の急速な普及によって，人々はいつでもどこでもソーシャルメディアから情報を発信し，他者と連絡を取ることが可能になった。イギリスではすでに，インターネット上での連絡手段として，電子メールやチャットよりもソーシャルメディアの方がよく利用されるようになっている（Dutton et al., 2009）。また，日本でも，情報通信白書においてソーシャルメディアの効用と可能性が論じられ，今後の発展が期待されている（総務省，2011）。実名でのコミュニケーションを原則とするFacebookは，世界的な規模で見た場合，電子メールなどの従来のサービスの代替として，いわばインターネット上における基盤インフラの1つになりうる可能性をもっている。Facebookに代表されるソーシャルメディアでの実名主義の浸透は，インターネット上の社会的相互作用に関する研究のあり方にも，大きな変化をもたらしている。

1.「CMC研究」の限界

　従来，インターネット上のコミュニケーションに関する社会心理学的研究は，対面場面（face-to-face communication; FTF）と，コンピュータを介したコミュニケーション場面（computer-mediated communication; CMC）との様態（モード）の差異に着目する，いわゆる「CMC研究」が主流であった。インターネット上の空間（オンラインの空間）は，実名主義が普及する以前，現実の社会空間（オフラインの空間）とは切り離された仮想的な社会として位置づけられてきたのである。1980年代から90年代にかけてのインターネットの普及期には，利用者の顔が見えず，その実体が不透明なオンラインの空間を描写するメタファー（隠喩）として，「サイバースペース（cyberspace）」という言葉が盛んに使われていた（東，2011）。この言葉は，複雑なコンピュータ・ネットワーク上につくられた情報伝達のための仮想的な空間を指す用語として，SF作家のギブソン（Gibson, 1984）がインターネットの普及以前につくりだした

ものであり，もともとネガティブな意味は含まれない。それにもかかわらず，従来の「CMC 研究」の多くは，FTF のコミュニケーションとの二項対立的な比較の上で成立し，「得体の知れない」サイバースペースにおける社会的相互作用の特殊性を分析の対象とするものであった（研究のまとめとしては，Joinson et al., 2007 を参照）。

こうした蓄積の上に成り立つ「CMC 研究」の流れを，一気に異なる方向へ転換させる可能性があるのが，ソーシャルメディアの普及である。特に，実名主義が原則の Facebook では，CMC か FTF かというモードの差異は本質的な問題ではない[3]。むしろ注目すべきなのは，多くの人々が交差する広場やパーティ会場のように，コミュニケーションの「場」として Facebook が果たす役割である。また，Facebook の利用者は，公的な場で自己の情報を開示しつつ，直接の知り合いやオンライン上の知り合い，さらに不特定多数の人々とのコミュニケーションを営んでおり，オンラインの空間がもたらすオフラインの空間への影響は，ますます無視できないものとなってきている。

このように，オンラインの空間に対するイメージは，匿名性（anonimity）が高く外部から閉ざされた空間から，現実社会とのつながりをもつ開かれた空間へと変わりつつある。実際，前述したサイバースペースという言葉は，今日では「サイバー犯罪」や「サイバーテロ」などにその名を残すのみで，オンラインの空間全体を指す言葉としてはほとんど使われていない。こうしたイメージの変遷は，ソーシャルメディアにおける実名主義の浸透と軌を一にしており，オンラインの空間をオフラインの空間との連続線上で捉えることの重要性を示すものである。オンラインの空間を一括りにサイバースペースとまとめ，オフラインの空間との二項対立的な視点から位置づけることは，もはや過去の話だと言えよう。

インターネット上で形成されるオンラインの空間は，日常のオフラインの空間と密接に結びついている。今後のインターネット研究に必要なのは，オフラインの空間とオンラインの空間との連続性がもたらす社会的な帰結を明らかに

---

3) 本章で引用した Facebook に関する社会心理学的研究では，CMC という言葉はほとんど使用されていない。また，使用される場合も，メディアコミュニケーションに関する初期の研究に言及する文脈が主である。

することであり，近年，こうしたアプローチにもとづく研究が数多く行われている。そこで本章では，まず「CMC 研究」として，コンピュータを介したコミュニケーションの特徴に焦点を当てた従来の知見を振り返り，オンラインの空間の匿名性に関する代表的な研究を紹介する。次に，ソーシャルメディアに関する近年の研究知見を取り上げ，オフラインの空間とオンラインの空間との連続性に関する考察を行う。最後に，メディアコミュニケーションが社会生活にもたらす負の側面について考察し，今後のインターネット社会のあり方について考える。

2. 匿名性と集団

　実名主義が浸透する以前のオンライン空間において，オフラインの空間との差異をもっとも特徴づけていたのは，利用者の匿名性である（McKenna & Bargh, 2000）。コミュニケーションの距離的な制約がなく，パソコンや携帯電話などを通じて個別にコミュニケーションを行うオンラインの空間では，利用者がお互いの姿を見ることができない。そのため，オンラインの空間では自分が何者かを明かすことなく，様々な社会的背景をもつ人々と交流することが可能となる。また，現実のオフラインの空間とは異なる，「仮想（virtual）」あるいは「仮装（persona）」の自己によるコミュニケーションを営むことも容易となる。従来の研究では，匿名性が集団に及ぼす影響について，様々な側面から検討が行われてきた。

　オンラインの空間で匿名性がもたらす集団行動の代表的な例が，「炎上」（flaming）である。炎上とは，オンラインの空間で集団の意見が極端な方向にシフトし，掲示板やブログのコメント欄などで特定の個人や意見に対する非難や攻撃が集中する現象を指す。炎上は CMC の利用が広まった初期の段階から観察されており，日本でも，芸能人のブログやテレビでの発言に対して匿名の人々による非難が相次ぐ事例は枚挙にいとまがない。2008 年には，毎日新聞英語版の Web サイトで不適切な記事が掲載されていたことに対し，インターネット上で大規模かつ長期的な批判活動が行われ，その模様がマスメディアにも取り上げられるなど（小林, 2011），炎上はオンラインの空間のダークサイドとして，社会的にも多くの関心を集めてきた。

1980年代には，キースラーら（Kiesler et al., 1984）が，技術決定論的な視点から「手がかり濾過」アプローチ（cues-filtered-out approach）を提唱し，匿名性の高いオンラインの空間での炎上は，表情やしぐさといった身体的手がかり情報（physical cues）の欠如に加えて，性別や身分といった社会的・文脈的手がかり情報（social cues）が欠如しているために生じると主張した。このアプローチは直感的で理解しやすく，多くの関心を集めたものの，主張を支持する直接的な証拠は見出されず（Lea et al., 1992），より妥当性の高い説明が求められた。

　1990年代に入ると，匿名性の影響に関する社会心理学的なアプローチが優勢となる。スピアーズとリー（Spears & Lea, 1992）は，オンラインの空間における手がかりの欠如が必ずしも炎上を引き起こすわけではないと批判し，SIDEモデル（Social Identity model of Deindividuation Effects）を提唱した。「没個性化の影響に関する社会的アイデンティティモデル」と訳されるSIDEモデルは，オンラインの空間で炎上が生じる要因として，視覚的な匿名性とともに，社会的文脈（social context）の重要性を指摘している。スピアーズらによると，炎上は特定の集団で発生しやすく，それらの集団では参加者間の相互作用を通じて規範が確立されている。オンラインの空間における視覚的な匿名性は，自己覚醒（self-awareness）を低下させて没個性化（deindividuation）を引き起こす（Zimbardo, 1969）。その際，すでに炎上している集団に対する同一視（group identification）の程度が強い場合，没個性化した個人は集団の規範に従ってしまい，結果として炎上に加担することになる。一方，同一視が弱い場合，没個性化した個人は集団の規範には影響されない。つまり，オンライン上の集団における炎上は，手がかり情報の欠如によって直接生じるのではなく，集団において攻撃的な規範が優勢である場合に，没個性化した参加者が規範に同調することによってエスカレートするのである。SIDEモデルによる炎上のメカニズムの説明は，CMCのネガティブな側面を強調する手がかり濾過アプローチに比べ，集団内の社会的影響過程をふまえているという点で，より社会心理学的に洗練されている。しかし，その内容は攻撃的な規範が生まれるメカニズムを直接的に説明しておらず，記述的な循環論に陥っているとの批判もある（Joinson, 2003）。

3. 匿名性と自己

　掲示板での悩み事相談や，実名を使わないブログでの議論など，オンラインの空間では匿名性を活用したオープンなコミュニケーションが行われている。コミュニケーションの相手と物理的に対面しないオンラインの空間では，相手の社会的存在感（social presence）が低くなる（Short et al., 1976）。その結果，私的自己意識（private self-consciousness）が高まり，個人的な内省が促される（Matheson & Zanna, 1988）。このため，オンラインの空間で表出される自己は，「真の自己」（true self）や「仮面」（persona）とも表現され，オフラインの空間では表出されない自己の内面や，現実自己（actual self）とは異なる理想自己（ideal self）を反映していることが繰り返し指摘されてきた（Turkle, 1995, 2011）。

　マッケナとバージ（McKenna & Bargh, 1998）は，同性愛者や過激派など，主流な価値観と対立し，社会的な少数派に属する周縁的アイデンティティ（stigmatized identity）をもつ人々のオンラインの空間における自己の表出について検討した。オンラインの空間における匿名の発言は，自己受容の感覚を高め，さらには家族や友人に対するカミングアウト（周縁的アイデンティティの開示）も促進していた。すなわち，オンラインの空間では相手に対する匿名の自己開示（self-disclosure）が促進され，オフラインの空間にもその影響は及ぶのである。また，マッケナらの別の研究（McKenna et al., 2002）では，匿名性の高いオンラインの空間で自己開示を行う人々が，お互いに親密な関係を長期的に形成し，オフラインの空間でも交流するようになることが示された。バージら（Bargh et al., 2002）は，これらの知見の認知的基盤を検討し，オンラインの空間で初対面の相手と相互作用を行っている最中は，真の自己に対するアクセシビリティが高まり，また相手にも真の自己を表出しやすいことを明らかにしている。匿名性は，自己を偽ることから人々を解放するのである。

　その一方で，オンラインの空間では自己をより良く見せようとする自己呈示（self-presentation）もしばしば行われる。ワルサー（Walther, 1992）は，人々がオンラインの空間における不確実性（uncertainty）を低減して，非言語的手がかり（nonverbal cues）の不足を補うために，言語的な手がかり（verbal cues）を能動的・意図的に用いて社会的情報を交換するという，社会的情報処理モデ

ル（social information processing model）を提案している。ワルサーとダダリオ（Walther & D'Addario, 2001）は，実験室での短期的なコミュニケーションでは社会的情報が十分に交換されないことを指摘し，相手との長期的な関係性が維持される場合，オンラインの空間では，顔文字などのパラ言語（paralanguage；言語構造の範囲外で行われる伝達行為）が社会的な情報として頻繁に使用されることを明らかにした。このことは，相手との親密性を高めるだけでなく，自己呈示を促すことにもつながる（Walther et al., 2001）。

社会的情報処理モデルは，オンラインの空間における匿名性と，コミュニケーションの非同期性（asynchrony）に根ざしている点が特徴的であり，これらを補完するために，言語を用いた情報伝達の有効性が強調されている。そのため，ワルサーらの研究グループは，顔写真を公開したオンラインの空間でのコミュニケーションには懐疑的であった（Walther et al., 2005）。しかし，ソーシャルメディアの普及によって，オンラインの空間で顔写真を公開することはもはや特別なことではなくなっている。また，オンラインの空間における社会的なつながりは，匿名で未知の相手だけでなく，身の回りの知り合いとの長期的な関係の中にも位置づけられるようになった。近年になり，ワルサーら自身も，社会的情報処理モデルを初期の「CMC 研究」の系譜の中に位置づけ，ソーシャルメディア上で顔写真が対人印象に与える影響を検討し始めている（Walther et al., 2008）。今日では，社会的情報処理モデルが成立する状況は極めて限定されており，オンラインの空間の相互作用を説明するために引用されることは少なくなっている。

4. オンラインの空間は本当に匿名か？

ソーシャルメディアの普及が進んでも，オンラインの空間における利用者の匿名性が消失したわけではない。例えば，「情報の自由」という大義を共有した匿名のハッカー組織である「アノニマス」は，自由を脅かすと見なされた企業や政府にサイバー攻撃を仕掛け，抗議活動を行っている（塚越，2011）[4]。ただし，アノニマスの例に見られる通り，オンラインの空間における匿名の行動が

---

[4] アノニマスの Web サイト：http://anonops.com/

オフラインの空間に及ぼす影響は，以前に比べてはるかに大きい。その意味でも，オンライン・オフラインという2つの空間をステレオタイプ的な二項対立で捉えて論じることは，問題を単純化して本質を見誤る恐れがある。

また，技術的な見地からは，オンラインの空間に匿名性は存在しない。日本では，国からの法的な要請があった場合，インターネットの接続業者は発信者情報を開示することが義務づけられている[5]。そのことを認識せず，オンラインの空間における表面的な匿名性にのみ注目し，反規範的な誹謗中傷を無責任に行うことは，現実の生活に影響を及ぼすような取り返しのつかない事態を招くことにもつながる。実際，芸能人のブログに誹謗中傷を書き込んだ人々が名誉毀損で摘発されるといったケース（読売新聞，2009）は，今後ますます増加すると考えられる。こうした事態を防ぐには，情報の批判的な解釈・活用能力（メディアリテラシー）の育成が重要であり，社会全体での取り組みが急務である。

II. ソーシャルメディアを通じたコミュニケーション

1. パーソナリティと自己

オンラインの空間で他者が自己に対して抱く印象は，オフラインの空間における印象と，果たして同一なのだろうか。オンラインの空間で，人々は自己に関する様々な情報を主体的・能動的に選択し，他者に向けて公開している。その結果，自己にとって都合が良く，社会的に望ましい情報だけを，選択的に他者に呈示することが可能となる。逆に，自己が隠そうとするパーソナリティのネガティブな側面が，知らず知らずのうちに他者に伝わっている可能性もある。

「部屋は心を映す鏡」と言われるように，個人が所有する環境は第三者に様々な情報を発信している。ゴスリングら（Gosling et al., 2002）は，行為者－観察者間の情報の非対称性にもとづいて，第三者がある個人のパーソナリティの印象を推測する際に，個人が管理・所有する物理的環境に注目することの重要

---

[5]「特定電気通信役務提供者の損害賠償責任の制限及び発信者情報の開示に関する法律」（通称：プロバイダ責任制限法）にもとづく。

性を明らかにした。この研究では，個人のパーソナリティを，物理的環境におけるアイデンティティの主張（identity claims）と，行動の残余（behavioral residue）という2つの側面にもとづいて推測することが可能だと指摘している。アイデンティティの主張とは，「こうありたい」という個人の意図を象徴するメッセージである。例えば，ある人の部屋に小惑星探査機「はやぶさ」のポスターが飾ってあるのを見ると，第三者はその意図を読み取り，居住者のことを「探求心が強い」と評価する可能性がある。一方，行動の残余とは，意図せずに残された個人の行動の記録である。例えば，本棚に乱雑に並べられたマンガ本を見た第三者は，居住者のことを「だらしない」と思ってしまう可能性がある。実験では，複数の評定者（第三者）が寝室やオフィスといった物理的環境を観察し，性格の5因子モデル（Big Five）にもとづいて，居住者のパーソナリティ（外向性，神経症傾向，開放性，調和性，誠実性）を推測した。その結果，パーソナリティに関する居住者の自己評定と第三者による評定はおおむね一致し，また，第三者間での印象評定も一致する傾向が見られた。つまり，個人のパーソナリティは，その人が管理する空間に配置された所有物の様子から，第三者によってある程度正確に評価でき，その評価に対する社会的な同意も得られやすいということである。

　ヴァリレとゴスリング（Varire & Gosling, 2004）は，オンラインの空間における印象評定にも同様のプロセスを想定し，第三者が個人Webサイトの管理者のパーソナリティを適切に推測できると予測した。能動的な情報発信の場である個人Webサイトでは，管理者の印象を推測する際に，アイデンティティの主張が強い効果をもつと考えられる。実験では，個人Webサイトの管理者に，現実の自分（現実自己）のパーソナリティと，こうありたい自分（理想自己）のパーソナリティについて評定を求めた。また，管理者の知り合いにも，管理者の現実自己に関するパーソナリティの評定を求めた。これらの評定値は平均され，現実自己の基準値として設定された。その後，管理者・知り合いとは別の複数の評定者（第三者）がWebサイトを閲覧し，管理者のパーソナリティを個別に推測した。分析の結果，外向性と誠実性については，現実自己の基準値と，第三者による評定との一致度が特に高かった。したがって，管理者がWebサイトを通じて意図的に行うアイデンティティの主張は，本人のねら

い通りに解釈されやすいと言えるだろう．また，外向性と調和性については，管理者による理想自己の自己評定と，第三者による評定との間にある程度の一致が見られた．すなわち，第三者はWebサイトを見たときに，そのサイトの管理者が「こうありたい」と考えて主張・発信している理想のパーソナリティを，ある程度正確に読み取っていることになる．また，日本でも，森と高比良(2005)が，携帯メールのアドレスに反映される自己の印象について同様の検討を行っている．

　マーカスら（Marcus et al., 2006）は，Webサイトの主観的な印象評価だけでなく，客観的で計量的な特徴（例：個人情報の開示度，写真の数，外部サイトへのリンクの数）に注目し，管理者のパーソナリティ（現実自己）に対する自己評定，および，第三者による評定との関連を検討した．全体として，Webサイトの計量的な特徴は，第三者による評定とのみ強い関連が見られた．なかでも，多くの写真が掲載されているWebサイトの管理者は，第三者から外向性，開放性，調和性が高いと評価される傾向があった．一方，写真の数は，管理者のパーソナリティの自己評定とほとんど関連していなかった．この結果は，オンラインの空間においてパーソナリティを判断する際の手がかりが，言語的な情報以外にも，Webサイトのデザインやコンテンツに関する様々な要素で構成されていることを示唆する．

　近年，バックら（Back et al., 2010）は，Facebookのプロフィールから第三者が個人のパーソナリティを適切に推測できるかどうかを検討した．この研究では，理想化された仮想のアイデンティティ仮説（the idealized virtual-identity hypothesis）と，現実世界の延長仮説（the extended real-life hypothesis）のいずれが妥当かを検証している．前者の仮説は，その名の通り，Facebookで人々が理想の自己を表出していると予測する．一方，後者の仮説は，Facebookが現実世界の延長であり，理想の自己を呈示することは難しいと予測する．この実験では，先述したヴァリレとゴスリングの実験手続きに従い，アメリカとドイツにおけるFacebookの利用者を対象に，現実自己および理想自己の評定と，利用者のプロフィールを見た複数の第三者による他者評定との比較を行った．分析の結果，現実自己の外向性と開放性については，自己評定と第三者による評定が一致する傾向がみられた．その一方で，理想自己については，自己

評定と第三者による評定が一致していなかった。これらの結果は現実世界の延長仮説を支持するものであり，Facebook のプロフィールが現実自己を反映して構成されていることを示すものである。Facebook では友人の多くが顔見知りであるため，偽りのプロフィールに対して友人が敏感に反応する可能性があり，理想の自己を呈示し続けることは難しくなるのだろう。同様の知見は，対人不安や抑うつといったネガティブなパーソナリティについても得られている (Fernandez et al., in press)。

以上のように，ゴスリングらの実験パラダイムは，オンラインの空間における自己と現実自己との比較，さらに自己評定と第三者による評定との比較という視点から，興味深い知見を提供する。ただし，パーソナリティについて検討する際，オンラインの空間は，それ自体が「場」としての対人的・社会的な側面を含むことに十分注意する必要がある。社会的な状況では，周囲の人々からの暗黙の期待に沿った自己の望ましい側面が表出されやすい。特に Facebook を含む実名主義のソーシャルメディアでは，「ソーシャル」という名が示す通り，プロフィールやタイムラインに他者との交流のエピソードなどが数多く含まれ，自己の対人的・社会的な側面が強調される傾向がある。おそらく，Facebook のタイムラインで多くの人に好まれる内容は，孤独について黙々と語ることよりも，友人との社交的なエピソードだろう。

このことから考えると，人々はソーシャルメディア上で，「こうありたい」という理想自己よりも，周囲の人々の暗黙の期待に従って「こうあるべき」という義務自己 (ought self; Higgins, 1987) を表出していると推測される。その一方で，日本の Facebook の利用者 900 名を対象にしたジャストシステム (2012) の調査では，面識のある知り合いが Facebook で自分を良く見せようとし，現実とは異なる自己を表出していることに違和感を抱く回答者が，全体の約 3 割にのぼっていた。このように，他者の期待に添った自己の表出は，ときとして他者にその意図が伝わってしまうこともある。パーソナリティを含む心的概念は，自己と他者との関係性の上で成り立つ側面をもつが（渡邊, 2010），関係性に直接表れない自己の内面もまた，パーソナリティの一側面なのである。

2. 社会関係資本としてのソーシャルメディア

　Facebookにおける他者とのつながりは，人々の社会生活にどのような影響を与えているのだろうか。エリソンら（Ellison et al., 2007）は，大学生活においてFacebookの社会的ネットワーク（social networks）が果たす役割を，社会関係資本（social capital）のアプローチにもとづいて検討した。このアプローチでは，個人の精神的・心理的健康の改善や，コミュニティにおける犯罪率の減少といった現象が，個人や集団にとっての利益をもたらす社会的ネットワーク，すなわち社会関係資本の構築によってもたらされると想定する（Coleman, 1988）。社会関係資本は，結合型（bonding social capital）と橋渡し型（bridging social capital）に分類され，前者は，親密な相手との間の情緒的な結びつきを基盤とする強い紐帯（strong ties）として，親密な社会的ネットワークからの心理的な安寧を提供する。一方，後者は，他者一般に対する信頼によって結ばれる弱い紐帯（weak ties）として，多様な社会的ネットワークからの道具的なサポートを提供する。（Putnam, 2000）。エリソンらはミシガン州立大学の学生に対して調査を実施し，Facebookの利用が大学内での結合型社会関係資本の構築に結びつくことを示した。また，大学生活への満足感の低い学生や，自尊心の低い学生は，Facebookの利用によって橋渡し型社会関係資本を構築していた。従来，大学内で多様な社会的ネットワークをもつことが困難であったこれらの学生にとって，Facebookの利用は開かれた社会的ネットワークの形成を促すのである。

　一方で，自尊心の低い人は，必ずしもFacebookで能動的に橋渡し型社会関係資本を構築しているわけではない。フォレストとウッド（Forest & Wood, 2012）は，自尊心の高い人と低い人を対象に，Facebookでの最近10回分の投稿内容を集計し，第三者にその評定を求めた（投稿数が2回以下の人は分析に含まれなかった）。自尊心の低い人の投稿内容は，自尊心の高い人に比べて，第三者からネガティブで好ましくないと評価される傾向があった。その一方で，自尊心の低い人は，自尊心の高い人よりも，Facebookを安心して自己開示を行える場所として評価していた。フォレストとウッドは，これらの結果から，自尊心の低い人がFacebookへの投稿に対人的な賞賛や利益を期待するのではなく，むしろ筆記療法（Pennebaker, 1997）のように，投稿がもたらす非社会的

な利益，すなわち身体的・精神的健康の改善を求めていると指摘している。ところが，投稿に対してFacebookで実際に「いいね！」ボタンが押された回数（＝ポジティブなフィードバックの程度）を分析したところ，自尊心の低い人の場合は，ポジティブな内容の投稿に「いいね！」ボタンが多く押されていたのに対し，自尊心の高い人の場合は，ネガティブな内容の投稿に「いいね！」ボタンが多く押されていた。すなわち，Facebookでは，意外性のある投稿に対してポジティブなフィードバックが行われやすいのである。自尊心の低い人は，Facebookを通じた他者からの賞賛に支えられて，ポジティブな内容を投稿するようになり，その結果，橋渡し型社会関係資本を構築するようになるのかもしれない。

また，Facebookを通じた社会関係資本の構築は，対人関係の維持に関わる脳の局所構造と関連することも報告されている。カナイら（Kanai et al., 2012）は，voxel-based morphometry（VBM）という手法を用いて，脳全体のfMRI画像から灰白質の局所体積や神経細胞密度を個人ごとに算出し，個人の社会的ネットワークの指標との関連を検討した[6]。異なる大学生サンプルに対する複数回の実験の結果，右上側頭溝（他者の視線移動や意図を検知する），左中側頭回（他者の顔を認識する），嗅内皮質（記憶を司る）の密度は，それぞれ一貫してFacebookの友人数と正の相関関係が見られた。一方，パーティに呼ぶ人数や頼み事をする人数など，オフラインの空間における社会的ネットワークに関する指標は，これらの部位の密度と有意な相関を示さなかった。また，右扁桃体（本能行動や情動行動を司る）の大きさは，オフラインの空間における社会的ネットワークの指標と正の相関関係を示したものの，Facebookの友人数とは一貫した関連を示さなかった。この結果は因果関係ではなく，あくまでも相関関係を示すのみであり，またサンプルはFacebookを頻繁に利用する大学生に限られている。したがって，Facebookの利用が脳の局所構造に変化をもたらしたと結論づけるのは早計である。しかし，Facebookの友人数とのみ関連が示される脳の機能が明らかにされたことは，断片的な社会的情報を通じて膨

---

[6] fMRIなどを用いた神経画像研究において，脳の局所体積の大きさや神経細胞密度の高さは，その部位に対応する機能（能力）の高さと相関することが仮定されている。

大な人数とのやりとりが行われるオンラインの空間において，社会的ネットワークを維持するために，オフラインの空間とは異なる特有の認知能力が必要とされる可能性を示唆する。

III. メディアコミュニケーションのダークサイド

1. インターネット依存・携帯メール依存

　インターネットの普及に伴い，近年，日常生活に支障をもたらすようなインターネットの過度の利用が社会的な問題となっている。読者の中にも，オンラインゲームのやりすぎや，友人とのメールのやりとりに没頭しすぎたせいで，睡眠不足になったり，寝坊して授業や仕事に遅れたり，といった経験のある人もいるのではないだろうか。こうした状態はインターネット依存（Internet dependency; インターネット中毒 Internet addiction とも言う）とよばれる。インターネット依存は，寝食を忘れてインターネットにのめり込んだり，インターネットの利用を止められないと感じたりする，インターネットに精神的に依存し，社会生活を円滑に営むことが困難となる社会的不適応に陥った状態と定義される（Young, 1998）。

　インターネット依存の診断基準は，精神疾患の標準的な診断マニュアルであるDSM-IV-TRやICD-10には含まれていない。近年では，ギャンブル依存や薬物依存と同様に，インターネット依存を固有の精神疾患として捉え，これらのマニュアルに診断基準を加えるべきとの議論が，精神科医を中心に活発に行われている（Block, 2008）。しかしながら，インターネット依存に関する研究は，その多くが臨床的な記述や相関関係の解明にのみ終始しており，固有の精神疾患と判断するに足るだけの実証的研究の蓄積は十分とは言えない。その理由としては，①研究デザインにおいて実験群・統制群の区別が行われていない，②ランダムサンプリングにもとづく縦断的検討が行われておらず，インターネット利用→社会的不適応という因果関係の検証が十分でない，③他の心理的・器質的要因（抑うつ神経症，統合失調症など）が，インターネットの過度の利用や社会的不適応の真の原因である可能性を排除できない，④重症度を判断する臨床的な診断基準が明確でない，といった問題が挙げられる。また，イ

ンターネット依存は，衝動性のコントロールに関連する疾患に分類できるという見解もある（Ko et al., 2012）。つまり，インターネットにのめり込むことで社会生活に支障が出るという現象を検討する際には，「インターネット依存」という構成概念を独立して仮定することが必要かどうか，それ自体がまず問われるべきである。結局のところ，インターネットの過度の利用がもたらすネガティブな側面を考察する際には，一部の人々がなぜ，社会生活にもたらされる不利益を承知の上でインターネットを過度に利用しようとするのか，そのメカニズムを解明することが重要となるだろう。

　五十嵐ら（2005）は，携帯メールの過度な利用がもたらす社会的不適応の生起過程を分析するため，大学生を対象とした自由記述をもとに携帯メールの依存認知尺度を作成した。この尺度は，携帯メールの利用によって生じる依存状態の自己認知を測定するものであり，情動的な反応（携帯メールの利用に伴う情動の変化に対する自己認知），過剰な利用（携帯メールの使いすぎに対する自己認知），脱対人コミュニケーション（対面コミュニケーションの代替手段としての，携帯メールの利用に対する自己認知）の3つの因子で構成されている（短縮版を表9-1に示す）。

　イガラシら（Igarashi et al., 2008）は，個人を取り巻く社会的ネットワークとの関わり方が，携帯メールの過度な利用を促していると考え，パーソナリティ（外向性，神経症傾向），携帯メールの依存認知，携帯メールの利用に伴う日常生活への悪影響（例：他にやらなくてはいけないことがあっても，メールをしてしまう）の関連を検討した。高校生を対象とした調査の結果，携帯メールの利用に伴う日常生活への悪影響は，2つの異なる過程を通じて生じることが示された。1つは，「外向的メール依存」とよばれる，外向性が携帯メールの過剰な利用を引き起こす過程であり，他者とのコミュニケーションが活発であるがためにメールを多く送信してしまい，日常生活に支障が出ていた。もう1つは「神経症的メール依存」とよばれる，神経症傾向が携帯メールを通じた脱対人コミュニケーションを促進する過程であり，対面でのコミュニケーションが苦手なため，その代替手段として携帯メールを過度に用いることで，日常生活への悪影響が引き起こされていた。高校生にとっての携帯メールは，主に身近な知り合いとの間で利用されるコミュニケーション・ツールである。顔を合わ

表 9-1　携帯メールの依存認知尺度・短縮版（Igarashi et al., 2008）

Ⅰ：情動的な反応
　メールを送信したあとには，返信が気になって，何回も携帯をチェックする。
　自分がメールを送って，返信がすぐに来ないとさびしい。
　相手からなかなかメールの返事が来ないと，不安になる。
　メールの着信があるかどうかを何回もチェックしてしまう。
　メールをチェックしたときに，一通も来ていないとさびしく感じる。
Ⅱ：過剰な利用
　人と話しながらでも，メールを打つことがある。
　何時間も続けてメールのやりとりをすることがある。
　短い時間に何通ものメールをやりとりしてしまう。
　目の前の友だちと話しているときでも，メールをしてしまう。
　メールを打つスピードが速いほうだと思う。
Ⅲ：脱対人コミュニケーション
　メールが使えないと，新しくできた友だちとの関係が続けられない。
　メールが使えないと，知り合ったばかりの人と友だちになれない。
　メールのやりとりがなくなると，人間関係もくずれてしまうように感じる。
　メールが使えないと，ふだん会えない友だちと気軽にコミュニケーションが取れなくなる。
　メールでしか自分の本心を相手に伝えられない。

注：それぞれの項目について，「全くあてはまらない」「あまりあてはまらない」「どちらともいえない」「ややあてはまる」「非常にあてはまる」の5件法で尋ねる。

せずに，いつでもどこでもつながることが可能な携帯メールの利便性は，かえってオフラインでの行動を束縛してしまい，日常生活への不適応をもたらすのである。

　携帯メールの利用は主に2者間の知り合いどうしに限られるが，ソーシャルメディアでは複数の知人・友人間での交流が中心であり，他者から多くのフィードバックが得られる。したがって，ソーシャルメディアの利用者が外向的な依存に陥る傾向は，携帯メールの場合よりも強まる可能性があり，今後の検討が待たれる。

2. 自己愛傾向の高まり

　近年のソーシャルメディアの普及は，人々が暮らす社会生態学的環境（socio-ecological environments）の変化としても位置づけることができる。アメリカでは，近代化に伴って都市化や核家族化が進展し，経済的な豊かさが高まった結果，個人主義（individualism）にもとづく価値観が優勢となり，人々の自己愛

傾向（narcissism）が強まっているという指摘がある（Twenge & Campbell, 2009）。近代化が進展する中国でも，同様の理由で若い世代の自己愛傾向が強まっている（Cai et al., in press）。自己愛傾向の強い人は，他者とのつながりの中で自尊心を調整するものの，情緒的なつながりには無関心である。しかし他方では権威に従うことを好み，外向的でリーダーシップを取ることにこだわる。そのため，自己愛傾向の強い人は他者からネガティブに評価されることが多い。今日では，ソーシャルメディアを利用して多くの人々が自分のプロフィールを公開し，親しさの異なる様々な他者とのつながりを維持している。したがって，自己愛傾向の強い人は，ソーシャルメディアで自己についての積極的なアピールを行い，他者全般に良い印象を与えようとしていることが推測される。その一方で，先述したバックら（2010）の知見に従うと，自己愛傾向の強さは，ソーシャルメディアを通じて第三者に見透かされる可能性もある。

　バッファルディーとキャンベル（Buffardi & Campbell, 2008）は，Facebookの利用者の自己愛傾向に関する自己評定と，その人のプロフィールを見た第三者による評定をそれぞれ尋ね，プロフィールの客観的な情報（例えば，友人数）や，第三者がプロフィールに対して抱いた主観的な印象（例えば，メイン写真の魅力度，メイン写真の自己アピールの程度）との関連を検討した。自分のことを「自己愛傾向が強い」と回答したFacebookの利用者は，友人が多く，プロフィールの更新頻度が高いという特徴が見られ，第三者からは権威服従的（agentic）であると評価されていたものの，プロフィール内に自己に関する記述が多いわけではなかった。その一方で，第三者による自己愛傾向の評定は，主にプロフィールにおけるメイン写真の魅力度や自己アピールの程度にもとづいて行われていた。つまり，自己愛傾向の強さは，Facebook内の記述そのものよりも，プロフィールに含まれる写真を通じて第三者に伝わっており，ネガティブな印象を与えている可能性がある。Facebookはその名が示す通り「顔の見える」コミュニケーションの場であり，自己愛傾向のネガティブな側面を隠すために，Facebookで現実の自己とは異なる望ましいパーソナリティを装うことは困難なのかもしれない。

3. プライバシー意識の個人差

インターネットの常時接続環境の浸透や，スマートフォンの普及に伴うソーシャルメディアの利用時間の増大は，オンラインの空間における日常のコミュニケーションの記録を，デジタルデータで蓄積する「ライフログ」として位置づけることにつながる。ライフログとはすなわち人生の記録であり，ソーシャルメディアによって，人々は自己や他者の行動や思考，コミュニケーションの軌跡を振り返ることが可能になったと言える。その一方で，ソーシャルメディアで炎上が起こった場合には，オンラインの空間に散らばる断片的な情報を集めて，投稿した人の身元を特定するようなケースも見られる（小林，2011）。すなわち，プライバシーの観点からは，ライフログを適切に管理し，個人情報を過度に開示しないようにすることが重要である。しかし，プライバシーの認識は人によって様々であり，ライフログを管理することの必要性が十分に理解されていない場合もある。

佐藤と太幡（2011）は，オンライン調査を通じて，個人情報に関するプライバシー意識の個人差について検討した。プライバシー意識の高い人は，プライバシーを「他者に立ち入ってほしくない個人領域」として抽象的に捉える傾向があった。これに対して，プライバシー意識の低い人は，プライバシーを「他者に知られたくない秘密」として具体的に捉え，自己と他者のプライバシーの境界を強く意識していなかった。オンラインの空間における実名主義が浸透した現在，プライバシー意識の低さは，個人情報が意味する範囲を狭く捉えることを助長し，他者の個人情報に対する配慮の欠如にもつながってしまう。おそらく，プライバシー意識の低い人々は，プライバシーに関心がないのではなく，オンラインの空間が知り合い以外にも開かれた場であり，オフラインの空間での生活にも影響を与えうることを十分に認識していないのであろう。

また，ソーシャルメディアを利用する際のプライバシーの管理には，ソーシャルメディアを運営する企業の倫理観が深く関わっていることにも留意すべきである。ソーシャルメディアが社会の基盤インフラとしての役割を担いつつあることは先に述べたが，オンラインの空間におけるプライバシー管理の適切なあり方に関して，国際標準のガイドラインは今のところ存在しない。一方，アメリカでのFacebookの顧客満足度は，「国民にもっとも嫌われる組織」であ

るアメリカ国税庁よりもさらに低い（ForeSee Results, 2010）。企業としてのFacebook は，利用者のあらゆる個人情報を収集しようとする姿勢や，膨大でわかりにくいプライバシーポリシーが批判されている。ソーシャルメディアの利用者は，サービスの利便性のみに注目するのではなく，サービスを運営する企業がライフログとしての個人情報をどのように扱っているか，より自覚的になることも必要であろう。

4. オンラインとオフラインのはざまで

　オフラインの空間との連続線上に位置づけられた，実名主義にもとづくオンラインの空間は，現実の生活に対する影響力をますます強めている。特に，ソーシャルメディアを通じた社会関係資本の構築は，オンラインの空間での「仮想」や「仮装」の自己を脱ぎ捨て，現実自己の新たな可能性を広げる側面をもつ。その一方で，オンラインの空間で多くの他者と開かれた場を共有することは，社会的に望ましい自己を呈示し続けることへのプレッシャーを生み，さらには，新しい情報が発信され続けるオンラインの空間への過度の依存にもつながってしまうリスクもはらむ。

　オンラインの空間とオフラインの空間を結びつけ，自己と社会との関わりを多様に変化させてきた情報技術の発展は，どのような形で豊かな社会生活の実現に寄与するのだろうか。今後は，オンラインの空間における個人の権利利益の保護と社会的規制との関係や，ソーシャルメディアの普及に伴うデジタルデバイド（情報格差）の拡大，アクセス可能な情報量の増大に伴う認知能力や他者への共感能力への影響，個人の社会的ネットワークにおける弱い紐帯と強い紐帯の割合の変化とその心理・社会的影響など，様々なトピックについて，さらなる社会心理学的な検討が求められる。

引用文献
東　浩紀（2011）．サイバースペースはなぜそう呼ばれるか＋東浩紀アーカイブス2　河出書房新社
Back, M. D., Stopfer, J. M., Vazire, S., Gaddis, S., Schmukle, S. C., Egloff, B., & Gosling, S. D. (2010). Facebook profiles reflect actual personality, not self-idealization. *Psychological Science*, **21**, 372-374.

Bargh, J. A., McKenna, K. Y. A., & Fitzsimons, G. M. (2002). Can you see the real me? Activation and expression of the true self on the internet. *Journal of Social Issues*, **58**, 33-48.

Block, J. J. (2008). Issues for DSM-V: Internet addiction. *The American Journal of Psychiatry*, **165**, 306-307.

Buffardi, L. E., & Campbell, W. K. (2008). Narcissism and social networking web sites. *Personality and Social Psychology Bulletin*, **34**, 1303-1314.

Cai, H., Kwan, V. S. Y., & Sedikides, C. (in press). A sociocultural approach to narcissism: The case of modern China. *Eurpoean Journal of Personality*.

Coleman, J. (1988). Social capital in the creation of human capital. *American Journal of Sociology*, **94**, 95-120.

Dutton, W., Helsper, E. J., & Gerber, M. M. (2009). Oxford Internet Survey 2009 Report: The Internet in Britain. Oxford Internet Institute, University of Oxford. <http://www.oii.ox.ac.uk/research/oxis/OxIS2009_Report.pdf>

Ellison, N. B., Steinfield, C., & Lampe, C. (2007). The benefits of Facebook "friends:" Social capital and college students' use of online social network sites. *Journal of Computer-Mediated Communication*, **12**, 1143-1168.

Fernandez, K. C., Levinson, C. A., & Rodebaugh, T. L. (in press). Profiling: Predicting social anxiety from Facebook profiles. *Social Psychological and Personality Science*.

ForeSee Results (2010). The 2010 American Customer Satisfaction Index (ACSI) e-business report. <http://www.foreseeresults.com/news-events/press-releases/facebook-flops-in-acsi-ebusiness-report.shtml>

Forest, A. L., & Wood, J. V. (2012). When social networking is not working: Individuals with low self-esteem recognize but do not reap the benefits of self-disclosure on Facebook. *Psychological Science*, **23**, 295-302.

Gibson, W. (1984). *Neuromancer*. New York: Ace Books.（黒丸　尚（訳）(1986). ニューロマンサー　早川書房）

Gosling, S. D., Ko, S. J., Mannarelli, T., & Morris, M. E. (2002). A room with a cue: Personality judgments based on offices and bedrooms. *Journal of Personality and Social Psychology*, **82**, 379-398.

Higgins, E. T. (1987). Self-discrepancy: A theory relating self and affect. *Psychological Review*, **94**, 319-340.

五十嵐　祐・元吉忠寛・高井次郎・吉田俊和 (2005). 携帯メール依存に関する研究 (1) ―携帯メール依存尺度の作成　日本グループ・ダイナミックス学会第52回大会発表論文集, 126-127.

Igarashi, T., Motoyoshi, T., Takai, J., & Yoshida, T. (2008). No mobile, no life: Self-perception and text-message dependency among Japanese high school students.

Computers in Human Behavior, **24**, 2311-2324.

ジャストシステム（2012）．Facebook（フェイスブック）の利用状況に関する調査　ジャストシステム

Joinson, A. N. (2003). *Understanding the psychology of Internet behaviour: Virtual worlds, real lives*. New York: Palgrave Macmillan.（三浦麻子・畦地真太郎・田中　敦（訳）（2004）．インターネットにおける行動と心理—バーチャルと現実のはざまで　北大路書房）

Joinson, A. N., McKenna, K., Postmes, T., & Reips, U.-D.（Eds.）(2007). *The Oxford handbook of Internet psychology*. Oxford: Oxford University Press.

Kanai, R., Bahrami, B., Roylance, R., & Rees, G. (2012). Online social network size is reflected in human brain structure. *Proceedings of the Royal Society B: Biological Sciences*, **279**, 1327-1334.

Kiesler, S., Siegel, J., & McGuire, T. W. (1984). Social psychological aspects of computer-mediated communication. *American Psychologist*, **39**, 1123-1134.

Ko, C. H., Yen, J. Y., Yen, C. F., Chen, C. S., & Chen, C. C. (2012). The association between Internet addiction and psychiatric disorder: A review of the literature. *European Psychiatry*, **27**, 1-8.

小林直樹（2011）．ソーシャルメディア炎上事件簿　日経BP社

Lea, M., O'Shea, T., Fung, P., & Spears, R. (1992). 'Flaming' in computer-mediated communication. In M. Lea (Ed.), *Contexts of computer-mediated communication*. New York: Harvester. pp. 89-112.

Marcus, B., Machilek, F., & Schütz, A. (2006). Personality in cyberspace: Personal web sites as media for personality expressions and impressions. *Journal of Personality and Social Psycholgy*, **90**, 1014-1031.

Matheson, K., & Zanna, M. P. (1988). The impact of computer-mediated communication on self-awareness. *Computers in Human Behavior*, **4**, 221-233.

McKenna, K. Y. A., & Bargh, J. A. (1998). Coming out in the age of the internet: Identity "demarginalization" through virtual group participation. *Journal of Personality and Social Psychology*, **75**, 681-694.

McKenna, K. Y. A., & Bargh, J. A. (2000). Plan 9 from cyberspace: The implications of the internet for personality and social psychology. *Personality and Social Psychology Review*, **4**, 57-75.

McKenna, K. Y. A., Green, A. S., & Gleason, M. E. J. (2002). Relationship formation on the internet: What's the big attraction? *Journal of Social Issues*, **58**, 9-31.

森　津太子・高比良美恵子（2005）．携帯電話のメールアドレスに見られる特徴と機能—メールアドレスに埋め込まれた自己　お茶の水女子大学大学院人間文化研究論叢, **7**, 275-284.

Pennebaker, J. W. (1997). *Opening up: The healing power of expressing emotions.* Guilford Press.（余語真夫（訳）(2000). オープニングアップ―秘密の告白と心身の健康　北大路書房）

Putnam, R. D. (2000). *Bowling alone: The collapse and revival of American community.* New York: Simon & Schuster.

佐藤広英・太幡直也 (2011). プライバシー意識とプライバシーの捉え方の関係―ウェブ調査を用いた検討　パーソナリティ研究, **19**, 281-283.

Short, J., Williams, E., & Christie, B. (1976). *The social psychology of telecommunications.* London: John Wiley & Sons.

総務省 (2011). 平成23年版情報通信白書 <http://www.soumu.go.jp/johotsusintokei/whitepaper/ja/h23/pdf/>

Spears, R., & Lea, M. (1992). Social influence and the influence of the 'social' in computer-mediated communication. In M. Lea (Ed.), *Contexts of computer-mediated communication.* New York: Harvester Wheatsheaf. pp. 30-65.

塚越健司 (2011).「アノニマス」の歴史とその思想 <http://synodos.livedoor.biz/archives/1850228.html>（2012年2月15日）

Turkle, S. (1995). *Life on the screen: Identity in the age of the internet.* New York: Simon and Schuster.（日暮雅通（訳）(1998). 接続された心―インターネット時代のアイデンティティ　早川書房）

Turkle, S. (2011). *Alone together: Why we expect more from technology and less from each other.* New York: Basic Books.

Twenge, J. M., & Campbell, W. K. (2009). *The narcissism epidemic: Living in the age of entitlement.* New York: Free Press.（桃井緑美子（訳）(2011). 自己愛過剰社会　河出書房新社）

Varire, S., & Gosling, S. D. (2004). e-Perceptions: Personality impressions based on personal websites. *Journal of Personality and Social Psychology,* **87**, 123-132.

Walther, J. B. (1992). Interpersonal effects in computer-mediated interaction: A relational perspective. *Communication Research,* **19**, 50-88.

Walther, J. B., & D'Addario, K. P. (2001). The impacts of emoticons on message interpretation in computer-mediated communication. *Social Science Computer Review,* **19**, 324-347.

Walther, J. B., Gay, G., & Hancock, J. T. (2005). How do communication and technology researchers study the internet? *Journal of Communication,* **55**, 632-657.

Walther, J. B., Slovacek, C., & Tidwell, L. C. (2001). Is a picture worth a thousand words? Photographic images in long term and short term virtual teams. *Communication Research,* **28**, 105-134.

Walther, J. B., Van Der Heide, B., Kim, S. Y., Westerman, D., & Tong, S. T. (2008). The role of friends' appearance and behavior on evaluations of individuals on Facebook: Are we known by the company we keep? *Human Communication Research*, **34**, 28-49.

渡邊芳之（2010）．性格とはなんだったのか　新曜社

読売新聞（2009）．ブログ炎上　初摘発へ―男性タレントに「人殺し」「死ね」（2009年2月5日）

Young, K. S. (1998). *Caught in the net: How to recognize the signs of Internet addiction and a winning strategy for recovery*. New York: John Wiley & Sons.（小田嶋由美子（訳）（1998）．インターネット中毒―まじめな警告です　毎日新聞社）

Zimbardo, P. (1969). The human choice: Individuation, reason, and order vs. deindividuation, impulse, and chaos. In W. J. Arnold & D. Levine (Eds.), *Nebraska symposium on motivation*. Lincoln, NE: University of Nebraska Press. pp.237-307.

よりよく理解するための参考書

● Joinson, A. N. (2003). *Understanding the psychology of Internet behaviour: Virtual worlds, real lives*. New York: Palgrave Macmillan.（三浦麻子・畦地真太郎・田中　敦（訳）（2004）．インターネットにおける行動と心理―バーチャルと現実のはざまで　北大路書房）

　　ソーシャルメディアが登場する以前の，2000年代前半までのインターネット研究の概要が網羅的に整理されており，リファレンスとしても使用可能である。重要な研究については詳細な解説がなされている。

● 宮田加久子（2006）．きずなをつなぐメディア―ネット時代の社会関係資本　NTT出版

　　パットナム（Putnam, R. D.）の社会関係資本アプローチにもとづいて，オンラインの空間における集団（コミュニティ）の特徴が，結合型社会関係資本と橋渡し型社会関係資本の役割を軸として実証的に検討されている。日本の事例が多く取り上げられている。

● Carr, N. (2010). *The shallows: What the internet is doing to our brains*. New York: W.W. Norton.（篠儀直子（訳）（2010）．ネット・バカ―インターネットがわたしたちの脳にしていること　青土社）

　　脳科学の知見を踏まえて，インターネットを通じた大量の情報へのアクセスが集中力を低下させ，人間にもともと備わっている学習や思考の能力にネガティブな影響を与えるという主張がなされている。情報技術の急速な発展に警鐘を鳴らす書である。

Column 9 コンピュータシミュレーションからみた「対人関係の極意」

森　久美子

「できるなら他人からよく思われたい。しかし，利用されるばかりのお人よしでいるのはうんざりだ」。人づきあいの中で，多くの人が抱えている葛藤だろう。実際のところ，「いい人」でありながら「お人よし」であることを避けるにはどうすればよいのだろうか。この，対人関係の定番とも言える問いに，人ならぬコンピュータシミュレーションを用いた研究が答えを示唆してくれている。

こんなゲームを考えてみよう。2人でじゃんけんをする。ただし，出せるのはグーとパーだけだ。2人ともグーなら両者100円ずつ，パーなら50円ずつもらえる。片方がグー，もう片方がパーなら，パーを出した方は150円もらえるが，グーを出した方は何ももらえない。互いに顔を見たり話したりすることはない匿名状況で，相手とこのじゃんけんを繰り返す。なるべくたくさん賞金を稼ぐには，どんな手を使えばよいのだろうか。

このじゃんけんのような構造をもつゲームは，「囚人のジレンマ」とよばれる。このゲームでは，相手の利益につながる選択である「協力」（グー）と，自分の利益につながる選択である「非協力」（パー）からどちらかを選ぶ。150円もらおうとすると非協力を選ぶことになるが，両者がそう考えて非協力を選ぶと，50円しかもらえず，共に協力した100円よりも悪い結果になってしまう。

アクセルロッド（Axelrod, 1984）は，様々な戦略プログラムどうしをコンピュータ上で戦わせるトーナメントを行い，このゲームでどんなふうに行動すればもっとも高い利益を挙げることができるのかを調べた。その結果，もっとも安定して多く稼いだのは「しっぺ返し」という戦略だった。これは，初回は協力し，次は相手が前回協力なら協力，非協力なら非協力を選ぶ，という簡単な戦略だ。この戦略の特徴は，相手が協力してくれている限り自分から非協力することはないという「上品さ」，相手が非協力なら自分も非協力で返すという「報復性」，相手が再び協力してきたら自分もすぐに協力に転じるという「寛容さ」，シンプルな「わかりやすさ」，にある。

しっぺ返しの成功は，人づきあいの極意が「ギブアンドテイク」にあることを教えてくれる。長期的な関係から利益を上げるには，相手の協力が

不可欠であり，そのためには目先の利益に惑わされてはいけない。しかし同時に，非協力的な戦略から搾取されることからも我が身を守る必要がある。いい人でなければ協力してもらえないが，やさしいだけのお人よしでもダメなのだ。

　なかなか含蓄に富んだ結果だが，このトーナメント状況は，実際の人づきあいにはあてはまらない点もある。実際の人づきあいでは，きめられた相手とつきあい続けなければいけないことはまれで，相手を選んでつきあうことの方が多い。そして，いつも意図した通りに行動が伝わるとは限らず，そんなつもりはなかったのに相手を傷つけてしまったり，良かれと思ってやったことが相手に伝わらなかったり，といったエラーがしばしば生じる。このような状況で，しっぺ返しのように意図と違う非協力にまでことごとく仕返ししていたら，ちょっと心が狭い，つきあいづらい存在になってしまうだろう。

　その後の研究はこれを裏付けており，相手選択が可能で，小さな確率でエラーが生じるような状況では，もう少し寛容な方がうまくやれることがわかっている（Hruschka & Henrich, 2006）。ここで成功した戦略は，選んだパートナーが非協力の場合，自分は協力を続けながら，その相手の優先度を下げていくというものだった。優先度が最下位になった相手は，他に良い相手が現れればその相手と入れ替え，いわば「友だちリスト」から外してしまう。だが，リストに入っている限りは必ず協力する。つまり，つきあいの相手として選んだら，多少の非協力には目をつぶって，様子を見ながらつきあいを継続しようとする戦略なのである。この戦略にはもう1つ特徴があり，リストが友だちで埋まっていて空きがない場合は，リスト外の相手には一定の確率で非協力をとる。つまり，関係のない相手にまで常にいい顔をするわけではない。過ちを犯した相手をすぐに切り捨てない寛容さによって身内ネットワークを維持する一方で，身内以外にいい顔をするのはほどほどにとどめておく戦略，と言えるだろうか。

　人間どうしにゲームを行わせた実験でも，人は，相手が同じ集団のメンバーで，相手がそのことを知っている場合に，とりわけ協力的になることがわかっている（Yamagishi et al., 2008）。これは，集団内で協力しない「悪い人」だという評判ができると，集団内に存在する助け合いの輪から排除されてしまうからだと考えられている。逆に言えば，集団外の他人に対してまでいつもまんべんなく「いい人」でいようとするのは，ただの「お人よし」になってしまうリスクをはらんでいるとも言える。

　冒頭の問いに戻れば，「いい人」でいることは，協力的な相手との関係維

持に不可欠だ。しかし同時に,自分のつきあいの範囲を定期的に見直し,範囲外の相手にまで必要以上にいい顔をしようとしないことが,利用されるだけの「お人よし」にならないための秘訣と言えるだろう。

文献
Axelrod, R. (1984). *The evolution of cooperation.* New York: Basic Books. (松田裕之(訳)(1998). つきあい方の科学──バクテリアから国際関係まで ミネルヴァ書房)
Hruschka, D. J., & Henrich, J. (2006). Friendship, cliquishness, and the emergence of cooperation. *Journal of Theoretical Biology,* **239,** 1-15.
Yamagishi, T., Mifune, N., Liu, J., & Pauling, J. (2008). Exchanges of group-based favors: Ingroup bias in the prisoner's dilemma game with minimal groups in Japan and New Zealand. *Asian Journal of Social Psychology,* **11,** 196-207.

10 なぜ対人関係を研究するのか？

斎藤和志

I．対人関係研究のテーマはどこにあるのか

1．対人関係の研究の捉え方

　本章のタイトルは「なぜ対人関係を研究するのか？」というものである。このような問いに対しては，「そこに対人関係があるから」といった答えしかないようにも思われる。この答えの出しようのないようなテーマに対して，研究者はそれぞれが何らかの答えに近づこうと努力していると言えるのではないだろうか。したがって，この壮大なテーマについて，個人が何かを述べるには限界があるであろうし，おそらく共通の認識をもつことも不可能かもしれない。さらに，もっとも重要なことは，その問いに答える力量が筆者にないことである。しかしながら，その点をふまえた上で，社会心理学，対人関係の心理学に関わってきた者として，若干の考察を加えることならできるかもしれない。いささか頼りない限りではあるが，試みてみよう。その中に，ひとかけらでも対人関係研究を志向することの意味が見出せれば幸いである。

　さて，心理学者に限らず，世の中の多くの人は自己のみならず他者や対人関係に非常に興味をもっているということは，共通の認識として共有できるであろう。そして，多くの人が少なからず，何らかの仮説を立てて何らかの実験を行っている。ただし，その仮説や実験は非常に稚拙なものから，もう一息で科学論文の域に達すると思われるものまで幅広く存在する。しかしながら，たとえ稚拙なものであったとしても，まとまりをもったり，多くの他者と共有されることになったりすると，暗黙の性格理論とよばれたり，素人理論とよばれたりすることになる。レベルの違いはあるものの，対人関係に関する多種多様な

理論が私たちの身のまわりにあふれていることになる。

　なぜ，自分を含めた個人と個人の関係，すなわち対人関係を意識するのか，考えるのかという問いに，明確な答えを述べることは難しい。どのようなレベルの答えが求められるのかもわからないが，あえて言葉にしてみるならば，私たちが「私たちの認知や行動が対人関係に影響を与えること」を知っているし，「対人関係が私たちの認知や行動に影響を与えること」を知っているからではないだろうか。心理学者の言う理論とは，世の中の人が言うところの人間観であり，人を見る枠組みのことだと言って良いであろう。したがって，対人関係研究の対象は，私たち自身であり，私たちの身のまわりにあふれている。いや，私たち自身を含む身のまわりそのものが研究の対象なのである。そして，その中の法則性をどこまで多くの人と，同じ言葉や概念で共有できるかというレベルが研究のレベルに対応しているのではないだろうか。

2. 対人関係研究の2つの重要性

　本章では，細かな研究を取り上げるというよりは，社会心理学の概論書に頻繁に登場するような，古典的，代表的な実験やモデルを引き合いに出しながら，壮大な問いに答えるヒントを探していこうと思う。長田（1996）は，対人関係研究の2つの面から見た重要性に言及している。その1つは実際の生活における対人関係の重要性である。対人関係とストレスの問題や，単に個人の精神的健康だけではなく，それが学校や地域社会と連動した場合には，集団・組織の中での対人関係の問題として位置づけられたりするようになる。本書の各章は，人々の生活の実際面から見た重要性を基盤として展開されているとも言えよう。そして，それは単に問題解決型の実践研究にとどまることなく，知見が蓄積され，理論が構築されていくことを示している。2つ目の側面が，こうした学術的な理論面から見た重要性である。社会心理学の理論は，認知的側面を重視したものから行動的側面を重視したものまで多岐にわたるが，およそ対人関係と無縁なものはない。また，多種多様な社会的行動に関する理論は，それぞれが独立して存在するのではなく，それらの理論がまとまって1人の人間を構成することにならなければならない。これは，単純に理論をまとめあげる，ということを意味しているのではなく，理論と理論の関連性を吟味することか

ら人間の行動の法則に迫ることが必要だということである。

　この2つの面から見た重要性は，日常的な行動から理論を構築し，理論的予測から日常の行動を再吟味するという，双方向的なやりとりが進む中で対人関係の問題は検討されるべきだ，ということを示している。さらに，長田（1996）は，対人関係研究への手がかりのつかみ方として，8つの方法を示している。①身辺の問題からの出発，②先行研究で用いられた概念・モデルの精緻化，③研究結果の副産物への注視，④矛盾した結果が報告されている現象への接近，⑤現実の社会問題からの出発，⑥古典に立ち返ることによる研究の進展，⑦他の学問領域からの知見，⑧未開拓・未研究の課題への着手，の8つである。当然，これらはお互いに独立した方法ということではなく，現実にはいくつかの組み合わせによって研究は進められている。本章では，こうした具体的な方法というよりは，対人関係を研究する際のものの見方や考え方のヒントを示すことによって，日常にあふれている（はずの）対人関係研究のテーマを拾い上げるきっかけをつくることをもくろんでいる。

3. 原因としての対人関係，結果としての対人関係

　先に述べた，研究の2つの重要性の側面もそうであるが，こうした重要性は対人関係の研究や社会心理学の領域に限定されたものではない。そして，もう1つの考慮すべき観点を考えてみよう。それは，因果の方向性である。ここでは，対人関係を他者への対人感情（好意）という側面に絞って考えてみる。

　例えば，対人魅力研究における類似性という概念である。バーン（Byrne, 1971）のパラダイムを用いた類似性－魅力の仮説は，おそらく堅固なものであろう。実験的な流れでは，実験参加者が回答をした質問にもとづき，意見の類似度を体系的に操作した刺激人物の回答を呈示し，その刺激人物に対する好意度を測定するというものである。実験としての位置づけは，類似度が独立変数（＝原因）で，好意度が従属変数（＝結果）ということになる。そして，結論としては，私たちは類似している他者に対して好意をもつ，ということになる。では，なぜ，類似性が好意に結びつくのか，という問いに対しては，様々な理論やモデルからもその示唆を得ることができる。自己と類似した他者は，自己と類似した反応を予測しやすいので，承認欲求を充足させてくれる可能性が高

い。また，予測しやすいということは，社会的交換理論（Thibaut & Kelley, 1959 など）で言うところのコストが小さい状況と考えられる。また，社会的比較理論（Festinger, 1957）においても，自己および環境を理解し，予測し，統制するために類似した他者への接近傾向を示すことが示唆されている。このように，他者との意見や考えについての類似性は，その他者（相手）に対して肯定的な態度を形成することになると考えられる。

　しかしながら，現実の社会における対人的相互作用は，類似性がいきなり呈示されることはまれで，様々な相互作用を通して，意見の類似性を確認していくことになる。物理的近接性などによって対人関係が開始され，その後の様々な相互作用によって魅力は増すことになる。その過程の1つには，最初に魅力的だと思うことによってその人と同一視をはかり，意見が類似していくという場合も考えられよう。極端な例で言えば，大好きなアイドルと同じものをもち，同じ服装・髪型をし，同じ意見をもつようになる場合などが考えられる。また，夫婦は似てくるとも言われたりするが，実際，同じ環境で生活することは同じような意見や考えをもつことにつながるという可能性も否定できないであろう。より広い範囲で考えれば「下町気質」といった町の雰囲気や風土までがある種の類似性に影響していると言えるかもしれない。この過程にも，準拠対象としての個人への同一視や社会的学習が関係していると考えられる。また，シャクター（Schachter, 1959; Schachter & Singer, 1962）による情動二要因論の実験や不安と親和傾向の実験においても，錯誤帰属や類似した他者への接近傾向の過程などが想定される。そうした過程も類似性と好意・接近の関連性の強さを示すものと考えられよう。

　類似性と好意との関連でわかるように，実験的研究場面では，一方が原因となりもう一方が結果としてその影響を受けるという位置づけになるが，現実場面では，どちらも原因となりどちらも結果となりうるということである。類似性と魅力以外にもいくつか例は挙げられよう。好意を抱いている相手が困っているときには援助をするが，逆に，好意とは異なる理由で援助行動をしたことによって相手に好意をもつようになることもある。また，先に触れたシャクターの不安と親和傾向についても，他者と一緒にいることや孤立していることが安心感や不安に影響してくるという流れの逆方向の過程に言及したものと位置

づけることもできる。これらの例は，対人関係とその中の個人（の対人感情）に焦点を当てたものと言えるが，対人関係それ自体が他の側面に及ぼす影響についても同じような過程が指摘できよう。例えば，対人関係と集団パフォーマンスの関係などが考えられる。集団間競争や集団内協力によってパフォーマンスを増大させると，凝集性が高まり，対人関係の良好さが増大するであろう。逆に，凝集性や対人関係の良好さを高めることで，集団のパフォーマンスを向上させるということも考えられる。リーダーシップ研究や集団効果性の研究においても，因果の双方向性は考慮されるべき重要な視点である。

4. 対人関係が研究される理由，研究されない理由

　さて，最初に戻って，なぜ対人関係の研究を行うのかという問いに対する暫定的な答えとした「私たちの認知や行動が対人関係に影響を与えることを知っているし，対人関係が私たちの認知や行動に影響を与えることを知っている」ということをもう一度考えてみよう。この表現の中には，先に述べた因果の双方向性が前面に出ている。この因果の双方向性，おそらくは，日常的な表現で言えば，因果の複雑性が興味を引く大きな要因になっていると考えられる。ある種の仮定，すなわち素朴な個人的理論から導き出された仮説は容易に実証されることがないのである。または，実証されたと思っていても，肝心なときに裏切られるのである。それゆえに，対人関係についての仮説は常に好奇心の対象となり，私たちは仮説検証を繰り返そうとするのであろう。

　また，主体としての個人を含む対人関係と，第三者的な意味での対人関係の2種類が存在し，そこに差異があることも，私たちは知っているのであろう。同じような課題状況であっても，自分が含まれる場合と含まれない場合で，その答えに違いが出ることを知っているのである。だからこそ，「自分のことは棚にあげて」，対人関係の諸問題を解決しようとするのである。さらに，自分を含む場合と含まない場合で全く異なるプロセスを通るなら良いのだが，やはり共通性があり，法則性も存在することに気づいているのである。そして，第三者間で起きていることも，ひょっとすると（おそらく必ず）我が身にも降りかかることを予期しているのではないだろうか。こうした漠然とした理解と予測可能性を抱いているので，自分への大きな影響力をもつ「対人関係」は研究の

的となるのであろう。

　しかしながら，上記の理由は「研究されない理由」にもつながっているのである。因果関係の複雑さに関していえば，1つひとつの実験は断片的であっても，その蓄積された知見が優れた理論を構築していくことにつながってくる。したがって，具体的な研究がすべての因果関係を説明しているわけではないという点を認識していれば，研究の進展は期待できると言える。しかし，もう1つの観点，主体的関わりをもつ対人関係と第三者的位置づけの対人関係の研究が同時に関わってくると，かなり困難な問題が生じる。その1つが，対人的相互作用の分析である。様々な工夫を凝らした研究が行われているが，お互いに影響を与え合う対人関係の記述，分析は難しい。こうした対人的相互作用の同時分析的研究の難しさに加えて，対人関係の研究が行われないさらなる理由があるとすれば，それは心理学を学び始めた学生がぶつかる壁であろうか。すなわち，対人関係の問題に気づかない，ということである。なぜならば，私たちが対人関係に目を向けるのは，何かしらネガティブなことが起きたようなときが多いのではないだろうか。何事も起きなければ，私たちはおそらく，対人関係に興味関心はもっているものの，個人の素朴な理論の確認作業を行うだけであり，その理論を明確化することはないのである。そこには，次節で述べるような人間の認知のメカニズムが研究の初心者にも働いているということが言える。しかしながら，当たり前（個人の素朴な理論と合致しているという意味）の理論でも，それが明文化され，仮説として成立するようになると因果関係の逆転を考えたりすることができるようになる。

Ⅱ．対人関係を理解する素朴な仕組み

　近年，社会的認知の研究は非常に盛んになっている。ここでは，その研究を紹介するということではなく，対人関係を理解する際に私たちが気づいていなければいけない認知の特徴について考えてみよう。心理学の研究者であればあえて言及する必要もないであろうが，研究対象としての人がもつ認知の特徴については，常に意識しておきたいものである。

1. 帰属過程の特徴

　社会心理学では，出来事の原因を推論するプロセスとして帰属過程を位置づけている。帰属過程に関する議論は，ハイダー（Heider, 1958）の考察から，様々な理論やモデルが提唱されてきた。その帰属過程が重要な意味をもつ背景では，人には①自分や自分を取り巻く環境を理解したい，②その理解にもとづいて，行動の予測を行いたい，③そして適切に働きかけることによって統制を可能としたい，という基本的な欲求の存在が仮定されている。こうした欲求によって，行為者への過度の帰属傾向，しかも，安定した要因として位置づけられる性格や特性への帰属が強まるのである。性格や特性といった安定した人の要因へ帰属することによって，その人の行動を予測可能なものだという認知を強めるのである。したがって，対人関係と帰属は，対人認知，他者理解という観点からも重要な認知的側面を扱っていると言えよう。様々な理論やモデルによってその認知の特徴が示されているが，共通して言えることは，私たちは原因が1つでも候補にあがると，ほかの原因を考えようとしなくなる傾向が強いということではないだろうか。したがって，一度推論してある原因にたどりつくと，そのプロセスについての再吟味は行われにくくなる，すなわち，批判的（クリティカル）に考えないということになるのである（次節参照）。しかも，私たちが意識的に原因を推論する場合は，おそらくネガティブなことと関連していて，その改善をはかるための場合が多いのではないだろうか。

2. 選択的な知覚と情報処理

　前述のような帰属の傾向に拍車を掛ける認知のメカニズムが選択的知覚や選択的情報処理ということになるであろう。私たちは，目立つものや都合の良い情報を積極的に取り入れるということである。帰属の過程においても，ある1つの原因が候補にあがると，それを支持するような情報には目が向くが，あえて認知的不協和を生じさせるような情報には目を向けないのである。

　典型的なテーマとして，血液型性格判断を例に挙げてみよう。学生に対して，社会心理学の立場を説明するときに次のような話をする。一般的な心理学の視点からは，血液型と性格に関連があるとするならば，その場合の血液型とはどのような分類であり，性格についてはどのような捉え方をすべきか，そし

てその関連性を吟味するためにはどのような研究方法でデータを集め，どのような結果が出たときに関連があると判断をし，その関連性をどのように説明するのかを考えるのが一般的な研究のスタンスであろう。しかし，社会心理学の視点からは，血液型と性格に真に関連があるかどうかは別にして（おそらく，関連がないにもかかわらず），多くの人（またはあるタイプの人）は，そこに関連があると思っているのはなぜだろう，というスタンスをとることになる。なぜ関連があると思っているのか，その信念はどのように形成されたのか，そしてその関連性についての信念は対人関係にどのような影響を与えるのか，などが社会心理学のテーマとなりうるのだと言えよう。

このようなスタンスから血液型と性格の関連づけについての形成プロセスを考えると，選択的知覚というキーワードが現れてくる。「血液型が■型の人は几帳面だ」ということを信じている人は，ある人が■型だと分かると，その人の几帳面な行動に注意が向き，それ以外の（特に，几帳面ではないような）行動には注意が向かないのである。認知的なプロセスについては，認知心理学の諸研究に委ねるとしても，社会心理学における認知的不協和理論もその予測を支持することになる。「あの人は■型＝几帳面だ」という認知と「あの人が几帳面とは言えない行動をした」という認知は不協和なので，そのような情報を避けるのである。「■型＝几帳面」という認知を変化させても良いのだが，この認知ツールをもっていると，いろんな人に（■型の人すべてに）当てはめることが可能なので，多くの人についての予測が可能，ということになる。したがって，私たちは「『やはり』情報」に目を向け「『まさか』情報」を敬遠するという方略によって，個人的信念を形成していると言えるのである。

3. ヒューリスティックス

最後に，より広い側面と関連する認知スタイルとしてのヒューリスティックスに言及しておこう。ヒューリスティックスとは，ある問題を解決する際に，必ずしも成功するとは限らないが，うまくいけば解決に要する時間や手間を減少させることができるような手続や方法のことを指す。例えば，対象が特定の典型をどれだけ代表しているかによって可能性を判断するような代表性ヒューリスティックが挙げられる。制服などは典型が強すぎるとも言えるが，服装や

しぐさ，対応の仕方などから職業を推測してしまうような場合である。また，目立ちやすく選択的に記憶されやすい事柄についての生起確率を高く見積もるという利用可能性ヒューリスティックもよく指摘される。身近に宝くじに当たった人がいると当選確率を高く見積もったり，離婚した人が身近にいると離婚率を高く推定するというような例が挙げられるが，対人関係においても，減多にないことでもインパクトが強いことはありそうだと思えてしまうという認知的な特徴がある。これらの認知的な方略は，人の認知的な処理にかかる負荷を低減するので，ある部分自動的に起きていることになる。先に述べた帰属過程の特徴は，得られた情報に依存するとも言えよう。得ることのできなかった事象に原因を帰属することはおそらく不可能なので，選択的知覚はヒューリスティック的判断とあいまって，ますます原因が明確なもののように思えてしまうのであろう。

　この節で述べたような認知の仕組みが，研究対象であるところの対人関係に影響を与えていると同時に，対人関係を研究する私たち自身に対しても影響を及ぼしていると考えられる。では，このような特徴をもった私たちは，対人関係の研究に対して，どのような姿勢で取り組めば良いのであろうか。

Ⅲ．対人関係をクリティカルに考える—社会的思考のススメ

1．クリティカルシンキングと対人関係

　クリティカルシンキングという考え方は認知心理学，教育心理学の分野で多く用いられてきた。大学教育における重要性なども指摘されている。楠見（2011）は，次の3つの観点からクリティカルシンキング（＝批判的思考）を定義している。批判的思考とは，①論理的・合理的思考で，規準に従う思考であり，②自分の推論プロセスを意識的に吟味する内省的・熟慮的思考であり，③より良い思考を行うために，目標や文脈に応じて実行される目標志向的思考である，とされている。こうした思考は大学教育などで育成されるべきであろうし，私たちはこうした思考を身につけ，賢い市民となることが望まれていると言えよう。対人関係の研究者としても，こうした思考を身につけることは非常に重要である。心理学研究に必要な思考はこのクリティカルシンキングそのも

のと言っても良いかもしれない。しかしながら，対人関係とクリティカルシンキングとを考えるときに，対人関係をクリティカルに考えることと，対人関係の研究をクリティカルに考えることは若干区別する必要があるであろう。研究者にとっては，研究をクリティカルに考えることは，対人関係をクリティカルに考えることにつながり，それは研究の幅を広げることにつながると考えられる。しかしながら，対人関係に関心をもつ世の中の多くの人，すなわち素朴な心理学者にとってはどうであろう。

　ここで，1つのエピソードを考えてもらいたい。子どもたちに心理学について触れてもらうような機会があり，そこではミュラー・リヤー錯視やエビングハウス錯視を大きなプレートで呈示していたのである。素直な子どもはその錯視量に驚くが，中にはジッと見つめた後で「でも同じでしょ」と言い，自らが感じている錯視現象を認めようとしない子どももいる。意地を張っているようにしか見えないのだが，こうした意地の張り方は，私たちが自らの対人関係を見つめる際にも見られないだろうか。暗黙裏の性格観や素人理論の形成初期の段階では，様々な対人的経験からボトムアップ的につくりあげられていたものが，ある程度の枠組みができあがってしまうと，その枠組みだけで捉えようとするようなところはないだろうか。

2. 印象形成実験と対人関係

　対人関係の基礎的研究とも言える印象形成の古典的実験を取り上げて考えてみよう。アッシュ（Asch, 1946）は，他者を表現するいくつかの単語を継時的に呈示することで，どのような印象が形成されるかを検討した。呈示される単語の数や情報の内容，順序などを操作することによって，印象形成の特徴を考察した古典的な実験である。一連の実験から，2つの大きな特徴が描き出された。その1つは，「中心特性−周辺特性」という捉え方である。例えば，7つの特性語のうち1つの特性語だけが異なる2種類のリストを読み聞かせ，その全体的印象を比較した。7つの特性語のうち違っているのは「あたたかい」と「つめたい」の1つだけであり，ほかの「勤勉な」や「決断力のある」といった6つの特性語は同じであった。ところが，7分の1しか情報が違わないのに，形成された印象は，「あたたかい」が含まれていたリストの方が極めて好意的な

ものであった。アッシュは，全体的印象は個々の特性の単なる合計ではなく，個々の特性を超えてそれらを統合するような全体像が形成されると考えた。そして，個々の情報は均等な重みで寄与するのではなく，「あたたかい」「つめたい」のように中心的な機能を果たす中心特性とそうでない周辺特性があることを指摘した。また，同一の特性語を逆の順で呈示したものと比較し，その順序効果についても検討している。

　この実験は有名なものであるが，この実験を学生に説明する際に，「日常場面ではどうか」と問いかける。そのような問いかけは，一見すると，「日常場面ではあまりない」という回答を引き出すようにも聞こえるが，実際はどうだろうか。単語一言で他者を表現することなどない，のだろうか。例えば，「今度紹介する男子学生は『面白い人』で『ちょっと気弱』だ」というように，中心特性となる言葉を自然と選び（現代の若者にとっては「あたたかい」よりも「面白い」かもしれない），それに付随させた言葉で全体的な印象を形成させているかもしれない。その言葉の順序効果にもかなり敏感な気がする。しかも，近年発達してきた携帯電話の利用を考えれば，短い文章でのメールやちょっとした会話の中で，対人情報を短い単語の羅列で表現することは思った以上に多いかもしれない。そう考えると，最初に伝える形容詞は重要なものであるはずで，したがって，数個の形容詞による印象形成で初頭効果が現れるのも当然と言えよう。

　また，中心特性と関連した実験として，ケリー（Kelley, 1950）の実験が紹介されることが多い。印象形成の実験としてだけでなく，行動期待の研究としても取り上げられることもあるようだ。この実験は，実際の授業場面で，授業担当者が来ることができなくなり，代理の講師を紹介するというものである。その中で「あたたかい」「つめたい」だけが異なる紹介文の効果が検討された。「あたたかい」と紹介された人物の好印象とその人物との活発な相互作用が報告され，中心特性の効果の一例として紹介されることが多い。ここでも別の観点を加えてみよう。この実験が現場実験であることから，実験のリアリティが保証されているように思われる。しかしながら，文化的な影響を考慮する必要もあるであろうが，私たちが他者を紹介する場面を想像してみよう。一般的に，私たちは他者に対して言及する際に，ネガティブなことは言わないという

のがデフォルトではないだろうか。これが一般的な期待だとすると，その期待からずれた行為（他者をネガティブな言葉で紹介すること）は，対応性推論モデルで言うところの社会的に望ましくない行為と言えよう。そうした場合に起こる推論は，単純に，紹介された人の印象の形成にとどまらず，紹介者の素因との対応づけやそのほかの原因に帰属されることになると言えよう。素朴には，紹介者に対するネガティブな素因との対応づけとなるかもしれないが，それ以外にも，本当にネガティブな特徴をもっているというネガティビティ・バイアスが働くことによって，被紹介者に対するネガティブな印象が強められたり，紹介者と被紹介者のネガティブな対人関係の推測へとつながるかもしれない。このように考えてくると，印象形成の実験が，単なる認知的プロセスの解明にとどまらず，対人関係の問題と密接に関わっていることが推測されよう。

3. クリティカルシンキングから社会的思考へ

三宮（2002）はカナリア学園という架空の中高一貫教育の女子校を舞台とした例を挙げて，考える心の仕組みの重要性を指摘している。その一例は，社会心理学的な観点から見て非常に興味深いものである。生徒たちが三段論法を理解するというエピソードとして紹介されている物語を見てみよう。制服が廃止されているカナリア学園の生徒が遠足に行くにあたって，教頭先生が学園の生徒と他校の生徒を見分けるために全員に黄色いリボンをつけることを提案しようとした。生徒たちがいやがるのを見た担任の先生が，感情論ではなく論理的に反論することを学ぶ題材として利用するという内容である。つまり，「カナリア学園の生徒ならば黄色いリボン」という元の命題に対して，教頭先生の主張したい逆命題「黄色いリボンならばカナリア学園の生徒」は必ずしも正しいとは言えないという論理的な問題点を見つけるのである。このストーリーは非常にわかりやすくクリティカルシンキングや論理的思考の重要性を伝えていると言えよう。ここで，対人関係に焦点を当てた社会心理学的な視点から再度考えてみたい。カナリア学園の物語を少し抽象的に描くと，「先生（大人）が生徒（子ども）から論理的な反論を受ける」という状況と言えよう。さらに，抽象化して，「先生と生徒」といった役割関係を取り除いて考えてみよう。さて，この状況はいわゆる「説得」の場面である。最初に，先生が生徒に提案をするとい

うのは，それが受け入れられれば何の問題もない。受け入れられる場合は，「説得」というようなキーワードが意識にのぼることは少ないと考えられる。しかしながら，生徒が抵抗感を感じるという予感を先生がもつのであれば，リアクタンス理論が示唆するような，生徒の自由への意思を脅かすことがないような説得を考える必要が出てくるかもしれない。そして，生徒がそれをイヤだと思った場合は，逆に，先生を説得しようとすることになっていく。その場合，単純に「論理的に」説得をすることは果たして好ましい結果をもたらすのであろうか。相手に対して，論理的に反論することは，面子を潰すことに相当する場合もある。まして，地位に優劣の違いがあり，下が上に対して反論する場合は重要である。この場合の反論はある種の脅威にも感じられるとすれば，代替案の呈示も必要となるのであろう。このように考えてくると，「黄色いリボン」が引き起こすのは，三段論法の重要性だけでなく，生徒と教師の対人関係，説得的コミュニケーションの問題など幅広く展開されることになる。

　クリティカルシンキングがなかなか受け入れられない要因の1つに，クリティカルシンキングをする人に対するイメージの悪さが挙げられる。地位が下の者が上の者に対して，論理的に打ち負かすような場合が典型的であろうか。元吉（2011）は，そうしたクリティカルシンキングの社会的側面についてまとめている。他者の存在を仮定した場面，他者の存在が重要な影響を与える場面でのクリティカルシンキングは，単なる論理的思考，批判的思考とは異なる側面，追加されるべき側面への言及が重要であることを示唆している。

4. 社会的思考のススメ

　先に，「私たちの認知や行動が対人関係に影響を与えることを知っているし，対人関係が私たちの認知や行動に影響を与えることを知っている」ので，私たちは対人関係の研究を行うのだと述べた。そして，その対人関係の問題は私たちのまわりに散在しているにもかかわらず，直接的に見つけ出すことが難しかったり，別の側面に焦点が当てられているために，気づきにくかったりすることが多いのである。したがって，日常の行動やこれまでの対人関係研究の知見を，クリティカルに再吟味する姿勢をもつ必要性がある。すなわち，単に，私たちがなぜ対人関係を研究するのかというスタンスから，私たちは対人関係の

研究をより積極的に行う価値があるのだという方向を示すものでもあろう。この対人関係をクリティカルに再吟味する思考は「社会的思考」と表現されるようなものであると考えられる。論理的思考を強調するクリティカルシンキングに加えて，社会心理学などの知見から得られた，人間の社会的側面を重視するような思考である。それを支える知識は，いわゆる社会心理学的な理論やモデルだと考えられる。そこでは，対人関係への相互影響性が考慮されることになる。先のカナリア学園の例で言えば，論理的思考に加えて，説得的コミュニケーション，心理的リアクタンス，帰属過程，対人認知，などの知識が考察を深めてくれよう。

　これまでの議論から，対人関係の研究を行う際の留意点をまとめてみよう。まず，1つには社会心理学の実験と現実の社会との関連性を吟味することである。心理学の実験は，要因を絞り込んでその因果関係を特定しようとしているものである。その過程は，限定的ではあるが，明確である。その仮定や前提は現実社会の現象から問題視され，理論化されたものであるはずが，研究が進めば進むほど，現実の状況から離れてしまうことも想像される。したがって，現実社会との対応を意識しながら進めることが，新しい問題の発見につながるかもしれない。実験と現実の間を行ったり来たりしながら吟味する姿勢が必要である。

　2つ目には，因果関係の方向性を再検討することの重要性である。これは，1つ目のポイントとも関連するが，現実の社会では，因果関係は双方向的であることが十分に考えられる。しかし，逆に，より明確に仮定された実験状況における理論や仮説が示すものは明確である。したがって，その実験においても，逆の因果関係を仮定できないか，そしてそれを実証するような方法はないだろうかと考えてみるのである。このことは，研究場面が限定的で明確であるがゆえに，思考としては成立しやすいかもしれない。

　そして，最後に，第3の変数の存在を考慮することである。第3の変数といっても，原因と結果を仲介する媒介変数や，結果に影響を与える原因以外の変数，原因となる変数と交絡している統制すべき変数など，様々なものが考えられよう。この第3の変数は，関連する諸理論を吟味し，論理的な思考を行っていれば，比較的容易に見つけ出せるかもしれない。しかしながら，先に述べた

ように，実験的な状況の中では要因が限定的になりがちであるし，現実の社会では多くの要因が複雑に絡み合っており，気づきにくい状況となっているであろう。そして，もっともそれを困難にしているのは，おそらく私たちの思考の硬さのように思われる。私たちは，通常，自分自身の得た情報からのみ判断することになってしまうので，なかなか他者の視点や情報に接する機会が少ない。それを回避するための手段が，大学でのゼミであったり，研究会であったり学会での討論だと考えられる。そこまで，研究路線に走っていないとしても，日常の友人との会話を，偏った受け取り方でなく受容できれば，おそらく，現実を見る視野は広がっていくであろう。こうした日常の観察と考察が，対人関係の研究を発展させていくと考えられる。

　先に，錯視図形を見たある子どもの反応について述べた。「同じ大きさなんでしょ」と答えた子どもは正しいのだろうか。ある意味，正しいのかもしれないが，心理学を志すものとしては，「同じ大きさなのに違って見える自分」を認めた上で「なぜ」という疑問を発せなければならない。また，あるところで「大人と子どもはどちらが頑固か」という例を挙げたことがある（斎藤，2005）。その答えはわからないのだが，仮に，同じように頑固だとしても，子どもはいろいろなことを知らないがゆえに頑固であり，大人は同じような経験を繰り返している（同じような経験を選択的に知覚している）がゆえに頑固になるのではないかと述べた。同じように，対人関係の素人研究者と科学的研究者はどこが違うのであろうか。しっかりとした理論的な思考や推論は科学的研究者には必要であろうが，ものの見方，考え方の柔軟さはどちらも同じように必要だということを忘れてはならない。

引用文献

Asch, S. E. (1946). Forming impression of personality. *Journal of Abnormal and Social Psychology*, **41**, 258-290.

Byrne, D. (1971). *The attraction paradigm*. New York: Academic Press.

Festinger, L. (1957). *A theory of cognitive dissonance*. New York: Row, Peterson. （末永俊郎（監訳）(1956). 認知的不協和の理論　誠信書房）

Heider, F. (1958). *The psychology of interpersonal relations*. New York: Wiley. （大橋正夫（訳）(1978). 対人関係の心理学　誠信書房）

Kelley, H. H. (1950). The worm-cold variables in first impressions of persons. *Journal of Personality*, **18**, 431-439.

楠見　孝 (2011). 批判的思考とは―市民リテラシーとジェネリックスキルの獲得　楠見　孝・子安増生・道田泰司（編）　批判的思考力を育む―学士力と社会人基礎力の基盤形成　有斐閣　pp.2-24.

元吉忠寛 (2011). 批判的思考の社会的側面―批判的思考と他者の存在　楠見　孝・子安増生・道田泰司（編）　批判的思考力を育む―学士力と社会人基礎力の基盤形成　有斐閣　pp.45-65.

長田雅喜 (1996). 対人関係研究の意義と課題　長田雅喜（編）　対人関係の社会心理学　福村出版　pp.7-16.

斎藤和志 (2005).「人間」や「社会」に対する関心を高める教育実践　吉田俊和・廣岡秀一・斎藤和志（編）　学校教育で育む「豊かな人間関係と社会性」―心理学を活用した新しい授業例Part2　明治図書　pp.11-19.

三宮真智子 (2002). 考える心のしくみ―カナリア学園の物語　北大路書房

Schachter, S. (1959). *The psychology of affiliation: Experimental studies of the sources of gregariousness*. California: Stanford University Press.

Schachter, S., & Singer, J. E. (1962). Cognitive, social, and psychological determinants of emotional state. *Psychological Review*, **69**, 379-399.

Thibaut, J. W., & Kelley, H. H. (1959). *The social psychology of groups*. New York: John Wiley & Sons.

よりよく理解するための参考書

◉E. B. ゼックミスタ・J. E. ジョンソン（著）宮元博章・道田泰司・谷口高士・菊池　聡（訳）(1996). クリティカルシンキング《入門編》　北大路書房
　　「クリティカルシンキング」という言葉がタイトルについている書籍の中で，もっとも社会心理学的な観点から解説されているもの。「40の原則」が示されているが，これらについてもクリティカルに考えてもらいたい。

◉楠見　孝・子安増生・道田泰司（編）(2011). 批判的思考力を育む：学士力と社会人基礎力の基盤形成　有斐閣
　　対人関係の研究を扱っているものではないが，クリティカルシンキングについて体系的に考えるためには適している。第1章「批判的思考とは」と第3章「批判的思考の社会的側面」を本章で引用している。

Column 10　サイコロジストが"占う"人間関係

土屋耕治

「ちょっとそこのあなた、人間関係で悩みを抱えていますね」「なんでわかったんですか!?」「そういった相が出ています、まあ、詳しくは座ってから……」と言って客を引く占い師。この占い師は、きっと一流ではないだろうが、こうしたやりとりに表れているように、対人関係の問題は、私たちの大きな関心事であることには間違いない。人間関係に関する学問領域の1つが、対人関係の社会心理学であろう。それでは、心を専門にする"サイコロジスト"は、人間関係をどのように"占う"のだろうか。

英語圏において、"サイコロジスト（psychologist）"という言葉は、日本語の「心理学者（主に、心理学の研究を行っている研究者や大学教員を指すだろう）」という言葉よりも、ひろく"心理学を専門に仕事をしている人"というニュアンスをもつ。アメリカで行われた調査によると、"サイコロジスト"は、8番目に職業満足度の高い仕事らしい（表1）[1]。ちなみに、

表1　職業満足度の高い職業 (Smith, 2007 より抜粋)

順位	職業	平均値	大変満足と回答した割合（%）
1	聖職者	3.79	87.2
2	理学療法士	3.72	78.1
3	消防士	3.67	80.1
4	学校事務職員	3.62	68.4
5	画家・彫刻家	3.62	67.3
6	教員	3.61	69.2
7	作家	3.61	74.2
8	サイコロジスト	3.59	66.9
9	特殊教育教員	3.59	70.1
10	電力技術者	3.56	64.1

注：全体的にみて、あなたは自分の行っている仕事にどれほど満足していますか？
―大変満足している（4点）、どちらかというと満足している（3点）、少し不満である（2点）、大変不満である（1点）としたときの値。

---

[1] シカゴ大学の National Opinion Research Center によって行われた、General Social Survey（GSS）の結果の分析結果（Smith, 2007）より。1988年から2006年に行われた調査に回答した 27,587 名のサンプルにもとづく。

1位から10位を見てみると，聖職者，理学療法士，消防士，学校事務職員，画家・彫刻家，教員，作家，サイコロジスト，特殊教育教員，電力技術者と並ぶ。"やりがい"が感じられる職業であろう，と想像に難くないものが並ぶ中に，サイコロジストが名前を連ねる。

　心理学を専門にする者どうしで話をしていると，次のような経験談を共有することがある。初対面の人と話していて，自分が心理学を専門にしていることに話が及ぶと，「え!! 心理学が専門だと先に教えてよ。会ってから今まで，なんて言ったかな……。何考えているのか，読まれちゃう。おお，そんな風に見ないでよ!!（笑）」と，冗談半分，半分本気に嫌がりながら言われることがある，というものだ（オーストラリアの研究者も話していたことから，日本に限ったことではないのだと思う）。「勝手に人の心を読む」。サイコロジストは，そんなイメージらしい。

　サイコロジストのイメージが，ポジティブなものばかりではないということは，この例ばかりではない。例えば，アメリカでは，精神科医・精神分析家・心理カウンセラーなど特に臨床場面で心理を扱っている人のことを，俗語で"shrink（シュリンク）"とよぶ（元は，精神科医・精神分析家のことのみを指していたようだが，最近は臨床場面で活躍するサイコロジストも含むようである）。shrinkとは，「縮める」という意味をもち，「夢のない」というか，「現実的」というか，そのような彼らを，若干揶揄しながら指すときに用いられるようである。元々の語源は，headshrinker（首狩り族）にあるようで，首狩り族が手に入れた首をミイラ化して，縮小したことに例え，「妄想で大きくなった頭を縮める」，すなわち，理解可能な（扱いやすいような）状態にまでもってくる（縮める）ということにあるらしい。ソーシャル・サイコロジストである私自身，友だちに「心理学ではね……」と話をした際，冗談で"shrinkだね"，と言われたことがある。

　そんなサイコロジストが，8番目に職業満足度の高い仕事らしい。専門外からの認識では，勝手に「人の心を読んだ」り，頭を「縮ませ」たりするサイコロジストが，である。

　心理学では，人の"こころ"のメカニズムについて学び，人間行動に違った角度から光を当てて見る。そこで明らかにされるのは，「欲求があり，それが行動を駆りたてる」という常識的な"こころ"のイメージ通りのものばかりではない。心理学，なかでも社会心理学の実験や研究から明らかになってくるのは，「自分のことが大好きで，周りと比較したがり，しばしば自分も欺いていく……」そんな人間像だ。具体的なことは，各章にまかせるとして，対人関係の社会心理学が明らかにするのは，「社会的動物」と

しての人間の性(さが)であろう。

　対人関係の社会心理学の視点をもつことで、冒頭の占い師よりも、人間関係を"占う"ことができると思っているのは、私だけではないと思う。実証的な発想にしたがって、本人が意識できないところにも、その言動の理由を見る。そして、行き着くところの"なぜ"に、善悪の判断をしない。自分では意識できない部分に物事の原因があり、それは、本人の意志、善し悪し如何に関わらないという発想をしたりもする。「こういう状況だと、こう考えがちかもしれない」「周りにこう働きかけてみるとよいかもしれない」「環境をこう変えてみるとよいかもしれない」など、実証的知見に裏打ちされた視点をもつことは、ときに助けになるだろう。占い師のことを、fortune teller（幸運を告げる者）とよぶが、社会心理学の視点は、運よりも確かなものをもたらすのではないかと思う。性格のみに原因を認めないサイコロジストの人間に対する愛おしさや優しさを伴った見方は、見られる方からすれば、「なんか嫌な感じ」なのかもしれないのだが、サイコロジスト自身はそんな視点をもちながら人と関われる自分に満足しているということかもしれない。

　ただし、最後に付け加えておくと、前述の調査結果では、職業満足度だけでなく、幸福度の職業別順位も記載されている。残念ながら、サイコロジストはTop10入りを逃していることから、「心理学を専門にすると幸せになれるよ」とは言い切れないかもしれないので、ご注意を！

引用文献

Smith, T. W. (2007). "Job Satisfaction in the United States". National Opinion Research Center / University of Chicago (press release, April 17, 2007).

事項索引

あ
アージ理論　96
愛他的行動（altruistic behavior）　123
安心（reassurance）　159
暗黙の性格理論　219
閾値　99, 108
　　表出――　108
　　不適切（impropriety）――　108
いじめ　29
一般的信頼　159
因果の方向性　221
印象形成　228
インターネット依存（internet dependency）　206
インターネット中毒（internet addiction）　206
ABCDEモデル　75
笑顔（スマイル）　6
エグゼンプラー　101
SVR理論　74
炎上（flaming）　196
援助効果　133
援助行動（helping behavior）　122, 146
　　――の意思決定モデル　131
　　――の類型　124
援助出費　127
援助授与過程のモデル　131
援助成果　133
援助要請（help-seeking）　146
　　――行動（help-seeking behavior）　147
　　――の生起プロセス・モデル　147
　　――の性差　151

か
解読　17, 79
　　――スキル　103
回避方略　103
学習　38
学級の課題構造　40
活動性　9
葛藤対処行動　81
下方比較（downward comparison）　46
関係懸念（relationship concern）　155
関係効力性（relational efficacy）　91
関係的自己観（relational self-construal）　181
関係発展の階段モデル　75
関係流動性（relational mobility）　161
感謝メッセージ　142
感情規則　112
感情表出の文化表示規則モデル　176
感情労働　105
間人主義　172
記号化　17, 79
　　――スキル　103
帰属　81
　　――過程　225
キティ・ジェノビーズ事件　130
規範意識　69
欺瞞　4
義務自己（ought self）　203
共感性　127
教師期待効果　39
凝集性　223
協調学習（collaborative learning）　38
共通アイデンティティ集団（common-

identity group) 33
共通ボンド集団（common-bond group） 33
共同的関係 83
共同的行動（communal behavior） 83
協力 216
近接性 74
クリティカルシンキング 227
グループにおける嫌がらせ 28
傾聴スキル 58
血液型性格判断 225
結果の見積もり 99
結果予期 60
原因帰属 35
言語スタイル 3
言語的コミュニケーション（verbal communication） 3
現実自己（actual self） 198
交換的関係 83
交換モデル 72
攻撃の一般モデル 99
向社会的行動（＝順社会的行動）（pro-social behavior） 122
公的自己意識 182
行動決定 99
行動の状況依存性 35
幸福感 91
衡平（equity）規範 129
衡平理論 73, 135
効力予期 60
互恵性（reciprocity） 142
　　——規範 129, 142, 167
個人差の顕現化 41
個人主義-集団主義 178, 192
個人的規範（personal norm） 129
個人的親しみやすさ 9
コスト 72
コミュニケーション 2, 79
　　——力 14, 23
コンテキスト理論 173

コンピューターを介したコミュニケーション場面（computer-mediated communication; CMC） 194
根本的な帰属の誤り／基本的帰属の錯誤（fundamental attribution error） 37, 81

さ

サイバースペース（cyberspace） 194
錯誤帰属 222
錯視現象 228
サポート要請（support-seeking） 146
自己愛傾向（narcissism） 208
自己開示（self-disclosure） 161, 198
自己概念 100
自己効力感（self-efficacy） 60
自己主張スキル 58
自己スティグマ 155
自己呈示（self-presentation） 51, 198
　　——効率（efficacy） 52
　　——動機（motivation） 51
　　——理論 51
自己の社会的構成 37
自己卑下（self-effacement） 152
自己モニタリング 182
視線 6
自尊感情 33
自尊心（self-esteem） 152, 204
　　——のソシオメーター理論 62
私的自己意識（private self-consciousness） 198
シャイネス（shyness） 51
社会関係資本（social capital） 204
　結合型（bonding）—— 204
　橋渡し型（bridging）—— 204
社会規範（social norm） 129
社会構成主義 38
社会人基礎力 15, 23
社会生態学的アプローチ（socio-ecological approach） 158, 191
社会生態学的環境（socio-ecological

environments） 208
社会的アイデンティティ理論 33
社会的交換理論 32, 73, 222
社会的思考 232
社会的スキル／ソーシャルスキル（social skills） 15, 24, 56, 103, 153
　——生成過程モデル 59
　——・トレーニング（training） 56
　——の測定 57
社会的責任（social responsibility）規範 129
社会的存在感（social presence） 11, 198
社会的ネットワーク（social networks） 204
社会的望ましさ 9
社会的排斥（social exclusion）理論 55
社会的比較理論 222
社会的迷惑行為 142
社会道徳的な一貫性判断 98
周縁的アイデンティティ（stigmatized identity） 198
囚人のジレンマ 216
集団 31
　——規範／の規範 32, 197
　——的自己観（collective self-construal） 181
　——に対する同一視（group identification） 197
周辺特性 229
主張方略 103
状況対応モデル 133
情動二要因論 222
譲歩 85
剰余変数 11
素人理論 219
震災ボランティア活動 137
深層演技 106
真の自己（true self） 198
親密な関係 72, 91

信頼（trust） 159
心理的負債感 135, 153
垂直的集団主義 178
3S・エンタングルメント・モデル 59
性格の5因子モデル（Big Five） 201
正統的周辺参加論 40
世界ボランティア宣言 123
説得 168
　——的コミュニケーション 2
セルフ・ハンディキャッピング（self-handicapping） 45
選択的情報処理 225
選択的知覚 225
選択比較水準 73
戦略と機会の認識 98
相互協調的自己観（interdependent self-construal） 156, 180
相互独立的自己観（independent self-construal） 156, 180
ソーシャル・サポート（social support） 146
ソーシャルメディア（social media） 193

た
対応性推論モデル 230
対人葛藤処理スキル 59
対人葛藤対処方略 117
対人関係の希薄化 50
対人コミュニケーション（interpersonal communication） 2
　——能力 185
対人認知 35
対人不安 51
代表性ヒューリスティック 226
妥協方略 103
他者理解 35
タテ社会 172
チャネル 2
中心特性 229
適合性モデル 74

道具的攻撃　98
道具的反社会的意思決定プロセスモデル　98
統合方略　103
投資モデル　73
投資量　73
統制　17
同調　38
同調（synchrony）傾向　12
特性知識　100
匿名性（anonimity）　101, 195

な
二重関心モデル（dual concern model）　103, 118, 183
2段階モデル　127
日常的コミュニケーション　84

は
排他性　86
パラ言語　6
被援助志向性（help-seeking preference）　147
比較水準　73
非言語的コミュニケーション（nonverbal communication）　3
非言語的手がかり（nonverbal cues）　198
非公式集団（インフォーマル・グループ）　29
筆記療法　204
非同期性（asynchrony）　199
批判的思考　→　クリティカルシンキング
ヒューリスティックス　226
表層演技　106
不安のディスクレパンシー・活性化モデル　12
夫婦関係　78
フォールス・コンセンサス（false consensus）　46

服従方略　103
複層性　191
2つの閾値モデル　108
物理的近接性　222
プライバシー意識　210
文化的自己観　156, 180
返報行動　134
返報性　→　互恵性
返礼義務感　135
返礼行動　135
傍観者効果（bystander effect）　130
報酬　72
補償（compensation）規範　129
没個性化（deindividuation）　197
ボランティア活動（voluntary activity: volunteer）　123

ま
マルチ・チャネル・アプローチ　11
魅力（attractiveness）　168
メッセージ　3
メディアリテラシー　200
面子交渉理論　183
目標査定　98
問題解決スキル　104

や
役割適合　74
友人関係　69
　　——の親密化過程　53

ら
リアクタンス理論　231
理想自己（ideal self）　198
利得　73
類似性　74, 221
恋愛における告白　54
論理的思考　230
予言の自己成就（self-fulfilling prophecy）　39

人名索引

あ

アーガイル（Argyle, M.） 6, 175
アーレント（Arendt, H.） 36
相川　充　16, 51, 52, 56, 58, 59, 62, 103, 104, 135, 149, 153, 154
アイセン（Isen, A. M.） 128
アイゼンバーグ - バーグ（Eisenberg-Berg, N.） 123
アクセルロッド（Axelrod, R.） 216
浅野良輔　92
東　浩紀　194
アダムス（Adams, J. S.） 135
アッシュ（Asch, S. E.） 38, 228
アップル（Apple, W.） 7
渥美公秀　138
阿部ケエ子　137
阿部聡美　154
阿部晋吾　97, 100, 109
新井邦二郎　149, 150, 152, 154
荒田則子　30, 32
アルバーツ（Alberts, J. K.） 80
アルベルティ（Alberti, R. E.） 58
アレサンドラ（Alessandra, T.） 184
アンダーソン（Anderson, C. A.） 99, 102
安藤清志　45
五十嵐祐（Igarashi, T.） 207, 208
池田謙一　160
石井米雄　173
石隈利紀　149, 151, 155, 157
石田靖彦　53
伊藤亜矢子　29
伊藤　崇　40
井上和子　74

岩田　紀　133
ヴァリレ（Varire, S.） 201, 202
ウィーンズ（Wiens, A. N.） 12
ウィルス（Wills, T. A.） 46
ウェスター（Wester, S. R.） 161
上野直樹　38, 39
植村善太郎　32
ウェンガー（Wenger, E.） 40
ヴォーゲル（Vogel, D. L.） 161
ウォルシュ（Walsh, W. B.） 168
ウチダ（Uchida, Y.） 156
内田照久　8-10
ウッド（Wood, J. V.） 204
浦　光博　91, 136, 146
エイゼン（Ajzen, I.） 102
エイブラムス（Abrams, D.） 33, 50
エクマン（Ekman, P.） 6, 176
エプスタイン（Epstein, N.） 127
エモンズ（Emmons, M. L.） 58
エリソン（Ellison, N. B.） 204
オーン（Aune, R. K.） 13
オイサーマン（Oyserman, D.） 179
オオイシ（Oishi, S.） 158
太田　仁　150
オオタ（Ota, H.） 58
大嶽さと子　69
大西勝二　103, 110
大橋正夫　i, ii, 28, 41
大橋理枝　179
大渕憲一（Ohbuchi, K.） 110, 117
岡田　努　50, 69
岡部朗一（Okabe, R.） 2, 175
岡本真一郎　3, 4, 12

243

小川一美　3, 5, 10, 11
小口孝司　6
オコナー（O'Connor, M. J.）　184
長田雅喜　i, 220, 221
オスター（Oster, H.）　6
オッツェル（Oetzel, J.）　183, 184, 191
オバー（O'Barr W. M.）　4

か

ガーゲン（Gergen, K. J.）　38
ガードナー（Gardner, W.）　181
カイ（Cai, H.）　209
角藤和久　95, 102, 104
柏木惠子　79
柏木繁男　8
柏原士郎　138
加藤　司　103
カナイ（Kanai, R.）　204
カナリー（Canary, D. J.）　82, 84
カニンガム（Cunningham, M. R.）　6
金子みすゞ　142
金政祐司　86
狩野素朗　31
カペンス（Kuppens, P.）　97
神岡真司　103
唐沢かおり　107
カリスタ（Callister, R. R.）　107, 109
河合隼雄　173
キースラー（Kiesler, S.）　197
キクチ（Kikuchi, T.）　13
菊池章夫　16, 57
北山　忍（Kitayama, S.）　50, 152, 156, 180
キトウ（Kito, M.）　161
木野和代　111
ギブソン（Gibson, W.）　194
キム（Kim, H. S.）　17, 18, 156
木村真人　150, 154
キャンベル（Campbell, W. K.）　209
キューパック（Cupach, W. R.）　16
刑部育子　39, 40

グールドナー（Gouldner, A. W.）　142, 167
具志堅伸隆　107
楠見幸子　30
楠見　孝　227
グッド（Good, T. L.）　39
グディカンスト（Gudykunst, W. B.）　181, 185
公文俊平　173
クラーク（Clark, M. S.）　83, 84
クライン（Klein, S. B.）　101
グラハム（Graham, J.）　158
グランデイ（Grandey, A. A.）　95, 105, 107
グリーンバーグ（Greenberg, B. S.）　10
栗林克匡　52, 54, 56, 63
クルンボルツ（Krumboltz, J. D.）　23
グレース（Grace, G. D.）　160
グロート（Grote, N. K.）　83
クロギ（Kurogi, A.）　183
グロス（Gross, M. A.）　103, 110
グロム（Glomb, T. M.）　106
ケイト（Cate, R. M.）　72, 74
ゲーテ（Goethe, J. W.）　190
ゲデス（Geddes, D.）　107, 109
ケリー（Kelley, H. H.）　32, 222, 229
ゲルブリック（Gelbrich, K.）　95
ゲレロ（Guerrero, L. K.）　103, 110
ケンリック（Kenrick, D. T.）　128
コウ（Ko, C. H.）　207
コーク（Coke, J.）　127, 133
コーリガン（Corrigan, P.）　157
ゴールドスタイン（Goldstein, A. P.）　57
コールマン（Coleman, J.）　204
小坂井敏晶　36, 38, 41
ゴスリング（Gosling, S. D.）　200-203
後藤　学　52
小林直樹　196, 210
古村健太郎　82, 85
コワルスキー（Kowalski, R. M.）　51

さ

斎藤　勇　190
斎藤和志　233
坂野雄二　62
定廣和香子　137
佐藤有耕　69
佐藤公治　38
佐藤正二　58
佐藤広英　210
サロヴェイ（Salovey, P.）　128
ザンナ（Zanna, M. P.）　198
三宮真智子　230
シェウェー（Schewe, A. F.）　106
嶋崎政男　111
清水　裕　138
シャーラー（Scherer, K. R.）　97
シャイン（Schein, E. H.）　23
シャクター（Schachter, S.）　222
シュグ（Schug, J.）　161
シュッツ（Schutz, A.）　80
シュレンカー（Schlenker, B. R.）　51
シュワルツ（Schwartz, S. H.）　129, 133
ジョインソン（Joinson, A. N.）　195, 197
東海林麗香　85
ショート（Short, J.）　11, 198
シラーズ（Sillars, A.）　80
シル（Schill, T.）　160
シンガー（Singer, J. E.）　222
シンジェリス（Singelis, T M.）　180
ジンバルドー（Zimbardo, P. G.）　37, 51, 197
シンプソン（Simpson, J. A.）　86
菅原健介　52, 54, 55, 174
杉本良夫　173
スタフォード（Stafford, L.）　84
スナイダー（Snyder, M.）　182
スピアーズ（Spears, R.）　197
スピッツバーグ（Spitzberg, B. H.）　16
スミス（Smith, T. W.）　235
関根眞一　95, 100, 102-104, 107

ゼムブロート（Zembrodt, I. M.）　81, 82, 85
相馬敏彦　86

た

タークル（Turkle, S.）　198
ターナー（Turner, J. C.）　178
ダーリー（Darley, J. M.）　130, 133
タイス（Tice, D. M.）　55
大坊郁夫（Daibo, I.）　11, 12, 57
タカイ（Takai, J.）　58, 177, 185
高木　修　109, 122, 124, 125, 126, 131-133, 138, 147, 148, 153
高田利武　118, 181, 191
高野陽太郎　191
タカハシ（Takahashi, Y.）　117
高比良美恵子　202
多賀幹子　95
多川則子　85
田﨑敏昭　31
タジフェル（Tajfel, H.）　177
ダダリオ（D'Addario, K. P.）　199
ダック（Duck, S.）　84
ダットン（Dutton, W.）　194
太幡直也　210
玉木和歌子　138
ダリモア（Dallimore, K.）　107
チェン（Chen, G.）　161
チェン（Cheung, F.）　157
チャルディーニ（Cialdini, R. B.）　101, 128, 142
チョイ（Choi, J. N.）　97
塚越健司　199
ディクソン（Dickson, D,）　16
ティボー（Thibaut, J. W.）　32, 222
テイラー（Taylor, S. E.）　155
デイリー（Daly, J. A.）　191
ティントゥーミー（Ting-Toomey, S.）　161, 177, 183
デヴィートゥ（DeVito, J. A.）　13

テスラー（Tessler, R.）　129
デパウロ（DePaulo, B. M.）　147
テュース（Tews, M. J.）　106
寺野　彰　95, 102, 104
土井隆義　32
トゥインジ（Twenge, J. M.）　209
ドゥルーリー（Drory, A.）　111
戸ケ崎泰子　62, 153
戸田弘二　82, 85
戸田正直　96, 112
トリアンディス（Triandis, H. C.）　178
ドリゴタス（Drigotas, S. M.）　74

な
永井　智　149-152, 154
中畝菜穂子　8
長江信和　63
中島　誠　135
永田良昭　31, 38, 40
中根千枝　172, 179
中野　星　63
中村陽吉　122
中村雅彦　74, 76
ナップ（Knapp, M. L.）　74, 76, 77, 191
ナドラー（Nadler, A.）　151
新見直子　154
西川正之　135, 151, 153
西坂　仰　38, 39
ネルソン＝ジョーンズ（Nelson-Jones, R.）　51, 57
野田治子　29, 31
ノラー（Noller, P.）　79

は
バーガー（Barger, P. B.）　105
ハーギー（Hargie, O.）　16
バージ（Bargh, J. A.）　196, 198
バーシャイド（Berscheid, E.）　34
バータル（Bar-Tal, D.）　123
バードウィステル（Birdwhistell, R. L.）　5
バーン（Byrne, D.）　221
ハイダー（Heider, F.）　i, 225
バウマイスター（Baumeister, R. F.）　55
バウワーズ（Bowers, J. W.）　4
バグーン（Burgoon, J. K.）　5
橋本　剛　18, 24, 152, 157, 162
パターソン（Patterson, M. L.）　11
バック（Back, M. D.）　202, 209
バット（Butt, A. N.）　97
ハットフィールド（Hatfield, E.）　73
バッファルディ（Buffardi, L. E.）　209
バトソン（Batson, C. D.）　128
パトナム（Putnam, R. D.）　204
バトラー（Butler, E. A.）　111
濱口惠俊　172, 176, 177
林　文俊　9
原岡一馬　ii
パラスラマン（Parasuraman, A.）　105
ハルシェガー（Hülsheger, U. R.）　106
ハルフォード（Halford, W. K.）　80
ハワード（Howard, J. A.）　133
バンジェリスティ（Vangelisti, A. L.）　74, 76, 77
バンデューラ（Bandura, A.）　60, 62, 91
ピアス（Pearce, P.）　124
ヒギンス（Higgins, E. T.）　203
ピットマン（Pittman, G.）　84
一言英文　157
日比野　桂　110
日向野智子　50
平木典子　58
ピリアビン（Piliavin, J. A.）　127, 133
ファー（Fehr, B.）　96
ブァー（Burr, V.）　38
フィッシャー（Fisher, J. D.）　152
フェスティンガー（Festinger, L.）　222
フェニングスタイン（Fenigstein, A.）　182
フェルナンデズ（Fernandez, K. C.）　203
フォレスト（Forest, A. L.）　204
フォンテイン（Fontaine, R. G.）　98, 99, 110

深田博己　13
福島　治　110
藤原武弘　7, 8, 11
ブッシュマン（Bushman, B. J.）　99, 102
フッド（Hood, L.）　38
ブラザリッジ（Brotheridge, C.）　105, 106
ブラック（Black, J. W.）　7
フリードマン（Friedman, H. S.）　57
ブリューワー（Brewer, M. B.）　181
フルシュカ（Hruschka, D. J.）　217
ブレイク（Blake, J. J.）　183
ブレイク（Blake, R. R.）　118
プレンティス（Prentice, D. A.）　33, 34
ブロック（Block, J. J.）　206
ブロフィ（Brophy, J. E.）　39
ペナー（Penner, L. A.）　123
ベナルドス（Venardos, C.）　79
ペネベイカー（Pennebaker, J. W.）　204
ヘンドリク（Hendrick, S. S.）　72, 81
ヘンリク（Henrich, J.）　217
ホーマンズ（Homans, G. C.）　73, 135
ホール（Hall, E. T.）　173, 174
細江達郎　133
ホックシールド（Hochshild, A. R.）　23, 105, 106, 112
ホッグ（Hogg, M. A.）　32, 50
ホブランド（Hovland, C. I.）　168
堀毛一也　16, 17, 57, 104
ホワン（Hwang, W.）　157
本城雅子　33, 34
本田真大　149, 154
本田由紀　23

ま

マーカス（Marcus, B.）　202
マーカス（Markus, H. R.）　17, 50, 152, 156, 180
マースタイン（Murstein, B. I.）　74
マイケンバウム（Meichenbaum, D.）　63
マイロン-スペクター（Miron-Spektor, E.）　107
マオア（Mouer, R.）　173
マキューエン（McEwen, W. J.）　10
マクロスキー（McCroskey, J. C.）　6
マセソン（Matheson, K.）　198
マタラッツォ（Matarazzo, J. D.）　12
町沢静夫　68
松井　豊　24, 57, 133, 134, 136, 146
松浦　均　137
マッグレガー（McGregor, M.）　123
マッケナ（McKenna, K. Y. A.）　196, 198
松下姫歌　50
マツモト（Matsumoto, D.）　112
ミークス（Meeks, B. S.）　82
三沢　良　104
三島浩路　30
ミシュナ（Mishna, F.）　30
水野治久　151, 154, 155, 157
ミドオカ（Midooka, K.）　172, 177
南　俊秀　111
美馬のゆり　38
宮仕聖子　154
ミラー（Miller, G. R.）　3, 4, 6, 7
ミラー（Miller, L.）　175
ミルグラム（Milgram, S.）　35, 36
ミルズ（Mills, J.）　83, 84
ムートン（Mouton, J. S.）　118, 183
ムッセン（Mussen, P.）　123
村井潤一郎　4
村本由紀子　33, 34, 38, 40, 41
メックレン（Mechelen, I. V.）　97
メラビアン（Mehrabian, A.）　5, 127
モーテンソン（Mortenson, S. T.）　154, 160
元吉忠寛　138, 231
森　津太子　202
モリイズミ（Moriizumi, S.）　177, 185
諸井克英　83
諸富祥彦　23

や

ヤコブソン（Jacobson, L. F.）　39
八ッ塚一郎　138
矢野眞和　23
山内祐平　38
山岸俊男（Yamagishi, T.）　159, 191, 217
山口一美　6
山口裕幸　104, 128
山中一英　29, 31, 32, 37, 40
山脇由貴子　103, 104
矢守克也　138
ヤング（Young, K. S.）　206
ユウキ（Yuki, M.）　161, 162, 177
油尾聡子　142
湯川進太郎　98, 99
ヨコヤマ（Yokoyama, H）　11
吉田寿夫　30, 32
吉田俊和　ii, iii, 3, 5, 10, 92, 142
吉田芙悠紀　50

ら

ライス（Reis, A. H.）　34
ラズバルト（Rusbult, C. E.）　73, 74, 81, 82, 85
ラタネ（Latané, B.）　130, 133
ラニック（Wranik, T.）　97
ラヒム（Rahim, M. A.）　103
リアリー（Leary, M. R.）　51, 52, 55, 62
リー（Lea, M.）　197
リー（Lee, R. T.）　105, 106
リー（Lee, S. W. S.）　179
リーガン（Regan, P.）　34
リッチモンド（Richmond, V. P.）　6
リトヴ（Ritov, I.）　111
リン（Lin, K. M.）　157
リンド（Lind, E. A.）　4
ルイス（Lewis, K. N.）　168
レイヴ（Lave, J.）　39
レヴィン（Levin, A. S.）　23
レヴィンジャー（Levinger, G.）　74, 75
ロイド（Lloyd, S. A.）　72
ローゼンサール（Rosenthal, R.）　39
ローブ（Lobe, J.）　3, 4
ロールズ（Rholes, W. S.）　86
ロキーチ（Rokeach, M.）　3
ロシュク（Roschk, H.）　95
ロス（Ross, L.）　46

わ

ワイナー（Wiener, M.）　5
脇本竜太郎　152
和田さゆり　8
和田秀樹　68
和田　実　75, 153
渡辺　匠　137
渡邊芳之　203
渡部麻美　57
ワルサー（Walther, J. B.）　198, 199

執筆者一覧（執筆順，＊は編者）

吉田俊和（よしだ・としかず）＊
岐阜聖徳学園大学教育学部教授
担当：はじめに

小川一美（おがわ・かずみ）＊
愛知淑徳大学心理学部教授
担当：1章

山中一英（やまなか・かずひで）
兵庫教育大学大学院学校教育研究科教授
担当：2章

栗林克匡（くりばやし・よしまさ）
北星学園大学社会福祉学部教授
担当：3章

多川則子（たがわ・のりこ）
名古屋経済大学人間生活科学部教授
担当：4章

吉田琢哉（よしだ・たくや）
岐阜聖徳学園大学教育学部准教授
担当：5章

松浦　均（まつうら・ひとし）
三重大学教育学部教授
担当：6章

橋本　剛（はしもと・たけし）＊
静岡大学人文社会科学部教授
担当：7章

高井次郎（たかい・じろう）
名古屋大学大学院教育発達科学研究科教授
担当：8章

五十嵐　祐（いがらし・たすく）
名古屋大学大学院教育発達科学研究科准教授
担当：9章

斎藤和志（さいとう・かずし）
愛知淑徳大学心理学部教授
担当：10章

坂本　剛（さかもと・ごう）
名古屋産業大学環境情報ビジネス学部教授
担当：コラム1

吉武久美（よしたけ・くみ）
人間環境大学人間環境学部准教授
担当：コラム2

大嶽さと子（おおたけ・さとこ）
名古屋女子大学短期大学部保育学科准教授
担当：コラム3

浅野良輔（あさの・りょうすけ）
久留米大学文学部准教授
担当：コラム4

中津川智美（なかつがわ・さとみ）
常葉大学経営学部教授
担当：コラム5

友野聡子（ともの・さとこ）
宮城学院女子大学発達科学研究所客員研究員
担当：コラム6

中山　真（なかやま・まこと）
皇學館大学文学部准教授
担当：コラム7

森泉　哲（もりいずみ・さとし）
南山大学国際教養学部教授
担当：コラム8

森　久美子（もり・くみこ）
関西学院大学社会学部教授
担当：コラム9

土屋耕治（つちや・こうじ）
南山大学人文学部准教授
担当：コラム10

対人関係の社会心理学

2012年10月20日　初版第1刷発行
2021年 4月20日　初版第4刷発行

定価はカヴァーに
表示してあります

　　編　者　　吉田俊和
　　　　　　　橋本　剛
　　　　　　　小川一美
　　発行者　　中西　良
　　発行所　　株式会社ナカニシヤ出版
〒606-8161　京都市左京区一乗寺木ノ本町15番地
　　　　　　　　　Telephone　075-723-0111
　　　　　　　　　Facsimile　 075-723-0095
　　　　　　　Website　http://www.nakanishiya.co.jp/
　　　　　　　E-mail　 iihon-ippai@nakanishiya.co.jp
　　　　　　　　　郵便振替　01030-0-13128

装幀＝白沢　正／印刷・製本＝ファインワークス
Printed in Japan.
Copyright ⓒ 2012 by T. Yoshida, T. Hashimoto, & K. Ogawa
ISBN978-4-7795-0693-2

◎Facebook, mixiなど，本文中に記載されている社名，商品名は，各社が商標または登録商標として使用している場合があります。なお，本文中では，基本的にTMおよびRマークは省略しました。
◎本書のコピー，スキャン，デジタル化等の無断複製は著作権法上での例外を除き禁じられています。本書を代行業者等の第三者に依頼してスキャンやデジタル化することはたとえ個人や家庭内の利用であっても著作権法上認められておりません。